若者と民主主義の今

その遠心力と求心力

只友 景士・奥野 恒久

編著

晃洋書房

ま え が き

　本書は，2021年4月から進めてきた共同研究「若者と民主主義に関する総合社会科学的研究～非政治的参加と政治的不参加の『乖離』の解明～」の研究成果である．この共同研究は，龍谷大学政策学部の教員が抱く共通の疑問や違和感から出発した．2011年に設立された龍谷大学政策学部では，ゼミや PBL（Problem-based learning）科目を中心に，地域での課題や問題に実践的に取り組む教育を展開し，一定の評価を受けている．また，「Ryu-SEI GAP」という正課と課外の中間に位置づけられるプロジェクトもあり，そこで学生たちは自主的に地域課題に取り組んでいる．私たちは，非常に熱心に地域に入り込んで活動する学生を日々目にしている．他方で，そのような学生たちが政治や選挙に強い関心を示すかと言えば，どうもそうではない，というのが肌感覚であった．本来，地域の課題や問題に深くコミットするならば，例えば法規制とぶつかり，政治にも関心を寄せざるをえないはずなのに，なぜ政治への関心は高くないのだろうか．若者の非政治的活動参加への関心と，政治的参加への無関心の乖離はなぜ生じるのか．これが，私たちの抱いた共通の疑問・違和感である．そしてこの違和感は，龍谷大学政策学部に限られた問題ではなく，これからの民主主義や市民性・公共性のあり方を考えるうえでも重要な問題だと思われる．

　龍谷大学政策学部で，財政学，政治学，憲法学，メディア論，環境社会学を専攻する教員でスタートした共同研究であったが，研究会を開き議論を進めるうちに，徐々に論点と課題が整理され，より専門的な知見を必要とするようになる．そこで，他学部や他大学の教員にも加わっていただくことになった．収斂されてきた仮説としては，第一に若者は親密圏と公共圏とで異なった態度を示すのではないか，第二に政治・経済の新自由主義的再編，とりわけあらゆる領域への市場原理の導入が若者の政治的・非政治的活動にも影響しているのではないか，というものである．

　本研究の課題は，若者の非政治的活動参加への関心と，政治的参加への無関心の乖離の解明にあり，対応や対抗構想を追求するものではない．しかし，議

論が進むにつれ対応をも視野に入れるようになり，2023年3月には若者の政治参加を促す実践を進めている山形県，遊佐町を中心に調査を行った．また，外国との比較研究の必要性も感じるようになり，2023年9月には韓国にて若者研究を進めている韓国国会未来研究院と共同研究会を開催した．本書は，これらを含む3年間の研究成果である．

　本書の構成について，簡単に示しておく．本書は，大きく二部から成る．第Ⅰ部「若者は民主主義に背を向けているのか？」は，若者の現状を分析したものである．第1章の石田論文は，国際的な動向を踏まえながら若者の現状について理論的に検討する．第2章・第3章・第4章は，本プロジェクトが実施した龍谷大学生へのアンケート調査とインタビュー調査の結果を中心に分析する．第2章の妻木論文は，本プロジェクトが研究開始段階で提示した仮説の検証を行う．第3章の清水論文は，若者を中心とした「政治」や「社会」への認識という観点から調査結果を分析する．第4章の王論文は，若者の環境意識にフォーカスして調査結果を分析し，興味深い指摘を行う．なお，今回分析したアンケート調査が龍谷大学生を対象としたもので，しかも政策学部生の回答が多いことから，この結果で若者一般を語ることの問題性が指摘されよう．調査のあり方については今後改善を試みるが，本研究の出発点が「若者の非政治的活動参加への関心と，政治的参加への無関心の乖離の解明」にあることからすると，その乖離を表出させることはできたといえる．第5章の安論文は，韓国の若者の抱える困難とそれへの支援を紹介しつつ，日韓比較という視点から若者政策を分析する．第6章の笹野・李論文は，若者の意識・「心の構造」について日韓比較を行う．

　第Ⅱ部「民主主義の遠心力と求心力」では，若者の政治参加を阻害している状況やその要因を「遠心力」と把握し，逆に若者の政治参加を促す可能性を「求心力」と把握して論じる．第7章の松浦論文は，大学新聞を手がかりに学生のジャーナリズム観の変化につき，聞き取り調査を中心に分析する．第8章の奥野論文は，1990年代以降の統治構造の変容が国民の熟議を阻害させ，若者の政治への関心を低減させていることを主張する．第9章の鄭・安論文は，韓国における定年延長が若者の雇用縮小につながるのではという世代間対立とそれへの民主主義的対応について検討する．第10章の南島論文は，若者と政治との距

離を「政策」に着目してはかるとともに，地域民主主義の可能性を説く．第11章の島袋論文は，現在進められている「主権者教育」を検討し，そこでは「誰も排除しない自由で民主的な政治的空間の形成」についての議論が欠落していると厳しく批判する．第12章西尾論文は，中国ハンセン病回復村ワークキャンプを素材に，ボランティア等の社会活動に取り組む若者が政治活動に直結しない要因を分析したうえで，「新しい公共空間の創出」を試みる．そして第13章の只友論文は，ミニ・パブリックスなど市民協働を地域で作り直す取り組みを紹介し，地方自治と民主主義の新たな可能性について論じる．最後の14章は，実践的にかかわったり，調査を行ったりした事例を，的場論文が龍谷大学学生気候会議について，南島論文が山形県遊佐町の少年議会について，奥野論文がRyu-SEI GAP について，「若者の政治・社会参加の新潮流」としてコラム的に紹介する．

　はたして本書が，私たちの当初抱いた疑問や仮説に対して十分な応答がなされたといえるかといえば，正直心もとないところである．だが，現時点での一定の応答を示すことはできたものと思われる．ともあれ，読者諸氏のご批判をお待ちしたい．私たちとしては，引き続き共同研究を続けていく次第である．

　2024年9月

奥 野 恒 久

目　　次

まえがき

第Ⅰ部　若者は民主主義に背を向けているのか？

第1章　若者の民主主義への不満は何を意味するのか ……………… 3
──ポピュリズムを支持し，権威主義を受け入れているのか
- 第1節　民主主義の危機と若者　（3）
- 第2節　ポピュリズムと若者　（5）
- 第3節　権威主義と若者　（8）
- 第4節　若者の民主主義への不満が意味するもの　（11）

第2章　日本の若者にみる政治的関心と 非政治的実践の乖離？ ……………………………………… 19
──龍谷大学生アンケート調査から
- 第1節　地域活性化に関心があるが「政治には関心がない」 学生たち（19）
- 第2節　調査の概要　（20）
- 第3節　政治的関心に影響を与える要因　（21）
- 第4節　宙に浮かぶ「政治」との接続の可能性　（31）

第3章　若者の公共的関心はどのように形成されるのか ……… 37
──龍谷大学生アンケート結果から
- 第1節　若者の社会意識の変化　（37）
- 第2節　若者をめぐる状況　（38）
 ──親密圏と公共圏

第3節　地域活動に参加するのはどのような若者か　（41）

第4節　若者の公共的関心はいかにして生まれるのか　（46）

第5節　若者の公共的関心を育てるために　（51）

第4章　若者の環境意識に影響を与える諸要因 …………………… 53
──龍谷大学生アンケート結果から

第1節　若者の環境意識　（53）

第2節　若者の環境意識の測定　（56）

第3節　若者の環境意識に影響を与える要因　（60）

第4節　若者の環境意識構造　（64）

第5章　若者の政治参加は何を実現したのか ……………… 67
──韓国における若年者団体のダイナミズム

第1節　韓国の若者を取り巻く状況と政治参加　（67）

第2節　韓国の主要な若者向け政策　（70）

第3節　若年者団体の取り組みと若者向け政策の変化　（73）

第4節　韓国における若者の政治参加の意義と課題　（79）

第6章　不安な日本，不満な韓国 ……………………………… 83
──7カ国の意識調査から見た東アジアの若者の心

第1節　7カ国の若者の社会認識と自己認識　（83）

第2節　分 析 方 法　（84）

第3節　社会認識と自己認識のズレ　（85）

第4節　家族主義的ライフコースの余地　（89）

第5節　転換期における東アジアの若者が抱く2つの心　（92）
　　　　　──不安と不満

第Ⅱ部　民主主義の遠心力と求心力

第7章　創刊100年に聴く大学新聞現役学生記者たちの
ジャーナリズム観 ………………………………………………… 99
——彼らの「ケアの倫理」と民主主義

第1節　大学新聞創設のムーブメント　（99）

第2節　重要資料としての京都大学新聞65年史と
　　　　現在の「百年」の連載から　（100）

第3節　現役学生記者たちに聴く　（102）

第4節　卒業した元記者たちへのインタビュー　（114）

第5節　「ケアの民主主義」への求心力としての大学生新聞　（116）

第8章　統治構造の変容と若者の政治参加 ………………………… 119

第1節　日本における若者の政治参加の現状　（119）

第2節　熟議民主主義への「控えめな期待」　（121）

第3節　1990年代前半の「政治改革」　（125）

第4節　1990年代後半以降の「行政改革」　（128）

第5節　「選挙至上主義」がもたらした弊害　（129）

第6節　「国会中心」構想の憲法論の再興　（132）

第9章　韓国定年延長をめぐる世代間対立と
政治過程の混迷 ……………………………………………… 137

第1節　韓国における定年延長の政治化　（137）

第2節　定年延長と世代間の対立　（138）

第3節　定年延長の政治過程と特徴　（143）

第4節　「青年」言説の手段化を超えて　（149）

第10章　若者の政治参加と政府政策 ……………………………… 153

第1節　参加の限界　（153）

第2節　コロナ禍とデジタル化　（156）

第3節　空洞化する政府　（158）

第4節　民主主義への可能性　（162）

第5節　政策と民主主義　（165）

第11章　民主政を支えられない「主権者教育」……………………169
──だれも排除しない自由で民主的な政治的空間の破壊

第1節　「主権者教育」の導入と問題　（169）

第2節　「市民」を育成する教育の不在　（170）

第3節　主権者教育に不可欠な教育内容の欠如　（173）

第4節　問題化されない沖縄の排除　（178）

第5節　市民的連帯と民主政の破壊　（183）

第12章　学生の活動にみられる特徴的な「公」の出現と
　　　　その一事例 ……………………………………………187
──「前」政治的位相と「超」政治的位相

第1節　若者の社会貢献意識とその特徴　（187）

第2節　ハンセン病問題　（189）
　　　　──政治的取り組みと非政治的取り組み

第3節　中国ハンセン病回復村ワークキャンプ　（191）

第4節　政治的位相への接続　（194）

第13章　地方自治は民主主義を前進させるか ………………………201

第1節　選挙と民主主義　（201）

第2節　日常生活のなかの政治　（204）

第3節　地方自治における政治の一断面　（206）

第4節　市民協働と補完性の原理　（210）

第5節　市民討議会の可能性　（213）
　　　　──滋賀県守山市の市民懇談会を事例に

第6節　結びにかえて　（217）

第14章　若者の政治・社会参加の新潮流 ……………………………… 219
第1節　龍谷大学学生気候会議　（219）

第2節　地方議会の危機と山形県遊佐町の少年議会　（222）

第3節　地域活動が政治へと目を開かせる可能性　（226）
　　　　　——Ryu-SEI GAP

あ と が き　（231）

索　　引　（235）

第I部

若者は民主主義に背を向けているのか？

第1章 若者の民主主義への不満は何を意味するのか
——ポピュリズムを支持し，権威主義を受け入れているのか

第1節 民主主義の危機と若者

　若者の民主主義への不満が日本のみならず世界的に広がっている．その不満は，一方では政治への関心や参加の低さとして，他方で既成政党ではなく新興のポピュリズム政党への支持として現れたりしている．本書では，民主主義への不満の広がりを民主主義の遠心力が働いていると捉えている．若者の民主主義への不満が世界，日本の民主主義に危機をもたらす大きな要因になっているとされている．若者のポピュリズムへの支持が，さらに権威主義を受け入れるまでに至っているとしたら民主主義は危機に陥っているといえるであろう．だが，そういう見方ははたして妥当なのか．本章では，民主主義の危機をめぐる議論状況に触れた上で，若者とポピュリズム，権威主義との関係を考察することにより，彼らの民主主義への不満が何を意味するのかをあきらかにする．

（1）民主主義の危機か，自由主義の危機か

　民主主義の危機をめぐっては，さまざまな論者が独自の概念，言葉を使って考察を行っている．民主主義の今日における危機のありようを表す概念でよく知られているのは，ポスト・デモクラシー（post-democracy），イリベラル・デモクラシー（illiberal democracy）である．前者は，C. クラウチなどが論じているもので，民主主義がそれを構成する形式上の要素は残っているものの，それへの失望，幻滅が定着してしまった様子を説明する言葉として使われている．労働者階級の衰退により大衆の政治参加に空白が生まれてグローバル企業や富裕層を優遇する政治が構造的にできあがっているという，イギリスをはじめとした

西欧諸国に見られる状況を念頭に置いている [Crouch 2004＝2007]．後者は，F.
ザカリアなどが使い始めたもので，選挙を通じて民主的に選ばれた体制が権力
への憲法的制限を無視し，基本的人権や自由を剥奪するようになった状況を表
す概念である [Zakaria 1997]．ペルーやパキスタンなど発展途上国から今日で
はポーランド，ハンガリーなど EU 加盟国にも広がっていると見られている．

　民主主義という言葉を使っているが，正確にいえば現代の民主主義は自由民
主主義であり，それは自由主義 (liberalism) と民主主義 (democracy) という性
格の異なる 2 つの柱，原理から成り立っている．今日の民主主義の危機をポス
トデモクラシーという言葉で表す論者は，自由民主主義体制下において民主主
義が形骸化していることを主として問題視しているのに対して，イリベラル・
デモクラシーという用語を使う論者は自由主義が脅かされていることをとくに
重視していると捉えることができるであろう．

（2）民主主義の後退か，脱定着か

　危機にある民主主義の現在の局面の認識としてよく取り上げられるのは，民
主主義の後退(democratic recession)，あるいは民主主義の脱定着(democratic decon-
solidation) といった議論である．前者は L. ダイヤモンドが唱えたもので，世界
的に1970年代から続いた民主化の波が2006年あたりを境に終わりを迎え，新興
経済諸国のみならず先進諸国においても権威主義の強化や民主主義の質の低下
が進んでいることに注目して，その現象を民主主義の後退と捉えた [Diamond
2015]．民主主義の危機をより深刻に見ているのは後者であり，R. S. フォアと
Y. モンクが主張しているものである．彼らは経済的に成熟して民主主義も定
着しているとされた先進諸国において，少なくない国民が政府への信頼を失う
のみならず，民主主義体制そのものに懐疑的になり権威主義をも容認するよう
になっていることに着目して，それを民主主義の脱定着と概念化したのである
[Foa and Mounk 2016；2017]．

　以上の民主主義の危機をめぐる議論において，若者と民主主義の問題との関
連では，フォアとモンクの捉え方が注目される．彼らは，民主主義に取って代
わる権威主義的な選択肢を受け入れる傾向が年長世代よりも若者世代において
著しいこと，民主主義の深刻な危機，つまり民主主義の脱定着と呼べるものの

主要な構成要素は若者世代に顕著に見られることを指摘する［Foa and Mounk 2019］．その場合，若者の権威主義容認という事態を具体的には昨今世界的に台頭しているポピュリズムへ若者が支持を寄せていることに見いだしている．では，ポピュリズムとは何であり，若者のポピュリズム支持とはどういうものなのか［石田 2022］．

第2節　ポピュリズムと若者

（1）ポピュリズムと民主主義

　ポピュリズムの波は19世紀以来なんども訪れたが，今日のポピュリズムは1980，90年代に欧州に現れ，2000年代に入って，とくに2008年のリーマンショックとそれに続く欧州債務危機および2015年の欧州難民危機を経て世界的な広がりを見せている．ポピュリズムとは何なのかに関しては多様な捉え方があるが，よく引用される定義はC. ミュデのものである．彼は，ポピュリズムを「社会を究極的に二つの同質的で敵対的なグループ，すなわち純粋な人民と腐敗したエリートにわけ，また政治を人民の一般意志の表現と見るイデオロギー」［Mudde 2004：543］としている．反エリートと民意重視の立場であると言うのである．

　ポピュリズムをそうした立場に立つものだとすると，それと民主主義の関係はどう考えればいいのか．日本の新聞などでは，ポピュリズムを大衆迎合政治や扇動政治といった言葉を使って民主主義にとって否定的なものとしてあつかう場合が多いが，ポピュリズム研究者においては否定的な見方をとる論者ばかりではない．現代の民主主義，つまり自由民主主義のあり方をめぐる規範的立場の違いによってポピュリズムと民主主義の関係についても対照的な見方がとられている．自由民主主義における自由主義と民主主義という2つの柱のうち，自由主義の柱，すなわち代表制や個人の権利，権力分立などをより重視する者は，ポピュリズムに否定的な立場に立ち，ポピュリズムを民主主義にとって「病理」，「脅威」と捉えがちである．他方，民主主義の柱，つまり参加や人民主権などの意義をより強調する者は，ポピュリズムの存在を肯定し，ポピュリズムを民主主義にとって「挑戦」，「救済」として見る傾向がある［石田 2018：5］．

（2）ポピュリズムを支持する若者

　さて，ポピュリズムと若者の関係である．日本では，2000年代から2010年代にかけて中央政治では小泉純一郎が「聖域なき構造改革」，地方政治では大阪の橋下徹が「身を切る改革」，つまりいずれも新自由主義的な主張を唱えて支持を拡大していき日本型ポピュリズムと見なされたが，彼らを支持したのは非正規の若者，格差に苦しむ若者であるとされたことがあった．その理由は，若者が閉塞感の打破や既存秩序の変革を小泉や橋下に期待したからだとされた［濱田 2013］．

　ポピュリズムと新自由主義の関係に関していうと，欧州でも「反税」を掲げて1950年代から70年代にかけて影響力を広めたポピュリズムの立場は新自由主義的であったといえるが，1980年代以降台頭した右翼ポピュリズムはそれとは異なる．彼らは，福祉国家を擁護しながらその受益者を自国民に限定すべきという福祉排外主義（welfare chauvinism）の立場をとって，新自由主義には反対したのである．加えて，彼らの支持基盤についていうと，最近の研究では，グローバル化と脱工業化の進行や移民，難民の到来によって職が奪われ経済的に困窮するかもしれないという不安を感じる製造業の肉体労働者が支持層の中心であるとの捉え方が支配的になってきている［石田 2023a：167-168］．

　では若者はどうかというと，中心ではないとはいえ若者もポピュリズムの有力な支持層であるとの見方もある．そのことに関しては，イギリスのケンブリッジ大学にある「民主主義の未来センター」が2020年に出した『若者と民主主義の満足度』というレポートが興味深い指摘をしている．そのレポートでは，1973年から2020年にわたる160カ国のデータソースに基づいて若者の民主主義への満足度に関する世代間の変化とその特徴を分析している．その結果，ミレニアル世代（1981〜1996年生まれ）はそれ以前の世代（X世代［1965〜1980年生まれ］，ベビーブーム世代［1944〜1964年生まれ］，戦間期世代［1918〜1943年生まれ］）と比べて民主主義への満足度が大きく低下していること，しかし2015年以降に欧米諸国でポピュリスト指導者が政権に就くことになるが，その前後において若者の民主主義への満足度が上昇していること，ただポピュリスト政権が2期以上続くと若者の民主主義への満足度が最初は徐々に，その後は急速に低下していくことなどを明らかにした［Foa et al. 2020］．既成政党の政権下において満足していな

い若者が，後に急速に低下するとはいえ，ポピュリズムの台頭の時期に民主主義への満足度を高めていることは注目すべきである．本書の言葉でいえば民主主義の求心力が見られたのである．

（3）左右両翼に現れるポピュリズム

　若者とポピュリズムの関連で，さらに指摘しておく必要があるのは，ポピュリズムがイデオロギー的に左右の両翼に登場していることとの関係である．先にミュデがポピュリズムを1つのイデオロギーと定義したことを紹介したが，彼はポピュリズムのイデオロギーといっても薄い (thin) イデオロギーであるために，移民排斥主義や社会主義といった他のイデオロギーと結びついて，特定のイデオロギー的特徴を表すことになると言う．その結果，移民などの外国人 (the aliens) の排除という文化的争点を前面に掲げる排除的ポピュリズム (exclusionary populism) が右翼の側に，他方貧困者 (the poor) の包摂という経済的争点を重視する包摂的ポピュリズム (inclusionary populism) が左翼の側に登場したと捉えるのである [Mudde and Kaltwasser 2013][1]．

　今日のポピュリズムの波を主導しているのは右翼ポピュリズムであり，フランスの国民連合 (RN)，ドイツの AfD （ドイツのための選択肢）が代表例であるが，アメリカのトランプ大統領も右翼ポピュリストと見なされている．左翼ポピュリズムは，2010年代に入って急伸した勢力であり，最初はギリシャのシリザ (Syriza)，スペインのポデモス (Podemos) のように南欧諸国に登場したが，その後アメリカ，イギリス，フランスなどにも広がりを見せている．

（4）左右のポピュリズムと若者

　若者と左右のポピュリズムの関連に関していうと，2010年代後半以降においてアメリカ，イギリスの少なくない若者が左翼ポピュリズムに支持を寄せるようになったことが注目される．アメリカの大統領選挙で見ると，若者 (18～29歳) の投票先は，2016年選挙では民主党クリントンへ55％，共和党トランプへ37％，2020年選挙では民主党バイデンへ61％，共和党トランプへ36％であったとされた．65歳以上でいうと2016年民主45％，共和53％，2020年民主48％，共和51％であったことと対比すると多くの若者が民主党候補に投じたことが分

かる.その理由として,民主党大統領予備選の候補者にもなったB.サンダースや下院議員のA.オカシオ＝コルテスなどの,経済的格差の解決を重視するところから左翼ポピュリズムと見なされている民主党内左派グループの主張に共鳴して,選挙ではクリントン,バイデンを支持したとされる.投票率も,18〜24歳は51.4％で,前回の選挙における43.0％と比べて8％ほど上昇しており,25歳〜34歳で53.1％から60.3％へと7％ほど上がっている.

イギリスの若者でも同様の傾向が見られた.2015年に党首となったJ.コービン率いる労働党は新自由主義に傾斜していた従来の路線を反緊縮へと方針転換したこともあって左翼ポピュリズムと見なされるようになった.彼の下で戦われた2019年の総選挙において議席は大きく減らしたが,年代別の投票先において,18〜24歳では労働党が56％で保守党が21％であるの対して,60歳代では保守党57％,労働党22％というように若年層と高齢者層では正反対になっていたのである.投票率は,18〜24歳では約6％（48.6→54.5％）,25〜34歳では約4％（50.6→54.4％）上昇している.米英を中心に,なによりも経済的な格差の是正を重視し,また気候変動など環境の危機に関心を持ちその解決を求めて世界的に登場している左傾化した若者世代については「ジェネレーション・レフト」とも呼ばれたりしている［ミルバーン 2021］.

大陸欧州諸国では少し様相が異なるとされる.ギリシャのシリザ,スペインのポデモスなどを押し上げたのは若者であったが,他方フランスの2017年の大統領選挙では25歳以下の有権者の半数以上が,右翼ポピュリストのM.ルペン（国民連合）か左翼ポピュリストとされるJ.-L.メランション（不服従のフランス）に支持を寄せた.また,2017年のドイツ連邦議会選挙では,AfDが若い年齢層で多くの得票を獲得した.つまり,それらの国では,若者の間に左翼ポピュリズムとともに右翼ポピュリズムも支持を広げているのである［Foa and Mounk 2019］.

第3節　権威主義と若者

（1）民主主義と権威主義の対立？

若者とポピュリズムの問題は若者と権威主義（authoritarianism）の問題にも関

連しているが，そのことを論ずる前に権威主義と民主主義をめぐる今日的な問題状況について触れておくことにする．ロシアのウクライナ侵攻や中国の拡張主義的行動という昨今の国際情勢の変化を前にして，アメリカのバイデン大統領が「民主主義と専制主義（autocracy）の闘い」を強調し，メディアもまた民主主義と権威主義ないし専制主義の対立という構図で事態を描くことが多くなっている．民主主義体制と対立するとされる体制，つまり非民主主義体制をどう捉えるかについては，第2次世界大戦後の一時期は，ヒットラーなどが率いたファシズム体制と東側ソ連のスターリン体制を同一視した全体主義（totalitarianism）の概念が影響力を持った．しかし，今日の比較政治体制研究においては，かつて全体主義と規定した諸国を含めて非民主主義体制を一括して権威主義と規定する見方が支配的になっている．

　権威主義体制の行く末についていえば，1990年代においては，ソ連をはじめとした東側社会主義体制の崩壊とそれによる冷戦の終焉が生じたこともあって，東側諸国のみならず発展途上国も含めて世界は一路民主主義体制へ移行していくとする見方が有力であった．だが，2000年代に入ると見方は大きく変わり，権威主義体制が民主主義体制へと一方向的に移行していくという見方は後退し，権威主義体制の持つ強さに注目して権威主義の強化ないし定着と捉え返されるようになっていった［川中 2018］．

（2）民主主義と権威主義の接近？

　政治体制に関する最近の比較理論・実証研究では，権威主義体制の強靱さが明らかにされるとともに，権威主義（非民主主義）と民主主義という二項対立ではなく，両者の間のグレーゾーンの政治体制の存在に光が当てられてきている［石田 2023b：224-227］．グレーゾーンの体制には非民主主義側と民主主義側にそれぞれ属する2つのタイプがあるとされる．前者については複数政党による競争的な選挙が行われている点で，もっとも非民主主義的な体制，つまり選挙がないか，あっても意味ある競争とはなっていないタイプとは区別されるとされる．ただ複数政党による競争といっても現職優位に条件が歪められていて実質的には不公正な競争になっているために非民主主義体制に含まれるとされている．そうしたタイプは，競争的な選挙の存在に着目して選挙権威主義（electoral authoritarianism），競争的権威主義（competitive authoritarianism）と名付けられている．グレーゾーンにある後者のタイプについていうと，自由で公正な選挙が実際にも行われている点において，もっとも民主主義的な体制と共通するが，政治参加が低いレベルであったり，民主主義を支える政治文化が未発達であったり，また司法や立法による行政のチェックの点で弱さがあることから，完全な民主主義体制と区別されて選挙民主主義（electoral democracy）あるいは欠陥のある民主主義（flawed democracy）と呼ばれたりしている．

　以上からすると，現実政治では権威主義と民主主義の対立が激化しているように見えるが，グレーゾーンの政治体制の存在に着目すれば，非民主主義体制と民主主義体制の間の壁，ハードルは必ずしも高くはなく容易に乗り換えられるものだといえるかもしれない．そのことは若者と権威主義との関係にも関わる．

（3）若者の民主主義への態度は「しらけ」か，「反感」か

　若者と権威主義の関係の問題については，フォアとモンクの議論が参考になる[Foa and Mounk 2016；2017]．先にイギリスのケンブリッジ大学の研究センターのレポートで世界的に若者世代が民主主義への満足度を低下させていることが明らかにされていると紹介した．そのレポートでも検討されているが，フォアとモンクは若者世代の民主主義への不満を apathy（しらけ）と捉えるべきか，それとも antipathy（反感）と捉えるべきかという問いを発している[7]．前者は選挙における低投票率，政党加入の低さ，政治への関心の欠如などとして現れているが，この場合は若者の生活に意味のある改善をもたらすことができない既存の政治エリートに幻滅しているにすぎない．つまり，特定の政権の支持に関わる政府の正統性（governmental legitimacy）が低下しているものと見なすべきだと言う．これに対して，後者の場合は，言論の自由，報道の独立性や法の支配などの自由民主主義的な価値に公然と挑戦する反体制的な政党や候補者を積極的に受け入れることを含んでいる．つまり，民主主義体制そのものに反発して権威主義体制を容認するまでに至っていることから，統治システムとしての民主主義への支持に関わる体制の正統性（regime legitimacy）が揺らいでいることを示している点で前者と質的に違うと言うのである[Foa and Mounk 2019]．

第1章 若者の民主主義への不満は何を意味するのか　*11*

　フォアとモンクは,「世界価値観調査」の1995年から2004年までのデータを分析して,北米,西欧の先進国において若者を中心に民主主義の価値を疑い権威主義への支持に前向きになっているという傾向を見いだし,それを民主主義の脱定着を表すものと見なしたのである.経済的に豊かになれば民主主義が街で唯一のゲーム (only game in town) となって安定するという捉え方,つまり民主主義の定着した先進国ではそこから反転して脱定着することはありえないという比較政治学の通説的な見方に彼らは異議を申し立てたてたわけである.

　彼らの捉え方に対して真っ向から批判したのは A. アレクサンダー,C. ウェルツェルらである.彼らは,民主主義への人々の支持の度合いは世代を超えて高位で安定しているし,なによりも個人の選択や機会の平等を重んじる解放的な価値観が,服従と同調をよしとする権威主義的な価値観にとって代わって欧米のみならず世界的にも広がっている.ポピュリズムの台頭を軽んじることはできないが,解放的価値観をとくに将来世代の若者が持つようになっていることを考えれば,フォアとモンクの見方は民主主義の未来を過剰に暗く描いている,と批判している [Alexander and Welzel 2017].[8]

第4節　若者の民主主義への不満が意味するもの

　ポピュリズム,権威主義と若者の政治動向との関わりを検討してきたが,それらを踏まえると若者の民主主義への不満と世界,日本の民主主義の危機との関連はどう捉え返すことができるであろうか.

（1）政府だけでなく,体制も嫌いか

　世界の若者における民主主義への不満とその危機との関係について明解な捉え方を示しているのは,先に紹介したようにフォアとモンクであった.彼らは,若者の民主主義への不満については,若者が投票所に足を運んで自由民主主義の規範に異議を唱えるポピュリズム政党へ票を投じるという形で現れているところから,政府の正統性への疑義 (apathy) にとどまらず体制の正統性への疑義 (antipathy) となっており,民主主義体制の深刻な危機,つまり民主主義の脱定着をもたらしていると喝破したのである.こうした把握に対して真っ向か

12   第Ⅰ部　若者は民主主義に背を向けているのか？

ら反論をしたのがアレクサンダーとウェルツェルであるのも先に見たとおりである．若者は解放的な価値観を持つようになっているところから権威主義を支持することはありえず，それゆえに民主主義は揺らいでおらず十分定着していると主張した．

　フォアとモンクおよびアレクサンダー，ウェルツェルは，若者の関わりについては正反対の見方をとっているが，ポピュリズム支持が権威主義容認と直接に結びついていると見ている点では同じ立場である．そうした見方との関連で注目したいのは，フォアも編者として加わった『若者と民主主義の満足度』のレポートでは，フォアとモンクの上記のような解釈とはニュアンスの異なる見解が示されていることである．そのレポートでは，2015年以降に欧米諸国においてポピュリズム政党が躍進し政権に就くことが増えるが，その前後において若者の民主主義への満足度が上昇していることを明らかにしている．そのことを踏まえ，レポートはその末尾において，ポピュリズムの台頭は既存の構造が社会の長年の不満に対処できていないことを示しているのであることから，中道の政党や指導者たちがその傾向を逆転させるための対策を講じることになれば，ポピュリズムの波は民主主義を衰退させるのではなく再生を促すことになるかもしれない，と指摘しているのである [Foa et al. 2020 : 36]．若者のポピュリズム支持はそれ自体が民主主義体制の危機へと導くのではなく，彼らが抱える格差，貧困などの困難の解決に有効な手立てをとることができれば，民主主義体制下の政府そして体制それ自体の正統性の回復のきっかけにもなりうるとしている点が重要である[9]．

　日本の若者の最近の動向に関しては，2021年衆議院議員総選挙直後に行われた全国意識調査（明るい選挙推進協会）によると，比例代表選挙において18〜29歳では39.5％が自民党へ投票して13.2％の立憲民主党を大きく引き離したとされている．既成の保守政党で長く政権を取り続けている自民党に若者の多くが投じるのは以前の選挙から続いており，日本の若者においてはフォアとモンクのいう「反感」はもとより「しらけ」もない，つまり民主主義への不満度は高くなく，民主主義が定着していると見ることもできる．けれども，政党支持率でいうと18〜29歳の自民党支持率は19.4％に止まり，支持政党なしが52.4％と圧倒的に多い．また，18〜29歳の投票率は37.6％であり，60〜69歳の71.4％と

比べて相当低い[10]．そういう面を見ると，やはり日本の若者においても「しらけ」が進んでいる，つまり政府の正統性への疑念が深まっていると捉えることもできる．日本では，欧米のようにポピュリズムが政治を大きく揺るがすまでにはいたっておらず，また「反感」が広がっているとはいえない[11]．だが，若者が選挙に行かず棄権にまわるだけでなく最近では既成政党への不信から新興の政党や候補者に支持を寄せるといった投票行動も見られることから「しらけ」のあり方が変化しつつあるようである．いずれ「しらけ」が「反感」に行き着くかもしれないし，反転して民主主義への満足度回復へと向かうこともありえないわけではない．

（2）選挙だけでなく，運動も嫌いか

　若者と民主主義との関連では，不満が政府レベルか，体制レベルかの問題に加えて，民主主義のプロセスへの不満の問題もある．民主主義＝政治参加のプロセスに関しては二回路モデル（two-track model）で描くことがある［篠原 2004：184-185］．制度的な意思決定に関わる回路と非制度的な意思形成に関わる回路である．前者の回路の中心はいうまでもなく選挙である．非制度的な回路においては社会運動，政治運動，大衆運動といった言葉で表されるさまざまな運動が重要な役割を果たすが，最近では社会運動という用語が使われることが多い．選挙については，2010年代後半以降ポピュリズム政党の台頭の時期に一定期間投票率が上昇したことについては上記のとおりであるが，歴史的な流れでいえば若者の投票率は日本も含めて世界的に低下してきていることは確かである．では，社会運動への若者の関わりはどうか．社会運動については，かつては物質主義的・経済的課題の解決を目指す労働運動などの古い社会運動が主流であったが，1960年代後半以降とくに先進国に登場した，女性差別，人種差別，環境保護など脱物質主義的，非経済的課題を取り上げる新しい社会運動が影響力を高めていった．それらの運動の中心的な担い手はミドルクラスとともに進取の気性に富む若者であった．

　その後，社会運動社会（social movement society）という概念が生まれるほど抗議行動（protest）が社会・政治生活の普通の一部となりつつあるとされるようになる［Meyer and Tarrow 1998］．さらに2000年代に入ると社会運動は世界的な

広がりを見せる．グローバリゼーションの進行と世界的な新自由主義政策の展開の下で格差や分断が深まったことを背景に，2010年から2011年にかけてアラブ諸国の権威主義体制を崩壊させたアラブの春，またニューヨークから始まり世界に広がった反格差のオキュパイ運動が起こった．それらの運動では，新自由主義的な緊縮政策への反対という経済的課題が重視されたことから，ある意味で「古い」社会運動へ回帰しているという特徴がある．だが，なによりもデジタル技術の活用という戦術面での新しさがあり，そういう点からも若者が運動の中心となった．彼らは，インターネット，SNSを武器にサイバー空間で共感の輪を広げ，リアル空間において街頭デモという波を引き起こしたのである．世界の若者についていえば，選挙，投票といった伝統的な制度的政治参加には距離をおきつつも，デジタル技術を駆使した社会運動などといった非伝統的・非制度的政治参加には積極的であるといえる [della Porta 2015]．

　だが，日本の若者は状況が異なる．選挙では棄権が多く投票率が低いという全体的傾向に関しては世界の若者と同じである．しかし，日本では，選挙以外の政治参加への忌避感がより強いことから，選挙とそれ以外との間で政治参加の二重構造が存在するとされている [西澤 2004]．その忌避感はとくに若者において強く，デモを迷惑，過激と捉えたり，デモ参加者を自己満足と見なしたりして，社会運動を嫌っているとされる．社会運動を嫌う背景要因としては，経済格差が固定化されて若者が窮乏化していることや，労働運動や市民運動などの社会運動が不可視化しているために，苦しくともそれを訴えることが有効だと感じられなくなっているからだとされている [富永 2021]．日本における[12]社会運動嫌いは若者世代だけではないが，選挙のみならず社会運動にも消極的であるとすると政治への関与の基本的なチャネルを自ら閉ざしていることを意味するわけで，民主主義への不満が世界の若者と比べてより深いとも考えられる[13]．

（3）民主主義の遠心力と求心力の交錯

　世界の若者が民主主義に不満を持ち，政治に関心を持たず投票にも行かないという状況を本書では民主主義の遠心力が働いていると捉えている．だが，2010年代後半以降に欧米を中心に急伸したポピュリズムと関わっては，主要な担い

手ではないとはいえ，少なくない若者が投票に行き既成政党ではなく新興のポ
ピュリズム政党を支持し，投票率も高めたとされている．フォアとモンクは，
そうしたポピュリズムへの支持が権威主義の容認に結びついていると見て，民
主主義の脱定着，つまり民主主義の深刻な危機をもたらしていると捉えている．
本書の言葉で言い換えれば，民主主義の遠心力の進行から，さらに進んで民主
主義の否定に繋がると見ているのである．しかし，ポピュリズムの支持を通じ
て，投票率が上がり，さらに民主主義への満足度が一時的にも回復したとの捉
え方もある．そうとすれば，民主主義の求心力の復元，民主主義の再生が生じ
ていると見なすこともできる．以上のような大きく異なる見方が生じているの
は，民主主義の遠心力と求心力が実態のレベルにおいて交錯していることの反
映であるかもしれない[14]．日本も含めて世界の政治は流動化しており，民主主義
の行く末については予断を許さないということなのであろう．

注
1) ポピュリズムは民意重視であるが，右翼ポピュリズムは移民，難民を「外国人」とし
  て民意から「排除」するのに対して，左翼ポピュリズムは移民，難民は「貧困者」で
  ある場合が多いことから民意に「包摂」するという違いがあり，両者の民意重視つま
  り民主主義の中身が質的に大いに異なることに留意する必要がある．
2) 大統領選挙結果のデータについては，アメリカのタフツ大学の情報・研究センター
  CIRCLE（the Center for Information & Research on Civic Learning and Engage-
  ment）の HP を参照した（https://circle.tufts.edu/youth-voting-and-elections，2024年
  11月8日閲覧）．
3) 投票率の動向に関しては，アメリカ合衆国国勢調査局の HP を参照した（https://www.
  census.gov/data/tables/time-series/demo/voting-and-registration/voting-historical-ti
  me-series.html，2024年11月8日閲覧）．
4) 総選挙結果のデータについては，YouGov（イギリスの国際調査会社）の HP を参照
  した（https://yougov.co.uk/politics/articles/26925-how-britain-voted-2019-general-elec
  tion，2024年10月25日閲覧）．
5) 投票率の動向に関しては，下院図書館 HP に掲載された下記のファイルを参照した
  （https://researchbriefings.files.parliament.uk/documents/CBP-8060/CBP-8060.pdf，
  2024年10月25日閲覧）．
6) 若者の政治動向は可変的，流動的であり，ここで描いた欧米の若者の投票傾向も変化
  していくかもしれない．2024年11月のアメリカ大統領選挙では30代以下の若者とくに
  男性においてトランプ支持が増えたとされている（注2で挙げた HP を参照）．他方，
  2024年5月の欧州議会選挙において議席を増やしたドイツの AfD が25歳未満の若者

の間で支持を大きく伸ばしたことや，6月のフランス国民議会（下院）選挙に関する世論調査によると第1回投票における18〜24歳の若者の投票先において，国民連合がマクロン率いる与党連合を大きく引き離し第2党に，不服従のフランスが中心となって結成した新人民戦線（NFP）が第1党になったことが紹介されている［瀬能 2024］．全体として見ると，2010年代後半以降に欧米で現れた若者の左右両翼のポピュリズム支持の流れがなお継続しているようである．

7）apathy は無関心と訳されることが多いが，フォアとモンクは，現政権には不満があるが民主主義体制それ自体に不満を持つまでには至っていない場合に，棄権にまわるなど既成の政治に距離を置くようになる，といった状態を表すために用いているので，ここでは「しらけ」と訳す．antipathy は民主主義体制自体への強い嫌悪を示すものとして「反感」と訳すことにした．

8）フォアとモンク，アレクサンダーとウェルツェル以外の論者も参加した民主主義の脱定着をめぐる論争に関しては，the Journal of Democracy の以下の HP を参照（https://www.journalofdemocracy.org/online-exchange-democratic-deconsolidation/，2024年10月25日閲覧）．

9）若者をめぐる困難解決の手立てとしては，なによりも格差，貧困対策としての経済政策＝再分配政策の再構築が焦点となるが，ポピュリズム支持層全体では，やはり移民・難民問題やジェンダー，LGBTQ など多様性をめぐる文化政策＝承認政策をどう組み立て直すかが重要となるであろう［石田 2023a］．

10）ここで挙げた一連の数字は，『第49回衆院議員総選挙全国意識調査——調査結果の概要』（公益財団法人　明るい選挙推進協会，令和4年3月 http://www.akaruisenkyo.or.jp/wp/wp-content/uploads/2018/07/49syuishikichosa.pdf，2024年10月25日閲覧）を参照した．2024年10月27日投票の第50回衆議院議員総選挙における朝日新聞出口調査によれば，20代の比例代表投票先は国民民主が第1党になり自民党は大きく支持を減らしたとのことである（https://digital.asahi.com/articles/DA3S16070872.html，2024年10月29日閲覧）．この投票先の前回からの大きな変化が日本の民主主義にとって何を意味するのかについては，若者の投票率や政党支持の動向と併せて検討する必要があり，今後行われる調査と分析を待たねばならない．

11）国民に直接訴えかけるといった政治スタイルで惹きつけるだけでなく政策的主張において共感をえられなければポピュリズムの大きな飛躍はない．その政策的主張でいえば，日本でも欧米の左翼ポピュリズムに連なると自ら称し，格差是正のために反緊縮政策をなによりも重視するれいわ新選組と安倍政権の岩盤支持層が創設し福祉政策では外国人排除の福祉排外主義を主張している点で欧米の右翼ポピュリズムの立場に近い日本保守党が現れている．それらの，なお弱小の政党あるいはその後継の勢力が既成政党との連携も含めて政治的な影響力を今後強めるようになるか，が注目される．

12）過去の社会運動（1960年安保闘争，2015年安保法制抗議運動など）に対する「暴力的」「秩序を乱す」といった否定的評価が社会運動嫌いに大きく影響を与えている点も日本の特徴である［坂本・富永・金澤 2024］．

13）ただ，若者のなかでも Z 世代（1996年〜2010年生まれ）では，デモやストライキなどといった伝統的な手法についてはネガティブであるが，ハッシュタグアクティビズム

やクラウドファンディングなどといった SNS を駆使したりする新しい手法については ポジティブに受け止めており，そのこととも相まって社会運動それ自体に対しても より積極的になりつつあるという調査もある［連合 2021］．SNS などの新しい手法の 活用は，偽情報拡散などネガティブな影響も含めて，日本の若者の政治参加のありよ う，そして民主主義への不満，満足の現れ方を変化させつつある．

14) 日本でも，2024年 7 月の東京都知事選挙においてほぼ無名の候補者が 2 位に躍り出た ことや10月の衆議院議員総選挙，11月の兵庫県知事選挙の結果を見ると，日本の民主 主義の現状に対する若者，無党派層の不満の現れ方が変わりつつあるようである．こ れらの出来事が日本の民主主義の求心力へのきっかけになるのか，あるいは遠心力を さらに推し進めていくことになるのかは，既成の政党，政治家の対応そしてなにより も若者，無党派層の今後の動向次第であろう．

参考文献
〈邦文献〉
石田徹［2018］「欧州を揺るがす福祉ポピュリズムの波——左翼ポピュリズムというもう 一つの動き」『龍谷政策学論集』7（2），3-17頁．
————［2022］「若者，民主主義，ポピュリズム——日本の若者の「保守化」は民主主 義にとって何を意味するのか」『龍谷大学社会科学研究所年報』52，173-184頁．
————［2023a］「『福祉的連帯』をめぐる政策的・政治的対抗——『リベラルのジレン マ』と排除的ポピュリズムの克服のために」，渡辺博明『ポピュリズム，ナショナ リズムと現代政治——デモクラシーをめぐる攻防を読み解く』ナカニシヤ出版，165- 185頁．
————［2023b］「民主主義と権威主義の相克？——世界の政治体制の現在と将来」『龍 谷大学社会科学研究所年報』53，223-233頁．
川中豪［2018］「『民主主義の後退』をめぐる理論」，川中編『後退する民主主義，強化 される権威主義——最良の政治制度とは何か』ミネルヴァ書房，15-44頁．
坂本治也・富永京子・金澤悠介［2024］「過去の社会運動に対する否定的評価は政治参加 にどう影響するのか」『ノンプロフィット・レビュー』23（1-2），47-57頁．
篠原一［2004］『市民の政治学——討議デモクラシーとは何か』岩波書店（岩波新書）．
瀬能繁［2024］「欧州の若者，経済苦を背景に右傾化——極右躍進の一因に」『日本経済新 聞』Nikkei Views 2024年 7 月 3 日 5：00，2024年10月25日閲覧．
富永京子［2021］「若者の『社会運動嫌い』？——社会運動に対する忌避感とその原因」『生 活経済政策』288，17-21頁．
濱田国佑［2013］「新自由主義的改革に対する意識構造の世代間差異——2005年 SSM 調査 データの分析から—」『現代社会学研究』26，1-17頁．
ミルバーン，ギア［2021］『ジェネレーション・レフト』（斎藤幸平監訳・解説，岩橋誠・ 萩田翔太郎訳），堀之内出版．
連合［2021］「多様な社会運動と労働組合に関する意識調査　2021」（https://www.jtuc-re ngo.or.jp/info/chousa/data/20210427.pdf?9089，2024年10月25日閲覧）．

〈欧文献〉

Alexander, A. and Welzel, C. [2017] "The Myth of De-Consolidation : Rising Liberalism and the Populist Reaction," *Journal of Democracy* (https://www.journalofdemocracy. org/online-exchange-democratic-deconsolidation/, 2024年10月25日閲覧).

Crouch, C. [2004] *Post-Democracy*, Polity Press (山口二郎監修, 近藤隆文訳『ポスト・デモクラシー──格差拡大の政策を生む政治構造』青灯社, 2007年).

─── [2016] "The March Towards Post-Democracy, Ten Years On," *The Political Quarterly*, 87(1), 71-75.

della Porta, D. [2015] *Social Movements in Times of Austerity : Bringing Capitalism Back Into Protest Analysis*, Polity Press.

Diamond, L. [2015] "Facing Up to the Democratic Recession," *Journal of Democracy*, 26 (1), 141-155.

Foa, R. S. and Mounk, Y. [2016] "The Danger of Deconsolidation : the Democratic Disconnect," *Journal of Democracy*, 27(3), 5-17.

─── [2017] "The Signs of Deconsolidation," *Journal of Democracy*, 28(1), 5-15.

─── [2019] "Youth and the populist wave," *Philosophy and Social Criticism*, 45(9-10), 1013-24.

Foa, R. S. et al. [2020] *Youth and Satisfaction with Democracy : Reversing the Democratic Disconnect?*, Cambridge : Centre for the Future of Democracy.

Meyer, D. S. and Tarrow, S. [1998] *The Social Movement Society : Contentious Politics for a New Century*, Rowman & Littlefield Publishers.

Mudde, C. [2004] "The Populist Zeitgeist," *Government and Opposition*, 39(3), 541-563.

Mudde, C. and Kaltwasser, C. R. [2013] "Exclusionary vs Inclusionary Populism : Comparing Contemporary Europe and Latin America," *Government and Opposition*, 48 (2), 147-174.

Zakaria, F. [1997] "The Rise of Illiberal Democracy," *Foreign Affairs*, 76(6)(Nov.-Dec., 1997), 22-43.

(石田　徹)

19

第2章 日本の若者にみる政治的関心と非政治的実践の乖離？——龍谷大学生アンケート調査から

第1節　地域活性化に関心があるが「政治には関心がない」学生たち

　日本の若年世代においては，投票率の低さなど政治的無関心が指摘される一方で，ボランティア活動や地域活性化，社会課題を解決する社会的起業など非政治的な実践活動への関心と参加は高まっているのではないか——「若者と民主主義」をテーマとした本研究プロジェクトは，日本の若者についてしばしば指摘される，こうした「政治的関心と非政治的実践の乖離」という現象への着目からスタートした．

　こうした捉え方は，本研究プロジェクトメンバーの多くが所属する龍谷大学政策学部における教育活動の中で，直感的に理解される学生像とも符合するという．同学部は「地域公共人材の育成」を教育目標に掲げ，正課科目でも地域での課題発見と解決策の実践に取り組むPBL（Problem-based learning）を導入している．そのため，「地域社会の役に立ちたい」といった動機を持つ学生が一定数入学し，少子高齢化など活力低下に悩む地域における住民との交流やにぎわいづくり，生業創出などに取り組むPBL科目やゼミナール活動のプロジェクトに例年多くの学生が参加している［清水・只友 2021；櫻井ほか 2021；今里 2021；石原 2021］．一方で，選挙における投票やデモ行動などの政治行動への関心や意欲はおしなべて低く，PBL科目のプロジェクトで大学内の期日前投票所の設置を実現させたものの，それを利用して投票した学生は，他学部も政策学部も同様に少なかった［石田 2019a；石田 2019b］．

　投票率について見ると，この30年間を通じて，20歳代以下の国政選挙の投票率は，全年齢の投票率と比べておおむね20ポイント程度低く推移してきた．例

えば，2021年衆議院議員総選挙では，全体の投票率55.9％に対して20歳代では36.5％であった．以前から若者世代の投票率は低かったが，年齢が上昇しても投票率が上昇しないコーホート効果も見られる．選挙での投票行動に限らず，例えば韓国や米国，フランスなどでは，若者を含む市民が街頭に繰り出しデモ行進する姿がしばしばニュースなどでも映し出されているが，日本においてそうした姿が見られることはまれである．日本においても確かに，00年代には若者を中心とする反貧困デモが散発的にではあれ行われたし，2015〜2016年のSEALDsの活動はマスメディアにも盛んに取り上げられた．しかし，そうした若者の取り組みを，多くの若者は冷めた目で，時には眉をひそめて眺めている．

　日本の若者の政治への関心の低さ，もっといえば政治に関わりたくない意向は，内閣府による「我が国と諸外国の若者の意識に関する調査」(2018年) などの国際比較調査からも明らかである[1]．同調査によると，自国の政治に関心があるとする割合は，日本では43.5％と，韓国53.8％，アメリカ64.9％と比べて低い．「社会をよりよくするため，私は社会における問題の解決に関与したい」と考える割合も，日本では42.3％と，韓国68.4％，アメリカ72.6％と比べ，その低さが際立っている．

　日本の若者における政治への関心の低さ，時には地域貢献には一定の関心を示しながらも，政治への関心が低調なのはなぜなのだろうか．龍谷大学の学生を対象に，2021年と2023年に実施されたwebアンケートフォームを用いた質問紙調査の結果から，こうした問いについて考えたい．

第2節　調査の概要

　本報告で用いるデータは，龍谷大学・「若者と民主主義」研究プロジェクトが主体となって，webアンケートフォームで実施した質問紙調査「若者と民主主義に関するアンケート」の結果である．本調査は，龍谷大学の学生を対象として，2回実施されている．1次調査は，2021年1月17日から2月7日を回答期間として，同研究プロジェクトに参加する教員が担当する授業の受講生等に回答を呼びかける形で実施した．結果，301票の有効票が得られた．2次調

査は，2023年12月1日から31日にかけて1次調査と同様の方法で実施され，433票の有効票が得られた．

1次調査の回答者301名の属性を見ると，入学1年目が54.8％，2年目21.6％，3年目15.9％，4年目7.0％，5年目以上0.7％であり，1回生が半数以上を占めた．所属学部は文学部18.3％，経済学部10.3％，経営学部14.0％，法学部12.3％，国際学部8.3％，政策学部36.9％となっている．回答者に政策学部が多いのは，回答を呼びかけた教員の多くが政策学部所属であり，学部専攻科目の授業で呼びかけたことによる．性別は女性46.2％，男性52.5％，その他1.3％である．また，留学生は回答者のうち3.3％だった．回答者の基本的な生活スタイルについて見ると，一人暮らしが30.9％，親族と同居が67.4％であった．76.7％がアルバイトをしており，週平均アルバイト時間は14.8時間である．週20時間以上も16.5％いた．

2次調査の回答者433名の属性を見ると，入学1年目26.3％，2年目38.1％，3年目25.4％，4年目8.5％，5年目以上1.2％であり，第1次調査よりも2・3回生の割合が26ポイント程度高くなっている．所属学部は文学部11.1％，経済学部7.4％，経営学部4.8％，法学部18.9％，国際学部11.3％，政策学部44.8％，心理学部0.7％となっている．回答者に2・3回生，また，政策学部生が多いのは，「政策学部効果」を明らかにするという調査の狙いによるものである．性別は女性44.6％，男性54.3％，その他0.9％である．また，留学生は回答者のうち3.2％だった．回答者の基本的な生活スタイルについて見ると，一人暮らしが29.8％，親族と同居が66.5％であった．これらについては第1次調査とほぼ同様であった．

第3節　政治的関心に影響を与える要因

本調査研究の出発点となったのは，学生が地域貢献には一定の関心を示しながらも，政治への関心が低調なのはなぜなのだろうかという問いであった．

地域社会の問題への関心（「あなたは，あなたの住んでいる地域社会の問題に関心をもっていますか」）と政治への関心（「あなたは，今の自国の政治にどのくらい関心がありますか」）との関係から，この出発点となった問題意識に関わる状況を見てみる．

22　第Ⅰ部　若者は民主主義に背を向けているのか？

表 2-1　「地域社会の問題への関心」と「自国の政治への関心」

	政治への関心あり	政治への関心なし	合計
地域社会の問題への関心あり	115 39.5% 76.7%	35 12.0% 23.3%	150 51.5% 100.0%
地域社会の問題への関心なし	67 23.0% 47.5%	74 25.4% 52.5%	141 48.5% 100.0%
合計	182 62.5%	109 37.5%	291 100.0%

　表 2-1 は，地域社会の問題への関心の有無と，自国政治への関心の有無のクロス集計結果であり，各セル上段に全体％，下段に行％をあわせて示している．これをみると，地域問題・政治の両方に関心がある者が115人，調査対象者の39.5％（全体％）を占める一方で，いずれにも関心がない者が74人（25.4％）であった．また，地域問題への関心はあるが，政治への関心はない者は35人（12.0％）であり，逆に地域問題への関心はないが，政治への関心はある者は67人（25.4％）であった．

　表 2-1 として示した設問は，「地域社会の問題」が「あなたの住んでいる地域社会の問題」に限定されているなど，先に挙げた問題意識を忠実に測定するものとはなっていないが，表 2-1 をみる限り，地域貢献には一定の関心を示しながらも，政治参加への関心が低調であるという層は，そもそもそれほど大きなボリュームとしては存在していないようである．また，表 2-1 のセル下段の行％を見ると，政治への関心がある割合は，地域社会の問題に関心がある層で76.7％と，ない層47.5％より29ポイント程度高くなっており，2つの関心は結びついていることもわかる．

　とはいえ，この調査結果から4類型のボリュームを素朴に見積もるのは危険かもしれない．授業を通して協力を呼びかけに応じてくれた学生の回答であり，調査テーマに関心のある学生などに偏ったデータであることも十分考えられるからである．

　そこで，以下では，自国の政治への関心に注目していくことにする．自国の

表2-2　政治への関心と投票行動（2022年7月参院選）（2次調査）

	投票した	投票していない	わからない	合計人数
非常に関心がある	60.5%	39.5%	0.0%	43
どちらかといえば関心がある	55.9%	37.9%	6.2%	195
どちらともいえない	37.8%	47.6%	14.6%	82
どちらかといえば関心がない	41.5%	51.2%	7.3%	82
関心がない	27.3%	59.1%	13.6%	22
合計	48.6%	43.6%	7.8%	424

表2-3　政治への関心と投票行動（2023年4月統一地方選）（2次調査）

	投票した	投票していない	わからない	合計人数
非常に関心がある	72.7%	27.3%	0.0%	44
どちらかといえば関心がある	48.0%	46.5%	5.6%	198
どちらともいえない	34.1%	50.0%	15.9%	82
どちらかといえば関心がない	39.0%	52.4%	8.5%	82
関心がない	34.8%	60.9%	4.3%	23
合計	45.5%	47.1%	7.5%	429

政治への関心の高さは，先に見た地域社会の問題への関心だけでなく，国政選挙があれば行きたいという意欲とも強く結びついており（相関係数0.53（1％水準）），裁判員を務めてみたいという意欲とも繋がっている（同0.36（1％水準））．さらに，「社会をよりよくするために，私は社会における問題の解決に関与したい」（同0.27（1％水準）），「将来の国や地域の担い手として積極的に政策決定に参加したい」（同0.43（1％水準）），「私の参加により，変えてほしい社会現象が少しは変えられるかもしれない」（同0.41（1％水準））においても正の相関が見られた．

　2023年に実施された2次調査では，2022年7月の参議院議員選挙，2023年4月の統一地方選挙における投票行動を尋ねているが，自国の政治への関心と投票行動の関係を見ると（表2-2，表2-3），関心が高いほど投票割合が高い傾向が見られる．自国の政治への関心は，選挙があれば行きたいという意欲だけではなく，実際の投票に繋がっている．

　地域社会の問題への関心や政治・司法への参加意欲，社会問題解決への関与志向，政策決定への参加志向，社会変革の有効性感覚，そして実際の投票行動

24　第Ⅰ部　若者は民主主義に背を向けているのか？

とも結びつく「自国政治への関心」に影響を与える要因とは何か.

（1）学びの経験や属性との関係

　まず，属性との関係を見ると，学部や学年による違いは見られない．どの学部であっても，学年が違っても，自国政治への関心に有意な差は見られない．今回のデータからは，大学での学びが学生の自国政治への関心に影響を与えている様子は窺えない.

　「これまで，中学・高校・大学で，政治についての教育を受けてきましたか」と尋ねた結果との関係を見ると（表2-4），政治についての教育をしっかり受けてきたという認識と政治への関心に有意な結びつきは見られなかった．大学での学びを含めた政治に関する学びは，どのようにそれを受けていようが自国政治への関心を高めるものとはなっていないようである．2次調査では，政策学部生においては有意な差が見られた（「しっかり受けてきた」90.9%，「それなりに受けてきた」59.7%，「ほとんど・まったく受けてこなかった」38.5%（1％水準））ものの，他の学部では1次調査同様，有意な差は見られなかった．また，実際の投票行動においても，学部・学年による有意な差は見られなかった（2次調査）．全体としては，中学・高校・大学における政治についての教育は，政治への関心を高めることにも，実際の投票行動にも影響していないと言えそうである.

　また，図表は略すが，父母の学歴や一人暮らしか否かなど，生育家族の階層的背景を含むなどさまざまな属性に関わる変数との関係を見ても，自国政治への関心との間に有意な差は見られなかった．今回の調査で把握した属性項目で唯一，差が見られたのは性別である．「非常に関心がある」割合は男性20.3%に対して女性では7.2%，「非常に関心がある」「どちらかといえば関心がある」の合計では男性67.8%に対して女性では55.8%と，男性でその割合が高くなっていた.

　2次調査データから，投票行動と属性との関係を見ると，参院選・統一地方選のいずれの投票行動についても，所属学部，学年，奨学金の利用による有意な差は見られなかった．属性との関係を見る限り，大学での学びは自国政治への関心に影響を与えないだけではなく，実際の投票行動にも影響を与えてはいないようである．属性において差が見られたのは，自国政治への関心と同様に

表2-4　政治についての教育と「政治への関心」

	あり	なし	合計人数
しっかり受けてきた	68.7%	31.3%	32
それなりに受けてきた	62.9%	37.1%	199
ほとんど受けてこなかった	62.6%	37.6%	64
まったく受けてこなかった	25.0%	75.0%	4
合計	62.9%	37.2%	299

性別，そして一人暮らしか否かであった．参院選で投票した割合は，男性53.7％＞女性42.9％と男性が11ポイント程度高くなっている（5％水準）．統一地方選挙でも同様に，男性49.6％＞女性40.3％と男性が9ポイント程度高くなっている（5％水準）．また，参院選では実家暮らしの投票割合57.4％に対して一人暮らしでは26.6％，統一地方選でも実家暮らし53.3％に対して一人暮らし26.6％となっており，一人暮らしの場合，実家暮らしに比べて投票率は半分程度にまで低くなっていた．これは，一人暮らし層が住民票を現居住地に移していないことによるところが大きいのではないかと思われる．

（2）ボランティア活動との関係

　再度確認すると，「若者と民主主義」をテーマとした本研究プロジェクトは，日本の若者についてしばしば指摘される，投票率の低さなど政治的関心の低さの一方で，ボランティア活動や地域活性化，社会課題を解決する社会的起業など非政治的な実践活動への関心と参加は高まっているのではないかという，「政治的関心と非政治的実践の乖離」現象への着目からスタートした．ボランティア活動経験と政治的関心の関係について確認しておこう．

　本調査対象者のボランティア経験（1次調査）は，コロナ禍の時期に学生生活を過ごしている影響が大きいと思われるが，「現在，ボランティア活動をしている」割合は6.3％に過ぎない．「以前したことがある」44.9％を合わせると，ボランティア活動経験割合は51.2％となる．こうしたボランティア経験は，「住んでいる地域社会の問題への関心」の高さと結びついている（表2-5）一方で，自国政治への関心には影響していなかった（表2-6）.

26   第Ⅰ部　若者は民主主義に背を向けているのか？

表2-5　ボランティア活動経験と「住んでいる地域社会の問題への関心」

	もっている	どちらかといえば もっている	どちらかといえば もっていない	もっていない	合計 人数
ボランティア経験あり	21.5%	42.3%	25.5%	10.7%	149
ボランティア経験なし	16.2%	23.5%	36.8%	23.5%	136
合計	18.9%	33.3%	30.9%	16.8%	285

表2-6　ボランティア活動経験と「自国の政治への関心」

	非常に関心がある	どちらかといえば 関心がある	どちらかといえば 関心がない	関心がない	合計 人数
ボランティア経験あり	17.0%	49.0%	26.1%	7.8%	153
ボランティア経験なし	12.1%	48.6%	30.7%	8.6%	140
合計	14.7%	48.8%	28.3%	8.2%	293

　こうした傾向は，「あなたはどんな時に充実していると感じますか」として10項目を挙げ，「あてはまる」から「あてはまらない」の４件で尋ねた結果との関係からも伺える．10項目の１つに「ボランティア活動など社会のために役立つことをしているとき」があるが，その回答と自国政治への関心の間に有意な結びつきは見られなかったのである．ボランティア活動への参加によって充実感を得てはいるが，西尾ら［2015］が見出したようなボランティア活動が公共性を帯びて政治的関心へと接続する回路を，１次調査の結果から見出すことはできなかった．

　一方，２次調査でボランティア経験の有無と政治への関心の関係を見ると（表2-7），自国政治に「非常に関心がある」「どちらかといえば関心がある」と回答した割合は，ボランティア経験のある層では63.7％と，ない層47.8％に比べて16ポイント程度高くなっている（５％水準）．１次調査とは異なり，政策学部生割合が45％程度と極端に高く，龍谷大学生全体に見られる傾向とは言い難いが，それでもボランティア活動が公共性を帯びて政治的関心へと接続する可能性は示しているだろう．

　ただし，その可能性も「関心」への接続にとどまるようである．２次調査でボランティア経験と実際の投票行動の関係を見ると，投票割合は，参院選では，「現在，活動している」48.2％，「以前，したことがある」50.9％，「したこと

表 2 - 7　ボランティア経験と政治への関心（2次調査）

		非常に関心がある	どちらかといえば関心がある	どちらともいえない	どちらかといえば関心がない	関心がない	合計人数
経験あり		11.2%	52.5%	16.6%	16.6%	3.1%	223
	現在，活動している	7.1%	50.0%	25.0%	14.3%	3.6%	56
	以前，したことがある	12.6%	53.3%	13.8%	17.4%	3.0%	167
経験なし		10.2%	37.6%	22.0%	22.6%	7.5%	186
合計		10.8%	45.7%	19.1%	19.3%	5.1%	409

がない」45.6％，統一地方選では，「現在，活動している」46.4％，「以前，したことがある」51.2％，「したことがない」41.6％となっており，ボランティア経験がある層ではやや高くなっているものの，有意な差は見られない．西尾ら［2015］が見出したようなボランティア活動が公共性を帯びて政治的関心へと接続する回路は見出せたとしても頑強なものとは言い難く，また，その回路が投票行動にまで接続されているとは言えないようである．

(3)「政治について話す」経験との関係

　今回の調査から，政治的関心，そして投票行動に結びつく経験を見出すことはできるだろうか．そうした経験として，「政治について話す」経験がある．「あなたは，家族と政治について話す機会はありますか」と尋ねた結果との関係をみると（表2-8），そうした機会があるほど自国政治への関心が高い傾向がはっきり見られる（相関係数0.42（1％水準））．同様に，「あなたは，友人と政治について話す機会はありますか」においても（表2-9），話す機会があるほど自国政治への関心が高い傾向が見られる（同0.43（1％水準））．

　家族や友人と政治について話しをする経験と政治への関心の高さの結びつきは，2次調査でも同様に確認されている．さらに，2次調査では投票行動についても尋ねているが，2022年7月の集議院議員選挙で投票した割合は，「家族と政治について話す機会」が「よくある」73.7％，「ときどきある」49.7％，「あまりない」49.7％，「まったくない」33.3％と，家族と政治について話す機会がよくある層で投票率が高い傾向が見られる（1％水準）．直近の自治体選挙に

28　第Ⅰ部　若者は民主主義に背を向けているのか？

表2-8　「家族と政治について話す機会」と「自国の政治への関心」

	関心あり	関心なし	合計
よくある	97.6%	2.4%	41
ときどきある	73.8%	26.3%	137
あまりない	35.2%	64.8%	88
まったくない	48.5%	51.5%	33
合計	62.9%	37.2%	299

表2-9　「友人と政治について話す機会」と「自国の政治への関心」

	関心あり	関心なし	合計
よくある	100.0%	0.0%	13
ときどきある	82.4%	17.6%	74
あまりない	59.0%	40.9%	132
まったくない	44.3%	55.7%	79
合計	62.7%	37.3%	298

おいても同様であった．一方で，「友人と政治について話す機会」の多寡は，投票行動と有意な結びつきは見られなかった．

　こうした結びつきは，政治への関心が高い人や投票する人が家族や友人と政治について話しがちであることを表しているに過ぎないのかもしれないが，政治について話をする経験が政治への関心や投票率を高めている可能性として押さえておきたい．

（4）社会認識との関係

　さまざまな属性だけでなく，政治に関する学びやボランティア経験なども，政治への関心，そして投票行動に繋がっているとは言い難い．では，社会に対する現状認識についてはどうだろうか．

　「あなたは，自国の社会に満足していますか．それとも不満ですか」と4件で尋ねると，「満足」6.3％，「どちらかといえば満足」47.6％，「どちらかといえば不満」35.3％，「不満」10.8％と，満足と不満が拮抗している．この社会への認識との関係を見ると，社会に不満があるほど政治への関心が高い傾向は見られたが，相関係数−0.13（5％水準）と強い結びつきではない．2次調査で同様の関係を見ると，相関係数は−0.01で有意な結びつきは見られなかった．社会への不満と政治への関心は，少なくとも強く結びついているとは言えない．現状だけではない．「自国の将来は明るいと思いますか」と，日本社会の将来の見込みについて，「明るい」から「暗い」の4件で尋ねた結果と政治への関心の関係をみても，1・2次調査いずれにおいても有意な結びつきは見られなかった．

社会に対する現状認識として，調査では，「あなたは，どのようなことが自国の社会で問題だと思いますか」と，さまざまな「社会的問題」を挙げ，複数選択で尋ねてもいる．この結果と政治への関心との関係をみると，「若者の意見が反映されていない」（相関係数−0.17（1％水準））と「まじめな者がむくわれない」（同−0.14（5％水準））の2つで，いずれも強い結びつきではないものの，そう考える層で政治への関心が高い傾向が見られた．政治への関心との間に有意な結びつきが見られたのはこの2つのみであり，その他さまざまに挙げられた「社会的問題」――「性別による差別」「学歴による収入や仕事の格差」「貧富の格差」「老人，身体障がい者などに対する社会福祉が十分でない」「よい政治が行われていない」など――についての問題認識は，政治への関心と結びついていなかった．

2次調査においても同様の質問を行っているが，「若者の意見が反映されていない」ことを問題と考える層で政治への関心が高い傾向（相関係数−0.11（5％水準）は1次調査同様に確認された．一方で，「まじめな者がむくわれない」については有意な結びつきは見られなかった．また，解釈が難しいが，「就職が難しく，失業も多い」ことを問題と考えない層で政治への関心が高い（同0.15（1％水準））傾向が見られた．いずれにせよ，2回の調査で一貫して政治への関心との間に有意な結びつきが見られたのは，「若者の意見が反映されていない」のみであり，その他のさまざまな差別や格差問題，貧困問題や環境問題などの問題認識は政治への関心と結びついていなかった．回答者自身がそうである若者，その意見が反映されていないという認識がかろうじて政治への関心と接続されているのみで，これ以外の社会に対する現状認識は政治への関心とは接続されていない，あるいはその接続は不安定で弱いもののようである．

（5）自分の将来展望やさまざまな考え方との関係

さまざまな属性，政治に関する学びやボランティア経験は政治への関心には繋がっておらず，社会の現状への不満と政治への関心の結びつきも一貫しておらず，弱い．家族や友人と政治について話をすることは，政治への関心や投票率を高める効果がありそうだが，「逆の因果」であることも十分考えられる．日本社会のさまざまな社会的問題への認識もその多くは政治への関心の強さと

30 第Ⅰ部 若者は民主主義に背を向けているのか？

表2-10 将来展望と「自国の政治への関心」

	関心あり	関心なし	合計人数
希望がある	72.7%	27.3%	44
どちらかといえば希望がある	68.5%	31.5%	149
どちらかといえば希望がない	55.1%	44.9%	69
希望がない	38.5%	61.5%	26
合計	63.2%	36.8%	288

結びついていない．さらに，日本社会の将来の見込みも政治への関心と結びついていない．ここまでのところ，若者の政治的関心は若者の諸属性や経験，意識とは結びつかない宙に浮いたもののように見える．

　そのような中で，それほど強い結びつきではないものの，政治への関心と一貫して結びついている変数に，「若者の意見が反映されていない」ことを社会的問題とする認識がある．回答者自身がそうである「若者の意見が反映されていない」，このあたりをもう少し探っていきたい．そこで，回答者自身の将来展望，規範意識と政治への関心の結びつきについて見ていく．

　表2-10は，「あなたは，自分の将来について明るい希望を持っていますか」と尋ねた結果と，自国政治への関心（2件）との関係を表している．「関心あり」の割合は，「希望がある」72.7%＞「どちらかといえば希望がある」68.5%＞「どちらかといえば希望がない」55.1%＞「希望がない」38.5%と，自分の将来に明るい希望を持っているほど自国政治への関心がある割合が高く，明るい希望を持てない層ほどその割合が低い傾向が確認できる（1%水準）．こうした傾向は2次調査でも同様であった．

　また，規範意識，社会観などさまざまな考え方，10項目を挙げ，「そう思う」[3]～「そう思わない」の4件で尋ねた結果と，自国政治への関心との関係を見ると，2項目で有意な差が見られた．「人生において，他者とつながったり社会的な責任を果たすことは重要だ」（表2-11），「物事を進めるうえで，しっかりと手続きを踏むことは重要だ」（表2-12）の2項目であり，いずれも「そう思う」層で自国政治への関心が高い傾向が見られた（いずれも5%水準）．2次調査においても結果は同様であった．

　これらの規範意識の高さと政治への関心が結びついているようである．しか

表2-11 「他者とつながり社会的な責任を果たすことは重要だ」と「自国の政治への関心」

	関心あり	関心なし	合計人数
そう思う	70.8%	29.2%	161
どちらかといえばそう思う	54.9%	45.1%	122
どちらかといえばそう思わない	46.2%	53.8%	13
そう思わない	33.3%	66.7%	3
合計	62.9%	37.1%	299

表2-12 「しっかりと手続きを踏むことは重要だ」と「自国の政治への関心」

	関心あり	関心なし	合計人数
そう思う	73.6%	26.4%	53
どちらかといえばそう思う	64.1%	35.9%	142
どちらかといえばそう思わない	53.2%	46.8%	77
そう思わない	58.8%	41.2%	17
合計	62.6%	37.4%	289

し,「いかなる理由があっても,いじめをしてはいけない」「いかなる理由があっても,約束は守るべきだ」「困っている人を見たら,頼まれなくても助けてあげるべきだ」といった項目では,有意な差が見られなかったことを考えると,「人生において,他者とつながったり社会的な責任を果たすことは重要だ」との結びつきを,「規範意識の高さ」とのみ捉えて,それが政治への関心の結びつきと解釈することはできない.政治への関心の高さと結びついているのは,他者との関わりの中で社会的役割を果たすことでもあるのかもしれない.いずれにせよ,自分の将来に明るい希望を持ち,「他者とつながり社会的責任を果たすこと」「手続きを踏むこと」を重視する層において,政治への関心の高さが見られるようである.

第4節 宙に浮かぶ「政治」との接続の可能性

本研究プロジェクトにおいて,政治的関心とは,公共圏における諸課題に関して,政治による対応に不満を抱き,現状への不満を解消するために投票や署

名活動などの政治参加を行う——こうした一連の行為を想定し，それらの行為をとりたいという積極的かつ変革志向の「政治的関心」のありようを把握することを意図していた．しかし，これまでの整理から明らかなように，把握された政治的関心は確かに投票行動とは結びついているものの，こうした当初の想定とは大きく異なっていた．

　本調査の結果から明らかになったこれまでの知見を整理しておこう．

　調査からは，若者の政治的関心は，その諸属性や経験，さまざまな社会認識とも明確には結びついておらず，いわば宙に浮くかのように存在していることが明らかになった．現在の日本社会への不満も政治への関心を高める方向では作用していないし，将来への不安が政治への関心を高めるわけでもなく，むしろ自国政治への関心が高いのは，自分の将来に明るい希望を持つことができる人びとである．さまざまな差別や格差問題，貧困問題や環境問題などの問題認識も政治への関心と結びついておらず，政治への関心に結びつくのは，「若者の意見が反映されていない」「まじめな者がむくわれない」という問題認識だけである．さまざまな差別や格差，貧困が政治への関心と結びついていなかったことを考えると，ここでの「若者」とは格差や不平等に直面する若者ではなく，回答者自身を表すものとしての若者であり，「報われないまじめな者」もまた，格差や不平等，差別ゆえに報われない者ではなく，回答者自身を指すのだろう．政治的な関心に結びつくのは，「（私自身そうである）若者の意見が反映されていない」「（私のような）まじめな者が報われない」ことを問題とする認識なのではないか．ここでの問題の焦点は「社会」ではなく，「私」にあると言えそうである．

　そして，自国政治への関心が高いのは，自分の将来に明るい希望を持つことができる人びとだけでなく，紙幅の都合により詳細は略すが，自分の考えをはっきり相手に伝えることができると考える人びとでもある．諸属性や自尊感情などを見ても，ここでの「私」に「悲壮感」や「怒り」は見出しがたい．自分の将来に明るい希望を持てない人びと，考えをはっきり相手に伝えることができない人びとは，明るい希望を持つことができる社会構築の可能性を政治に求めることもしない／できないのであろうか．

　また，「他者とつながり社会的責任を果たすこと」「手続きを踏むこと」を重

視する層において，政治への関心の高さが見られることは，社会的責任としての政治（参加），押さえるべき手続きとしての政治（参加）という政治観，政治認識を表しているのだと思われる．

　このような若者と政治の関係にあって，ボランティア活動への参加は「地域社会の問題への関心」を喚起はするものの，それが公共性を帯び，政治的関心へと接続する回路とはなっていない．ボランティア活動で自己承認的な充実感を得たとしても，政治的関心には接続されてはいかないのである．

　中西新太郎は，「若者は政治的関心がないという常識」は，日本社会において「政治的関心を持たずにいきることの『陶冶』が系統的に追求された」結果であり，「新規学卒者を企業秩序にスムーズに接続させる日本型青年期は，政治的関心を阻害する政治的排除を不可欠の一環としていた」とする［中西 2019：229］．「政治的関心のなさこそが，社会生活を大過なく過ごすための処世術」なのであり，「政治問題，社会問題とみなされるイッシュウについて直接行動を起こすことは，安定した社会秩序への反逆のようにみなされ」た［中西 2019：230］．こうした中西の整理は，今回の調査結果と整合的である．本調査で把握されたのは，この政治的排除社会における政治への関心であろう．

　今回の調査からは，若者にとって「政治」が，その生きてある諸現実やさまざまな社会認識から切り離され，宙に浮かんだ状態にあることが浮かび上がる．辛うじて若者と「政治」を接続しているのは，「政治への関心」は持つべきだし，投票はしておいた方が望ましいという，社会的責任感や手続き重視志向であった．これらを超えた，若者と政治的関心への接続はいかにして可能なのか．

　「私」をその構成要素とし，「私」のこれまでとこれからを大きく規定していく「社会」の諸課題との出会いだけでは，政治的関心に接続されることはないし，政治についての教育もそれへの関心を高めることはない．社会的課題との出会いや政治についての教育を媒介項としつつ，「私」と「政治」の接続を促す可能性があるとすれば，それは何だろうか．2回の調査からかろうじて可能性として導き出せるのは，目新しくもないが，政治について対話機会の創出である．

注
1 ）内閣府「我が国と諸外国の若者の意識に関する調査（平成30年度）」(https://warp.da.ndl.go.jp/info : ndljp/pid/13024511/www8.cao.go.jp/youth/kenkyu/ishiki/h30/pdf-index.html, 2024年 8 月31日閲覧).
2 ）具体的な「問題」として挙げたのは，次の16項目である．① 身分や家柄が重要視されすぎている，② 性別によって差別がある，③ 人種によって差別がある，④ 信じる宗教によって差別がある，⑤ 学歴によって収入や仕事に格差がある，⑥ 倫理的，道義的に正しいことが受け入れられない，⑦ 貧富の差がある，⑧ まじめな者がむくわれない，⑨ 若者の意見が反映されていない，⑩ 治安が乱れている，⑪ 風俗が乱れている，⑫ 就職が難しく，失業も多い，⑬ 老人，身体障がい者などに対する社会福祉が十分でない，⑭ 環境破壊に対して，国民が無関心である，⑮ よい政治が行われていない，⑯ その他．
3 ）規範意識，社会観などさまざまな考え方として挙げたのは，次の10項目である．① いかなる理由があっても，いじめをしてはいけない，② いかなる理由があっても，約束は守るべきだ，③ 困っている人を見たら，頼まれなくても助けてあげるべきだ，④ 他人に迷惑をかけなければ，何をしようと自由だ，⑤ 何事も効率的に進めることが重要だ，⑥ 人生において，他者とつながったり社会的な責任を果たすことは重要だ，⑦ 物事を進めるうえで，しっかりと手続きを踏むことは重要だ，⑧ 所得格差を埋めるのは政府の責任だ，⑨ 貧困に陥るのは，本人の責任だ，⑩ 政治の話は，学校やバイト先など外ではしない方が良い．

参考文献

清水万由子・只友景士 ［2021］「龍谷大学政策学部「政策実践・探究演習（国内）」の科目開発過程」『龍谷政策学論集』10(2)．

櫻井あかね・白石克孝・的場信敬・石倉研 ［2021］「大学地域連携の発展プロセスと課題解決へのアプローチ法──洲本市の域学連携事業を事例に」『龍谷政策学論集』10(2)．

石田徹 ［2019a］「若者の政治参加と投票率向上に向けた課題解決型学習の取り組み」，石田徹・高橋進・渡辺博明編『「18歳選挙権」時代のシティズンシップ教育──日本と諸外国の経験と模索』法律文化社．

─────［2019b］「参議院議員選挙期日前投票所の学内設置と実施に向けた学生の取り組み」，石田徹・高橋進・渡辺博明編『「18歳選挙権」時代のシティズンシップ教育──日本と諸外国の経験と模索』法律文化社．

今里佳奈子 ［2021］「PBL 教育を通じた大学と地域の連携構築に関するアクション・リサーチ──京丹後市宇川地区におけるゼミでの PBL を通して」『龍谷政策学論集』10(2)．

石原凌河 ［2021］「防災 PBL における学生・地域住民の主体性に関する一考察──政策実践・探究演習（国内）「京丹後防災プロジェクト」を事例として」『龍谷政策学論集』10(2)．

中西新太郎 ［2019］『若者保守化のリアル──「普通がいい」というラディカルな夢』花伝社．

西尾雄志・山口健一・日下渉［2015］『承認欲望の社会変革——ワークキャンプにみる若者の連帯技法』京都大学学術出版会.

（妻 木 進 吾）

37

第3章　若者の公共的関心はどのように形成されるのか
——龍谷大学生アンケート結果から

第1節　若者の社会意識の変化

　日本の若年世代における政治的無関心が指摘される一方で，非政治的な実践活動への関心と参加は高まっているように思われる．現代日本の若者は代議政治による間接的な社会課題解決には期待を持つことができず，自分自身の手で直接的に社会課題解決に貢献する意欲と，その方が有効だという期待を抱く者が少なくないのではないだろうか．そうした意識は現在の若者が置かれてきた状況，そして彼らが持つ「政治」や「社会」に対する認識と深く関わるだろう．それは，実は若者だけのものではなく，社会全体の根底的な意識変化の萌芽が，現代の若者の意識の中に見出されているのではないか．

　そのような問題意識で，龍谷大学生にアンケート調査及びグループインタビュー調査を行った．本章の目的は第1に，龍谷大学生の地域活動参加者像を明らかにすることである．自分が住んでいるかどうかを問わず，地域課題の解決に取り組もうとする動機は何か．第2に，地域活動の参加者と非参加者に，政治や社会への公共的関心に違いはあるのか，地域活動の参加者に特徴があるとすれば，どのような特徴かを明らかにする．そして第3に，地域活動参加者の公共的関心は，どのように生まれているのかを明らかにすることである．第2節では，現代日本の若者をめぐる状況について，親密圏／公共圏という視点から概観してみたい．

第2節　若者をめぐる状況——親密圏と公共圏

（1）若者の社会参加意識

　国立青少年教育振興機構による「高校生の社会参加に関する意識調査報告書——日本・米国・中国・韓国の比較」[2021] では，日本国内の40の高等学校を通した質問紙調査とウェブ調査を行っている（回答者数4623人）．それによれば，他国と比較して日本の高校生には9つの特徴がある．① 学校の生徒による自治活動への参加意欲が低い，② 学校に生徒の意見を聞いてほしいという要望が強い，③ 学校外の活動への参加経験が少ない，④ 趣味やアルバイトへの関心は高いが，政策への意見表明や地域の交流活動への関心が低い，⑤ 国内外の政治や社会問題への関心が低い，⑥ 新聞やニュースをよく見るが，エンターテインメントに関心が高く，政治・文化への関心は低い，⑦ インターネット上で知り合いとのコミュニケーションをよくするが，社会や政治に関する情報収集・発信を「よくする」と回答した割合は低い，⑧ 社会や政治について自分たちの意見を表明することは良いことだと考えているが，意見を「表明しやすい」と思っている割合は低い．その理由は「しても変わらない」「社会からの理解を得られない」が多い，⑨ 社会問題を自分の生活に関わることとして捉えているが，政治や社会への参加意欲は低く，「私個人の力では政府の決定に影響を与えられない」「政治や社会より自分のまわりのことが重要だ」「現状を変えようとするよりも，そのまま受け入れる方がよい」「政治や社会の問題を考えるのは面倒である」とする割合が4カ国中で最も高い．

　これらの結果を見ると，日本の高校生は政治や社会への関心が低く，社会参加の経験も意欲も少ないように見える．しかし注目すべきは，②「学校に生徒の意見を聞いてほしい」，⑧「社会や政治について自分たちの意見を表明することは良いことだと考えている」，⑨「社会問題を自分の生活に関わることとして捉えている」など，政治・社会への関わりじたいを否定的に捉えているのではなく，潜在的にはそれを欲している可能性もある点である．さらに，政治・社会に対して「自分の意見を表明しても変わらない」「個人の力では影響を与えられない」など，自己効力感 [self-efficacy] の低さが関心を阻害しているの

ではないかと推測される．若者が政治や社会に関心を持たないという表面的な現象だけを取り沙汰するのではなく，社会への参加機会や有効性が限られているために，関心も意欲も奪われている可能性に着目し，若者の意識に迫っていく必要がある．

（2）若者は公共圏を忌避するのか？

　若年世代における政治的無関心と非政治的実践の乖離という現象は，親密圏／公共圏の問題として理解することもできよう．若者が家族，友人，趣味のつながりなどの親密圏に閉じこもり，多様な他者が存在する公共圏から撤退しようとしている，と考えるのである．齋藤純一の定義によれば，公共圏は不特定多数の人々の〈間〉にある共通の問題への関心によって成立するものであり，親密圏は具体的な他者の生／生命への配慮・関心によって形成・維持されるものとされる［齋藤 2000］．親密圏は具体的・個別的な人間関係によって形成される世界，公共圏はより普遍的・一般的な社会と個人との関係の世界ということになる．

　親密圏／公共圏という枠組みが有効となった背景には，近代社会の変容がある．落合恵美子によれば，家族—市民社会—国家という三層構造であったものが，グローバリゼーションを背景として国家—市民社会の関係が逆転し，国家を超えた市民社会の中に国家が包摂されたり，1つの家族の圏域が国家を超えて広がったりするなどした［落合 2013］．落合の議論を受けて，秋津［2017］はNGO／NPOが公共的課題の重要なステークホルダーとなり，公共性が多様化，多元化してきたことや，家族や性における一元的規範が弱まってきたこと，親密性の中に政治という公共的要素が直接的に反映するという認識が広く共有されたと指摘する．親密圏／公共圏の対比的な枠組みを用いることで，親密圏と公共圏の重なりあいとズレ，すなわち公共的なるものの対象範囲や性質の変化が浮かび上がる．

　親密圏と公共圏の関係の変化は，若者に顕著な傾向であると言えるだろうか．「最近の若者」論は，他の年齢層と比較した際の若年層の特徴というよりも，「若者の名を借りた社会語り」［古市 2015：83］であり，注意が必要ではある．しかし，若者の意識に投影された親密圏と公共圏の関係変化のありようを知ること

は，この社会に生じている構造的変化を理解することにもつながるため，一定の意味がある．

これまでの若者の意識に関する社会学的な議論を概観するならば，山田真茂留は，1960年代末の学生運動の挫折，消費社会化の進行などにより若者文化が対抗性と自律性を失ったことにより，若者が政治や社会へ関心を持たなくなっていったことを描いた［山田 2009］．浅野智彦らは，若者の意識を長年調査する中で，昨今の若者の特徴の１つに，友人関係の重要性と充実度が上昇したことを挙げている［浅野 2011］．地域への愛着度も1977年から2008年まで一貫して上昇していたが，その理由は「友だちがいるから」である．内閣府による世論調査においても，若年世代の家族，友人との関係の重要度は高まり続けている．この半世紀に渡り，若者にとって親密圏の重要性は増してきた．

土井隆義は，近代化社会において「脱埋め込み」を図ってきた地縁・血縁といった生得的な人間関係へ，「再埋め込み」されることへ日本人全体が憧憬を感じるようになっており，若者においてその傾向は顕著であることを指摘する［土井 2019］．その文脈で，自己の「係留点」としての地元（自分が育った地域社会）を理想化する傾向も捉えている．しかし，当然ながら親密圏における人間関係も，ポジティブなものばかりではない．SNSや学校でのいじめなど親密圏の濃密な人間関係に若者が疲弊している状況もある［土井 2014］．

若者は，親密圏に閉じこもり，不特定多数の他者と共につくる公共圏には背を向けている．もしそうだとしても，親密圏も安寧であるとは限らず，未来に期待を持つことができない社会状況は変わらない．結果的に，そうなってしまうのだろうか．

（3）若者は公共圏に参入するのか？

上述したように，現代社会における公共性は政府だけではない多様なステークホルダーによって担われ，ボランティア活動やNGO／NPO活動，ソーシャル・ビジネスなど多様な方法で維持されるものとなっている．若者は，公共圏に背を向けているのではなく，親密圏と公共圏を往来できるような独自の回路を拓こうとしていると考えることもできる．

長年大学生による国際ワークキャンプに伴走してきた西尾雄志らは，若者が

社会経済的な不安定化・貧困化に陥っている一方で，ボランティア活動は活性化しているのはなぜか？という疑問に対して，若者は自信と承認を求めてボランティア活動に参加するのではないかと考えた［西尾・日下・山口 2015］．現代の若者は，貧困，障害，病いなどの「近代的不幸」よりもアイデンティティの危機や生きづらさなどの「現代的不幸」［小熊 2009］を抱え，自己承認欲求をボランティア活動によって満たそうとしている側面がある．しかし，西尾らは，自己承認欲求や能力向上という個人的な動機によって参加したボランティア活動［ワークキャンプ］であっても，社会課題の解決を目指す公共性を帯びた活動への参加を通して，若者が社会変革へ関心を持つ可能性を示した［西尾・日下・山口 2015］．ただし，どのような動機からでもただ社会貢献活動をすればよいのではなく，親密圏から公共圏への回路を開く，いくつかの工夫や教育的関わり［サポート］の重要性を指摘している．

第3節　地域活動に参加するのはどのような若者か

（1）地域活動の内容と動機

　若者は，公共圏を忌避しているのか，参入したいのにできないのか．龍谷大学生のアンケート結果をもとに考えてみたい．本章で用いる調査データの概要は，第2章にて述べられている通りである．まず，地域活動の参加者像を見てみよう．「地域における課題を解決するための活動（地域活動）に参加したことがありますか．（大学内／大学外の活動をともに含む）」と尋ねたところ，有効回答数419のうち，「参加したことがある」は135人（32.2%），「参加したことがない」は284人（66.8%）であった．「参加したことがある」者のうち政策学部生は90人（66.7%）であり，一見して政策学部生には地域活動参加経験者が多いようだが，二項ロジスティック回帰分析の結果，有意な関係性は見られなかった．性別，年齢についても同様である．

　自由記述で活動名及び具体的な活動内容の回答を求めたところ，125人が回答し，内容に応じて筆者が4つに分類した．[2] ① 政策学部が提供する活動（正課・正課外ともに含む）が72名，② 政策学部以外の龍谷大学内組織が提供する活動（正課・正課外ともに含む）が10名，③ 地域コミュニティやNPO・企業等が主催する

42　第Ⅰ部　若者は民主主義に背を向けているのか？

表3-1　地域活動参加者とボランティア活動経験者

| | | 地域活動経験 | | |
		ない	ある	合計
ボランティア活動経験	現在している	17 4.0%	39 9.2%	56 13.2%
	以前したことがある	97 22.9%	66 15.6%	163 38.5%
	したことがない	156 36.9%	29 6.9%	185 43.7%
	わからない	15 3.5%	2 0.5%	17 4.0%
	無回答	2 0.5%	0 0.0%	2 0.5%
	合計	287 67.8%	136 32.2%	423 100.0%

活動が38名，④ その他・不明が5名であった．政策学部生で地域活動に参加経験があると回答した者のほとんどが，政策学部が提供する活動[3]に参加していた．

　アンケートでは，ボランティア活動の経験の有無についても尋ねている．地域活動が，幅広いボランティア活動とは異なる意味を持つ活動なのかどうかを確認しておくため，ボランティア活動経験者の特徴についても触れておきたい．地域活動参加経験とボランティア活動経験のクロス集計は表3-1に示す．

　回答者の半数以上，地域活動参加者の3分の2以上が，何からのボランティア活動を経験している．一方で，ボランティア活動経験者のうち，地域課題解決活動にも参加しているものは半数に満たない．また，後述するような政治への関心や，社会参加への意識について，ボランティア活動経験者には目立った特徴が見られなかった．龍谷大学生にとって，ボランティア活動は特別な志向を持つ者が参加する活動というよりも，多くの者が一般的に経験する活動になりつつあるのかもしれない．

　次に，地域活動参加者が，どのような動機で活動に参加しているかを尋ねた質問「なぜ，地域活動に参加してきたのですか．あてはあるものを全て選んでください．[4]」の結果（％）を図3-1に示す．

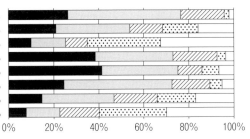

図3-1　地域活動への継続参加動機

　「自分の能力やスキルを高められるから」「地域の人からの感謝がうれしかったから」で「とてもあてはまる」との回答が最も多く，「社会をよくしたかったから」「困っている人を助けられるから」で「とてもあてはまる」「まああてはまる」を合わせた肯定的な回答が多くなっている．西尾らが指摘した通り，能力向上と自己承認欲求が強い参加継続動機となっていることがうかがえる．注目したいのは，「社会をよくしたかったから」「困っている人を助けられるから」という公共圏への関心も示されていることである．直接的には具体的な他者との親密圏の構築と充実を重視していながら，それが公共圏の改善ともつながっているという認識も持っている．そのような参加動機が浮かび上がった．

(2) 政治への関心

　次に，地域活動参加者の政治への関心について見てみたい．結論から述べると，地域活動への参加経験の有無と，政治への関心の有無との間に明確な関連性は見出せなかった．政治への関心を尋ねた質問「あなたは，今の自国の政治にどのくらい関心がありますか．」「あなたは，自国の政治に満足していますか．それとも不満ですか．」「あなたは，2022年7月の参議院議員選挙で投票しましたか．」「あなたは，直近の自治体選挙で投票しましたか．」のいずれの回答とも，活動参加経験の有無との間に有意な相関は見られなかった．

　他方で，「あなたは，家族と政治について話す機会はありますか．」という質問への回答と，地域活動の参加有無との間には相関が見られ，家族と政治の話

をする人ほど，地域活動に参加する傾向が見られた．第2章で述べられている
ように，家族と政治について話す機会があることは，政治への関心と相関関係
がある．「家族と政治について話す」に象徴される家族関係は，政治や地域課
題をはじめとする公共圏への関心の芽生えと深く関連している可能性がある．
なお，「家族と政治について話す」ことと政治的関心の間に相関があることに
ついては，2022年度に実施した龍谷大学生アンケート調査でも確認されている
（本書第2章を参照）．

（3）社会への関心

　地域活動の参加者は，政治への関心において明確な特徴を持たないが，潜在
的には社会の公共的関心を持っているように思われる．次に，彼らが抱く社会
への関心をより具体的に見てみたい．

　まず，社会に対してどのような参加意識を持っているのかを尋ねた．t検定
によって地域活動参加経験の有無と有意な関係性が見られたのは「社会をより
よくするために，私は社会における問題の解決に関与したい」（$p < 0.01$），「将
来の国や地域の担い手として積極的に政策決定に参加したい」（$p < 0.01$），「子
供や若者が対象となる政策や制度については子供や若者の意見を聴くようにす
べき」（$p < 0.05$）という考え方であり，二項ロジスティック回帰分析でも有意
な関係性が見られた（$p < 0.05$）．社会参加意欲と地域活動への参加は結びつい
ている可能性がある．

　では，地域活動参加者は，社会課題をどのように解決していくべきだと考え
ているか．また，どのような解決方法に関与したいと考えているのか．「社会
課題を解決するための行動」として13の選択肢（表3-2）を提示し，それぞれ
の行動について「意味があると思うか」「やってみたいと思うか」を尋ねた．
地域活動参加者が「意味がある」と選択する傾向にあったのは，「NPO・NGO
の活動に参加する」「社会課題解決に取り組む団体への寄付［クラウド・ファンディ
ングを含む］」だった．地域活動参加者が「やってみたい」と選択する傾向にあっ
たのは，「NPO・NGOの活動に参加する」「社会課題解決に取り組む団体への
寄付［クラウド・ファンディングを含む］」と「社会課題に関わる企業の商品の購入
や不買」であった．

第3章　若者の公共的関心はどのように形成されるのか　*45*

表3-2　社会課題を解決するための行動

選挙での投票
政治家・政党の活動に参加
NPO・NGO の活動に参加する
街頭署名
オンライン署名
街頭でのデモ行進
社会課題解決に取り組む団体への寄付（クラウド・ファンディングを含む）
社会課題に関わる企業の商品の購入や不買
ネット上で社会課題に関わる意見の発信
マスコミへの告発
社会課題を解決するビジネスの起業
上記に当てはまるものはない
その他

　回答全体では，「選挙での投票」を73.3%（316人）が「意味がある」，66.2%（284人）が「やってみたい」としていた．地域活動参加者の特徴として，投票や署名といった代表民主政治の中で制度化された参加方法とは異なる行動によって，社会課題の解決にアプローチしようとしていることがわかる．また，「意味がある」行動と「やってみたい」行動は大きな乖離がなく，自分自身がとる（とりうる／とりたい）行動と，社会課題解決方法を重ねて考える傾向がうかがえる．

（4）小括

　龍谷大学生アンケート調査から，地域活動参加者の特徴を探った．龍谷大学生（人文・社会系学部）という母集団において，地域活動参加者は一定の特徴を持った集合をなしていると言ってよいだろう．彼らが参加する地域活動の多くは，大学（主に政策学部）が提供する正課内外の活動であり，参加の直接的契機としては「与えられた」機会であるが，「社会をよくしたい」などの公共的関心と，社会課題解決への関与意欲を持っている．家族と政治を話題にだせる関係にあることも，公共的関心と関与意欲を育てることにつながっている可能性

46   第Ⅰ部　若者は民主主義に背を向けているのか？

がある.

　一方で，地域活動参加者の関心対象はそれほど広くはなく，社会課題の解決方法についてもNPO・NGO活動への参加や寄付，購入／不買というように，投票など従来からある政治参加方法とは異なる新しい方法に意義を見出しており，「自分で参加する」ことに意欲を持っているという特徴が見られた. こうした特徴が何を意味するのか，さらに踏み込んだ検討が必要である.

第4節　若者の公共的関心はいかにして生まれるのか

（1）グループインタビュー調査の実施概要

　次に，地域活動参加者が持つ公共的関心がどのように生まれているのかを探るため，学生へのグループインタビュー調査の結果をもとに考えてみたい. インタビューは2024年2月6〜7日の2日間に分けて龍谷大学で実施した. 4〜5人程度の学生に対して，2名の教員（「若者と民主主義」研究プロジェクトメンバー）が聞き手となり2時間程度聞き取りを行った. 参加者は，2023年12月に実施した龍谷大学生アンケート回答者のうち，インタビュー調査に協力してもよいと意思表明した回答者に改めて参加意思確認して募集した.

　インタビュー調査には，地域活動の参加経験を問わず参加者を募集したところ，2日間合計で17名が参加し，うち6名が地域活動参加経験者であった.

　以下では，筆者が聞き手の1人となった2つのグループインタビューの内容を参照して，公共的関心が芽生える契機，親密圏と公共圏の境界線，そして「政治」の捉え方と公共的関心との関係について，考察してみたい. インタビュー参加者は表3-3の通りである.

（2）公共的関心の芽生え

　若者は，幼少期からの発達過程において政治や社会に対する公共的関心をどのように形成しているのだろうか. インタビューから浮かび上がる1つの重要な経路は，学校教育である. 大学授業の課題や，小学校の頃の社会科の授業，あるいは就職活動準備などを直接のきっかけとして政治や社会に関心を持ったと述べた参加者が多かった（B, C, F, G, H）. 一見して受動的ではあるが，学

第 3 章　若者の公共的関心はどのように形成されるのか　*47*

表3-3　グループインタビュー参加者

仮名	学年	学部	地域活動経験	その他の属性
A	3	国際	教育格差解消のため児童館で子供に勉強を教える活動	教員志望
B	3	国際	フィリピンの貧困家庭の職業訓練支援団体のボランティア	
C	2	文	なし	哲学科所属，一人暮らし
D	1	法	なし	
E	1	政策	なし	
F	1	政策	なし	一人暮らし
G	1	政策	地元市役所が主宰する「海ごみ探偵団」の活動	
H	3	政策	なし	行政法ゼミ所属

校教育，あるいはその最終地点としての就職活動が公共圏への関心を持つきっかけとなっていることがわかる．さらに一歩踏み込んで，地域活動に参加することになった契機はどうであろう．

「バイト代もらいながら，そこ［児童館］に参加してるので，…（略）…教職で，もし教員になりたいってなったときに，面接んときに話せるよっていうのもあって，…（略）…いかに就職に使えるかみたいなところで始めたのはあります．」［A］

「学校の授業で，NPO，NGO に参加して単位をゲットみたいな．…（略）…それで，フィリピンの貧困問題について関わってる NPO があって，そこに参加させてもらいました．でも，そういう機会，単位取得っていうすごい身に迫ったっていうことなんで，それがなかったら，多分，参加しないですね．」［B］

A，B はともに地域活動に参加した経験がある．地域活動参加者が関心を持つ直接的なきっかけは，授業での単位取得やアルバイト，就職活動で有利になるといった自己実現の機会として得たものだが，活動経験から格差や貧困といった社会問題を考える機会になった．

「貧富の差による教育環境［の違い］っていうのは，すごい感じるものがあっ

て，自分の中で．…［略］…片方の子は私立の高校に受験するって言ってる中で，最近，ちょろっとだけ来た女の子とかが，高校は行っても仕方ないし，キャバ嬢なるわ，将来．みたいなこと言ってる子が．…［略］…そういう子が，学校も行ってない理由が，いじめとかじゃなくて，自分の中でどうしたらいいのか分かんなくて，髪の毛金色に染めて，夜の街，遊んでるみたいな子やったんで．それを実際に目撃したときに，貧富の差っていうのをすごい感じて．」［A］

Aは，地域課題（社会課題）に取り組むことで自分の親密圏には存在しないような他者に出会い，自分とは異なる境遇や考え方にどう関与したらよいかと考えている．それは公共的関心の芽生えと言ってよいだろう．公共的関心が芽生えた後，どうなったか．Aは，児童館の子どもたちに自分も利用した安価なホームステイ留学の仕組みを紹介することがあるという．

「その子たちに，あれやったら留学したらっていうふうに声掛けてます．比較的，安く行けるんで．その留学行ったっていう事実で，それこそ就職とか大学受験とかにも有利に働いたりするんで．…［もしキャバ嬢の子がおったら？］多分，言ってたと思いますね．…それこそメイク好きやったんで，メイク好きやし，韓国行ってみたらとかって．…頭の片隅にでも残っててくれたらいいなぐらいの気持ちで，しゃべったりはしますね．［A］

児童館でのアルバイトを通して，経済格差による教育格差という公共的課題に出会うが，個人間の関係の中での対応にとどまっている．

（3）若者にとっての親密圏・公共圏

公共的関心の芽生えの前段において，若者にとって親密圏と公共圏はどこで接しているのか．インタビューでは，政治や社会に関心がないわけではないが，それをいつでも誰にでも開示することはできない，という葛藤が語られた．

「政治の話って，結構タブー視されてるみたいな風潮，あると思うんですよ．だから，政治の話ってそんな頻繁にしていいのかなっていうのが自分の中であって，なかなか自分からは政治の話しようみたいなんは思わない

ですね…［略］…思想とかがばれて，もし意見とか違うと，あいつこんな思想してんねんで，みたいな，結構．少数派になったときの自分が怖いですね．［自分を守るためでもあるってことですか？］あるですね．」[D]

「私みたいな，政治を全く知らない人間に，「岸田内閣辞めろって思ってる」って言われたら，岸田［文雄首相・当時］さんって悪い人なんやって思い込むことはできると思います．同じような考えじゃないですけど，ちょっと間違って認識しちゃう人とかも，いたりとかすると思うのはあります．…［略］…炎上でＡさんっていう名前が出てしまったときに，Ａさんの評価も知らん間に悪くなるとかっていう状態になるのがよくないのかなと思ってて．…［略］…［個人を］貶めるみたいな．」[A]

　個人の思想信条が明るみに出され，それについて評価や裁定を下す／下されることへの忌避感が存在するようだ．思想信条についての論争が過熱して「炎上」し，自分が他者への人格否定に加担してしまうことへの恐れもある．サークルの仲間内で政治の話をする参加者［C］もいたが，他の参加者は友人とはほとんど政治の話はしなかった．しかし度々きかれたのは「こういう［インタビューのような］場だったらしゃべれるけど」という発言である．政治について話すことを目的とし，参加者全員がそれを期待されている状況であれば，主張が対立しても構わない．つまり自分の価値観をさらけ出しても炎上しない模擬選挙や討論会のような「安全な空間」でなら，政治について議論することもできるというのだ．彼らにとって公共圏は個人的な関係による親密圏に吸収されてしまうほど脆弱なものであり，政治や公共的課題について対立を恐れず議論できる，独立した「安全な」公共圏を求めているように見える．

（4）「政治」観と公共的関心

　「政治」については，自分の生活に直接影響があるものだという認識を持つ参加者がいた一方で，抽象的で，自分の生活から遠くかけ離れていて，政治家だけがやっているもの，しかもその政治家や既存のNGOすら信頼できないという印象も語られた．

「人にもよるし，それぞれ議員さんとかも，いろんな思いでやってはるや
ろうけど，あんなん［国会論戦］聞いて，あんだけ寝てる人とかも，しゃ
べってたりスマホ使ったりしてるの見たら，お金もらえて安定やしとかい
うのでやってる人もいそうやなって思っちゃうので．…（略）…それより
かはもう，問題に直面してる人とか，それこそ大学生とかでも，フェアト
レードでカフェ開いたり，起業したりしてる人が多くて，その人らのほう
が<u>直接的に</u>，ちゃんと関わってるなと．NPOも，お正月に親戚と話して
たんですけど，お金どこから出てるんやろうとか，いろいろ思った．…ほ
んまにやりたいと思ってやってんのかっていうのも分からんし，ほんまに
そこに入ったから，その頑張りが全部100パーセント，そこに還元される
かっていう信用がないって言ったらあれですけど，こちらには分からへん
から，<u>主体的に</u>自分で参加者募って，<u>自分が</u>またそこで開くか．」［G］（下
線筆者）

　Gが強調するのは，社会課題に「直接的に」「主体的に」「自分が（で）」目
に見える形で取り組む人々への信頼であり，既成の組織や制度によって庇護さ
れ不透明化した政治活動や社会活動への不信である．複雑化した公共圏への漠
然とした不信感と言ってもよいかもしれない．
　他方で，自分は今の生活に満足しており，社会が変化しても適応して生きて
いくので政治について関心を持つ必要がない，という意見もあった．

　「［アルバイトしてるんですか？］そうです．自分で考えてまかなっていかなきゃ
いけないんで．それで特に苦労してないんで，社会人になってもやってい
けるかなって．…［特に困ってる感はないわけ？］そうっすね，お金欲しいと
言ってますけど，いつも．［給与自体が変われへんっていう前提？］そうですね．
もう変わらないなら，<u>自分が適応</u>していこうかみたいな．それに例えば，
今でも外食とかしたいじゃないですか．おいしいものを食べたいけど，お
金なくなるから自炊する中で，自炊好きになって，料理とか．［楽しいやん，
みたいな？］そうです．何でも適応できるから，この先，お金なくてもい
いっていうふうに思ってます．」［F］（下線部筆者）

さまざまな社会課題の中を生き抜くのは自分であり，政治の力を借りる必要を感じない．政治を変えるのではなく，自分を適応させることに自信を見せたFは，地域活動への参加経験のない１年生で，公共的関心の芽生えはまだ見えない．筆者は「あなたは生きていけるかもしれないけど，それができない人はどうする？」と問いかけてみたが，答えは得られなかった．

第５節　若者の公共的関心を育てるために

本章では，龍谷大学生を対象としたアンケート調査とグループインタビュー調査によって，若者の公共的関心がどのようにして形成されるのかを探った．地域課題解決への貢献を志向するか否かに関わらず，若者が学校教育の中で公共的関心を育てる契機は存在していた．地域課題解決を志向する者は，親密圏の構築と充実を重視する一方で，政治参加よりも NPO 活動や企業，寄付等の「直接的に」「自分で」社会的課題を解決することへの期待として，公共的関心を示していた．そうした期待の裏には，政治的議論への参加が親密圏の安寧を乱すことへの恐れや，制度化された公共圏への不信感が存在している可能性がある．

若者は公共的関心を持っていても，"政治的なもの"への忌避感は根深い．地域活動の参加者は，既存の政治とは異なる回路で公共圏へ参入しようとする若者の一群であると考えらえる．しかし，彼らが拠って立つ公共圏は脆弱で，肥大化した親密圏に吸い込まれかねないし，実際に課題を解決する仕組みを備えているのかどうかもわからない．若者の中に芽生えた公共的関心の萌芽を育てる公共圏を，意識的に創り出していくことも，私たちの社会には必要なことなのではないだろうか．

注
1）自己効力感［self-efficacy］は，心理学者のバンデューラが提唱した概念で，人がある課題を達成するために必要な行動をうまくできるという期待や，達成する能力があるという認知のことである．
2）中には，どのような地域課題の解決を目指す活動なのか不明な記述もあった．
3）ゼミや PBL 科目［演習］などの正課授業に加え，Ryu-SEI Gap などの正課外活動も

多く含まれていた.

4）今回の調査においては，参加のきっかけを尋ねた場合「ゼミの活動だから」など受動的な回答が多くなり，地域課題解決活動に対する真の関心を捉えられないと考え，参加を継続してきた理由を尋ねた.

参考文献

秋津元輝［2017］「中間圏――親密性と公共性のせめぎ合うアリーナ」，秋津元輝・渡邊拓也編『せめぎ合う親密と公共――中間圏というアリーナ』京都大学学術出版会.

浅野智彦［2011］『若者の気分――趣味縁からはじまる社会参加』岩波書店.

小熊英二［2009］『1968』（上・下），新曜社.

落合恵美子［2013］『親密圏と公共圏――アジア近代からの問い』京都大学学術出版会.

国立青少年教育振興機構［2021］「高校生の社会参加に関する意識調査報告書――日本・米国・中国・韓国の比較」.

齋藤純一［2000］『公共性』岩波書店.

土井隆義［2014］『つながりを煽られる子どもたち――ネット依存といじめ問題を考える』岩波書店.

―――――［2019］『「宿命」を生きる若者たち――格差と幸福をつなぐもの』岩波書店.

西尾雄志・山口健一・日下渉［2015］『承認欲望の社会変革――ワークキャンプにみる若者の連帯技法』京都大学学術出版会.

山田真茂留［2009］『〈普通〉という希望』青弓社.

（清水　万由子）

第4章 若者の環境意識に影響を与える諸要因
——龍谷大学生アンケート結果から

第1節　若者の環境意識

（1）若者の環境意識は低いのか？

　持続可能な社会を構築するには，個人の環境配慮意識が重要である．近年日本における若者の環境意識は中高年層より低い［赤石ほか 2021；旭硝子財団 2022 など］とされている．これまでの研究では環境意識には複数の段階があるとされてきたが，断片的な研究が多く，若者の環境意識を構造的に分析した研究は少ない［王・清水 2023］．環境配慮行動を行うまでの意識構造全体を俯瞰的な視点で若者の環境意識を研究する必要があろう．

　本章は龍谷大学生アンケート調査の分析に基づいて，若者の環境意識の実態と，それに影響を与える要因を明らかにし，若者の環境意識構造を解明することを目指す．

（2）環境意識の定義

　環境意識に関する研究は多数蓄積されているが，研究の注目点や測定方法は研究者によって千差万別であり，環境意識について定着した定義はない．本章は環境負荷低減のために行われる環境配慮行動を最終的な目的として，その目的にたどり着くまでのプロセス全体を「環境意識」として捉える．

　篠木は社会問題に対して個人がどのような意識をもち行動するかが，社会を望ましい方向に導くことにつながるとし，個人の意識を検討することの重要性を強調した［篠木 2016］．小池らは個人が環境配慮行動に至るまでのプロセスを「知識」，「関心」，「動機」，「行動意図」「行動」の5段階に分けた．広瀬［1994］

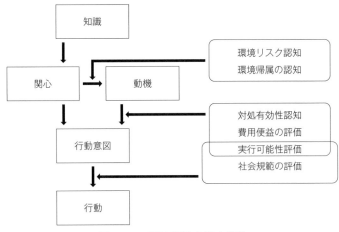

図 4-1　環境意識の基本構造
(出所) 小池ほか [2003], 広瀬 [1994] をもとに筆者作成.

が示した環境配慮行動の規定因を小池らのモデルに組み込むと，図 4-1 のようになる．これを本章では環境意識の基本構造を呼ぶ（図 4-1）[小池ほか 2003]．また，Gifford と Nilsson の環境意識に関するレビュー論文は，幼少期の経験 (childhood experience)，知識と教育 (knowledge and education) や認知 (cognitive) などが環境配慮行動や関心に影響を与える諸要因に含まれるとした [Gifford and Nilsson 2014]．これらは，環境意識の基本構造に付加されうる影響要因である．他にも，若者の環境意識構造には，現代の社会状況を背景とする諸要因が影響を与えている可能性がある．

(3) 仮説：若者の環境意識に影響を与える 5 つの要因

現代日本の若者の意識に関する先行研究から，次のような若者の特徴が明らかにされている．

① 「現在志向」：長期不況や原発事故など社会課題から生じる社会の不透明感が増しつつあり [吉川・狭間 2019]，「明日は今日より良くない」，「「未来」より「現在」をキッチリ過ごしたい」，などの考えが若者の間に広

がっている［古市 2011］．本章ではこの志向を「現在志向」と呼ぶ．気候変動をはじめとする環境問題は，「未来」の問題であるので，現在志向の影響で環境問題に意識が向かないと推測される．

② 「生活維持志向」：若者の間に安定した暮らしを求めるという物質主義的価値観が広がっている［吉川・狭間 2019］．環境配慮行動を行うためには，現在の生活スタイルを変えることが求められる可能性が高い．例えば一般商品より高い価格の環境配慮商品を買ったり，環境保全ボランティア活動に時間を費やしたりする場合がある．そうした生活スタイルの変化を避ける志向を本章では「生活維持志向」と呼ぶ．生活維持志向の影響で環境配慮行動を回避する可能性がある．

③ 「同調圧力」：同調圧力は日本社会の隅々に浸透している．学生が形成する集団は，大人が形成する団体と比べ，画一性が高く，自由度が低い特徴があり，団体からの圧力に抗する手段とする団体から離脱することは，大人団体より学生団体の方のハードルが高く［宮島・内藤 2008］，大人より世間が狭い子どもたちにとって，同調圧力はいっそう深刻である［太田 2021］．若者は，大勢順応，目立つ行動をしない，他人と協調することを重視するといった特徴がある［古市 2011］．広義の権威主義である同調圧力にさらされた人は，環境問題に関する関心を持っているかどうかにかかわらず，身近な人に同調するため受動的に「環境配慮行動」を行う可能性がある．

④ 「親密圏没入」：古市［2011］は若者に関するデータを整理し，若者の選挙への投票，消費活動，海外留学などの活動が低迷しており，「内向き」傾向であると指摘した．選挙に行く，労働状況を是正するなど社会的問題へ関与するよりも，身近な他者への関与が好まれ，自分のアイデンティティを承認してくれるコミュニティがあれば生きていける．このようなコミュニティへ没入することを，本章では「親密圏没入」と呼ぶ．親密圏に没入するほど，環境問題を含む公共圏的な社会課題に意識が向かない可能性がある．

⑤ 「自然体験」：自然学習や幼少期の自然体験があると，環境問題に対する関心や行動の動機を持つようになる［Gifford and Nilsson 2014］．自然と

表4−1　仮説と龍谷大学生アンケート質問項目の対照表

	仮説	アンケート質問
従属変数	環境意識	表4−2　気候変動問題に関する意識
独立変数	①現在志向	表4−3　現在志向と将来志向
	②生活維持志向	表4−4　環境配慮行動を行う条件
	③同調圧力	表4−5　同調圧力
	④親密圏没入	表4−6　情報入手ルート
	⑤自然体験	表4−7　環境体験・学習経験

のふれあい体験が環境配慮行動の行動意欲向上に正の効果をもたらす［中村・栗島 2011］．①〜④は現代日本の若者に独特な環境意識の影響要因であり，⑤については年齢を限定して検証した先行研究は少ないため，幅広い年齢層の研究に基づく影響要因として扱う．

　上記5つの特徴が環境意識に影響を与えるという仮説を設定した．この仮説に基づき，表4−1に示した通りアンケート調査項目を設定した．

第2節　若者の環境意識の測定

（1）調査概要

　本節では，龍谷大学生を対象に2023年に実施したアンケート調査の結果から，若者の環境意識構造を明らかにする．用いるデータは，「若者と民主主義」研究プロジェクトが主体となって，webアンケートフォームで実施した「2023年度若者と民主主義に関するアンケート」の結果である．調査は，龍谷大学生を対象として，2023年12月1日から12月31日を回答期間として実施された．「若者と民主主義」研究プロジェクトに参加する教員が担当する授業の受講生等に回答を呼びかけ，433の有効回答が得られた（詳細は第2章を参照）．

（2）龍谷大学生の環境意識構造

【環境意識】

　まず，環境意識を測るために，「環境問題」を「気候変動問題」に具体化し，

第4章　若者の環境意識に影響を与える諸要因　　*57*

表4-2　気候変動問題に関する意識

	人数	%
知らない	14	3.2%
聞いたことがあるが，あまり関心はない	54	12.5%
関心があるが，解決のために行動しようとは思わない	102	23.6%
解決のために行動したいと思うが，あまりできていない	241	55.7%
積極的に解決のために行動している	15	3.5%
無回答	7	1.6%
合計	433	100%

回答者に対して質問した.「気候変動問題について，もっともあてはまるものを一つ選んでください」(表4-2),「解決のために行動したいと思うが，あまりできていない」が55.7%,「関心があるが，解決のために行動しようとは思わない」が23.6%,「聞いたことがあるが，あまり関心はない」が12.5%,「積極的に解決のために行動している」が3.5%,「知らない」が3.2%であった.「解決のために行動したいと思うが，あまりできていない」がもっとも多いことから，環境問題の解決に対する意欲と行動に乖離があることが明らかになった.

【①現在志向】

「「将来のために節約・努力すること」と「現在の生活を楽しむこと」のどちらを優先するのか」と質問したところ (表4-3),「将来のため」「どちらかというと将来のため」を合わせた「将来志向」が50.1%となり,「現在を優先」「どちらかというと現在を優先」を合わせた「現在志向」が35.8%であった.「現在志向」より「将来志向」の回答者が多いことが確認された.

【②生活維持志向】

　環境配慮行動を行う条件を測る質問「環境問題を解決する行動をするとしたら，どのような場合ですか」を見ると,「現在の生活水準が低下しない場合」が46.7%,「すぐ効果がでるとわかっている場合」が33.0%,「それによって社会的な評価が得られる場合」が24.7%であった (表4-4 (複数選択可)).「現在の生活水準が低下しない」は「生活維持志向」の一部であると考えると，環境配慮行動は，生活維持志向によって阻害されている可能性がある.

58 第Ⅰ部 若者は民主主義に背を向けているのか?

表4-3 現在志向と将来志向

	人数	%
将来のための節約・努力を優先する	67	15.5%
どちらかというと将来のための節約・努力を優先する	150	34.6%
どちらともいえない	55	12.7%
どちらかというと現在の生活を楽しむことを優先する	123	28.4%
現在の生活を楽しむことを優先する	32	7.4%
無回答	6	1.4%
合計	433	100%

表4-4 環境配慮行動を行う条件

	人数	%
すぐ効果が出るとわかっている場合	143	33.0%
現在の生活水準が低下しない場合	202	46.7%
それによって社会的な評価が得られる場合	107	24.7%
他者の注目を浴びない場合	68	15.7%
自分の身近で親しい人が一緒に活動に参加する場合	153	35.3%
上記に当てはまるものはない	30	6.9%

表4-5 同調圧力

	人数	%
まったく感じない	37	8.5%
あまり感じない	118	27.3%
どちらともいえない	93	21.5%
ある程度感じる	160	37.0%
とても感じる	18	4.2%
無回答	7	1.6%
合計	433	100%

【③同調圧力】

　同調圧力を測る質問「あなたが属する集団で，多数派や主流派がつくる「空気」に従うべきだと感じるか」を見ると，「ある程度感じる」と「とても感じる」を合わせた「同調圧力を感じる」が41.2%，「まったく感じない」と「あまり感じない」を合わせた「同調圧力を感じない」が35.8%であった(表4-5)．同調圧力を感じる人と感じない人の数には大差が見られなかったが，感じる人は感じない人よりやや多いことが確認された．

表 4 - 6　情報入手ルート

	人数	%
SNS	356	82.2%
ニュースアプリ	246	56.8%
テレビ	243	56.1%
家族	118	27.3%
親しい友人	74	17.1%
新聞・雑誌	61	14.1%
知り合い	39	9.0%
書籍	17	3.9%
ラジオ	15	3.5%
上記に当てはまるものはない	2	0.5%

表 4 - 7　環境体験・学習経験

	人数	%
幼少期に自然の中で遊んだ体験	205	47.3%
幼少期に親しんでいた自然が失われてしまった体験	37	8.5%
テレビや本などで環境問題について知った経験	51	11.8%
学校で環境問題について学んだ経験	120	27.7%
上記に当てはまるものはない	9	2.1%
無回答	11	2.5%

【④親密圏没入】

　親密圏没入であるかどうかが情報入手ルートの違いで測っている．「ニュースや新しい話題をどのような方法で知るのか」を見ると，「SNS」が82.2%，「ニュースアプリ」が56.8%，「テレビ」が56.1%であった（表 4 - 6（複数選択可））．不特定多数の対象に情報を提供する「ニュースアプリ」や「テレビ」より，自分が関心をもつ特定のユーザーの投稿や特定の内容を提供する「SNS」を利用する傾向が見られた．

　また，表 4 - 4 の「自分の身近で親しい人が一緒に活動に参加する場合」も，本章における親密圏没入を測る項目である．親密圏に関する情報入手ルートに「SNS」を利用する回答者が著しく多いことが確認された．

【⑤自然体験】

　環境体験・経験に関しては，「幼少期に自然の中で遊んだ体験」が47.3%，「学校で環境問題について学んだ経験」が27.7%，「テレビや本などで環境問題に

60　第Ⅰ部　若者は民主主義に背を向けているのか？

ついて知った経験」が11.8％であった（**表4-7**）.

（3）小括

　龍谷大学生アンケートの結果から，以下のような価値観・環境意識が見出された.

　表4-2の環境意識に関する質問から，「環境配慮行動をしたいが，あまりできていない」が過半数を占めることが明らかになった（55.7％）. 環境問題に関する行動意欲と行動の間にギャップが存在している.

　環境問題に影響を与える5つの要因について，① 現在志向:「現在志向」より「将来志向」の回答者が多い. ② 生活維持志向:「現在の生活水準が低下しない」ことが，環境配慮行動の参加条件となっている. ③ 同調圧力:「同調圧力」を感じる人がやや多い. ④ 親密圏没入:親密圏に関する情報入手ルートに「SNS」を利用する回答者がもっとも多く，公共圏に関する情報の入手ルートに「ニュースアプリ」と「テレビ」が続いている. ⑤ 自然体験:多くの回答者が「幼少期に自然の中で遊んだ体験」があり，その後，「学校で環境問題について学んだ経験」と「テレビや本などで環境問題について知った経験」が続いている.

第3節　若者の環境意識に影響を与える要因

　本節では，SPSSを用いて，仮説①〜⑤を独立変数として，環境意識という従属変数にどのような影響を与えるのかについて分析を行った.

　本章における「環境意識」（**表4-2**）の測定は，第1節(2)で示した環境意識の基本構造（**図4-1**）に依拠している. 環境意識の基本構造は「知識」,「関心」,「動機」,「行動意図」,「行動」5つのプロセスからなる. 小池らによれば,「動機」は漠然としたモチベーション,「行動意図」は具体的な行動計画である. 例えば「環境配慮行動をしたい」を動機とすれば，その次のステップである行動意図は「エコ商品購入しよう」や「公共交通利用しよう」など具体的な計画となる［小池ほか 2003］. しかし本調査はwebフォームを用いるアンケート調査なので,「動機」と「行動意図」の違いを明確に回答者に伝えることができ

ず，混乱させる可能性があることを考慮して，今回の調査では差し当たり「動機」と「行動意図」を合わせて，「行動意欲」と呼ぶこととする．環境意識の基本構造に基づいて，「知らない」，「知っている」，「関心がある」，「行動意欲がある」，「行動している」という5段階で選択肢を作った．

（1）環境意識へ影響を与える要因の検定

【①現在志向】

まず，現在志向と環境意識の相関関係分析を行った．現在志向と環境意識の間に有意な相関は見られなかった（相関係数0.007（p＞0.05））．

【②生活維持志向】

環境配慮行動を行う条件という質問の各項目と環境意識との関係を調べるため，t検定を行った．「現在の生活水準が低下しない」（t値−3.145（p＜0.01））と環境意識との関係に，有意性が見られた．現在の生活水準が低下しないことを重視する回答者ほど環境意識が高い傾向が見られた．

【③同調圧力】

同調圧力を測る質問「あなたが属する集団で，多数派や主流派がつくる「空気」に従うべきだと感じるか」と環境意識の間に有意な相関が見られた（相関係数0.138（p＜0.01））．この結果は仮説③の予想と一致する．仮説③に言及したように，自ら環境配慮行動を行うほかに，「みんなが環境配慮行動をしているので自分もやらなければならない」という身近な人と同調するために受動的な環境配慮行動を行う可能性も存在する．

【④親密圏没入】

親密圏没入の測定質問として，「情報入手ルート」の各項目の利用状況と環境意識のt検定を行った．「ニュースアプリ」（t値−2.725（p＜0.01）），「テレビ」（t値−2.949（p＜0.01）），「家族」（t値−2.059（p＜0.05）），「親しい友人」（t値−2.151（p＜0.05））という4つの項目と環境意識の関係に有意性が見られた．

また，「環境配慮行動を行う条件」の中で，「自分の身近で親しい人が一緒に活動に参加する」（t値−3.662（p＜0.001））と環境意識との間に有意性が見られた．

【⑤自然体験】

次に，自然体験と環境意識のt検定から，「学校で環境問題について学んだ

経験」のみが環境意識に有意性が見られた（t値－2.483（p＜0.05））．「幼少期に自然の中で遊んだ体験」,「幼少期に親しんでいた自然が失われてしまった体験」や「テレビや本などで環境問題について知った経験」は，環境意識との間に有意性は見られなかった．

（2）環境意識と影響要因の回帰分析

　検定で有意な関係が見られた項目について，回帰分析を行った．そのなか環境意識に有意な影響を与えている項目は「同調圧力」（p＜0.05），「生活維持志向」（p＜0.01）と「親密圏没入」（p＜0.01）であることが明らかになった．

　仮説②「生活維持志向」が環境意識に正の影響を与えることがわかった．仮説③「同調圧力」が環境意識に正の影響を与えることが見られた．仮説④「親密圏没入」の「自分の身近で親しい人が一緒に活動に参加する場合」という項目が環境意識に正の影響を与えることが見られた．一方，仮説①「現在志向」,仮説④「親密圏没入」のほかの項目および仮説⑤「自然体験」は環境意識に有意な影響を与えているとは言えなかった．

　また，環境意識に正の影響を与える３つの要因の影響程度を表す「標準偏回帰係数（β）」を見ると，「同調圧力」（β＝0.112），「生活維持志向」（β＝0.14），「親密圏没入」（β＝0.151）には大差がないことが明らかになった．

　ただし，当回帰モデルの有意確率が0.001を下回っており，モデルとしては有意であるが，モデルでの独立変数がどのくらいに従属変数に影響を与えていることを示す R^2（0.061）は高くない．したがって，３つの要因以外に，本章の仮説に含まれない環境意識の影響要因が存在する可能性が高い．さらなる研究でほかの要因を追求する必要がある．

（3）若者の不安定な環境意識

　今回の調査結果の分析から，龍谷大学生の環境意識の実態が浮かびあがった．

　まず，若者の環境意識は低いと言われているが，表4-2の「行動意欲」は過半数を占めたことから，龍谷大学生の環境意識は決して低いとは断言できないが，「行動意欲」と「行動」の間にギャップが存在している可能性が示された．

　回帰分析の結果から，「②生活維持志向」,「③同調圧力」,「④親密圏没入

（自分の身近で親しい人が一緒に活動に参加する場合，環境配慮行動に参加したい）」という３つの項目が，若者の環境意識に正の影響を与えることが明らかになった．すなわち，自分の生活水準を維持したい人，同調圧力を感じる人，身近で親しい人と一緒に活動に参加したい人ほど，環境意識が高い傾向が見られた．

　「② 生活維持志向」は，環境配慮行動を行う条件として，現在の生活水準を保つことが優先されると定義した．生活維持志向であるほど環境意識が高いという結果が見られた．生活維持志向の人たちは，環境意識が高く，生活水準の維持という物質的な問題に直面している状況が明らかになった．これらの人たちの環境意識は，後述する「受動的な環境意識」と異なり，「生活水準が維持される」という条件がクリアされると，環境配慮行動を選択する可能性がある．

　「③ 同調圧力」は，広義の権威主義として，日本人に広く影響していることが多くの研究で指摘されている．本章でも，同調圧力によって，若者の環境意識が影響されることが確認された．同調圧力の影響で，若者はマスメディアや身近な人に流され，環境問題の解決に主体的な関心や動機を持たないにもかかわらず，「とりあえずみんなと同じような行動をとる」といった受動的な環境意識があるのではないか．

　「④ 親密圏没入」に関して，アンケートではいくつかの項目が対応しているが，「自分の身近で親しい人が一緒に活動に参加する場合，環境配慮行動に参加したい」という項目だけが環境意識に影響を与えることが明らかになった．この項目も，前述「③ 同調圧力」で分析した通り，若者は身近な人に流されやすく，環境問題の解決に関心や動機を持たないままでも，環境配慮行動に参加する可能性がある．同様に，古市［2011］は，デモのような公な公共圏活動に参加する若者は，必ずその公共圏活動に関心を持つわけではないと述べる．親密圏の発信手段であるSNSにより集まり，参加者同士が仲良くなり，親密圏を広げるという状況も存在する．すなわち，親密圏と公共圏の間に明白な境界がなく，両者が重なる場合もある．その場合に，親密圏への参加は公共圏への参加のきっかけとなる可能性もあるだろう．若者の親密圏の充実は，公共圏における活動へ関与する可能性を秘めている．環境問題も公共圏における社会問題の１つであるため，親密圏没入が，環境意識に正の影響も及ぼす可能性がある．

64　第Ⅰ部　若者は民主主義に背を向けているのか？

　今回の調査から「生活維持志向」，「同調圧力」と「身近な人の姿勢」という項目が影響要因として明らかになった．これらの要因の影響で，若者の環境意識が上昇し，「環境配慮行動」に至ることが期待できる．しかし，「環境配慮が大事だ」といった自発的な考えの影響は見られず，若者の受動的な環境意識だけが見られた．この受動的な環境意識は，「身近な人」の振舞いなど客観的な環境に左右されやすい．例えば，もし環境問題の解決に消極的な政策が発表され，環境配慮を軽視する社会の雰囲気が形成されると，若者の一見高い「環境意識」は一気に崩れてしまう可能性があり，不安定だと思われる．

第4節　若者の環境意識構造

（1）龍谷大学生の環境意識の実態

　今回の調査結果から，龍谷大学生の環境意識の実態が見られた．前項で述べたように，龍谷大学生の環境意識は低いとは断言できず，高い「行動意欲」と低い「行動」の間にギャップが存在することも見過ごしてはならない．

　その影響要因として，「生活維持志向」，「同調圧力」，「親密圏没入」といった受動的な要因が見出された．しかし，この受動的な環境配慮行動は決して否定されるべきものではなく，むしろ環境問題にそれほど知識や関心をもたない人も環境配慮行動をとるきっかけとなる可能性がある．

　「習うより慣れよ」は筆者の故郷中国においても小学生以上であれば必ず知っている諺である．受動的な環境意識であっても，長期にわたり環境配慮活動を行う習慣を身につけると，いかに周囲の環境が変わったとしても，定着された習慣は容易に変わらないであろう．しかし，偏った思考に陥らないための研究は必要となろう．

（2）今後の研究課題

　今回の調査結果から，当初の仮説とは一部異なる実態を示唆することになった．その原因について，考察したい．

　まず，本章の仮説は，小池ほか [2003]，広瀬 [1994] を参照し，知識から環境配慮行動に至る過程に影響する要因を探ってみたものである．しかし，本章

の分析結果を踏まえると，仮説①〜⑤は環境意識に影響を与えると断言することはできない．そのため本章で示した環境意識の基本構造は，現在の若者の環境意識を適切に表現していない可能性がある．これが分析結果と仮説に齟齬が生じる大きな要因の１つであろう．

　今回の調査では従属変数「環境意識」を「気候変動問題」に限定した上で，知識から行動へと段階的に環境意識が高まるものと想定した．アンケート結果の分析では環境意識を連続変数による尺度で測定した．しかし，前述のように仮説となる環境意識構造が今日の若者の実態を適切に表現していない場合は，環境意識を測る尺度についても再検討が必要である．

謝辞

　本研究は，日本生命財団2023年度若手・奨励研究助成「若者の環境意識と環境倫理の日中比較」の研究成果の一部である．記して，感謝申し上げます．

参考文献

〈邦文献〉

赤石大輔・法理樹里・徳地直子［2021］「自然保護活動等に関する世代間の参加意識の差とその要因」『地域自然史と保全』43（2），105-122.

王子常・清水万由子［2023］「日本における若年層の環境意識の実態とその影響要因に関する文献レビュー」『社会科学研究年報』53，235-252.

旭硝子財団［2022］「生活者の環境危機意識調査」（https://www.af-info.or.jp/ed_clock/jpsense_result.html，2024年５月22日閲覧）.

太田肇［2021］『同調圧力の正体』PHP研究所.

小池俊雄・吉谷崇・白川値樹・澤田忠信・宮代信夫・井上雅也・相ノ谷修通［2003］「環境問題に対する心理プロセスと行動に関する基礎的考察」『水工学論文集』47，361-366.

内閣府［2019］「環境問題に関する世論調査」.

―――［2020］「気候変動に関する世論調査」.

―――［2022］「プラスチックごみ問題に関する世論調査」.

―――［2022］「生物多様性に関する世論調査」.

―――［2000-2021］「社会意識に関する世論調査」.

広瀬幸雄［1994］「環境配慮的行動の規定因について」『社会心理学研究』10（1），44-55.

吉川徹・狭間諒多朗［2019］『分断社会と若者の今』大阪大学出版会.

篠木幹子［2016］「環境意識の構造――イランと日本の大学生の比較分析」『中央大学総合政策研究』24，71-81.

中村安希・栗島英明［2011］「過去の自然体験が里山保全行動に及ぼす影響」『環境情報科

学論文集』25，179-184.

古市憲寿［2011］『絶望の国の幸福な若者たち』講談社.

宮島裕嗣・内藤美加［2008］「間接圧力による中学生の同調——規範的および情報的影響と課題重要性の効果」『発達心理学研究』19（4），364-374.

〈欧文献〉

Ajzen, I. and Fishbein, M.［1977］"Attitude-Behavior Relations: a Thepretocal analysis and Review of Empirical Researc," *Psychological Bulletin*, 84（5），888-918.

Fishbein, M. and Ajzen, I.［1975］*Belief, attitude, intention, and behavior : an introduction to theory and research*, Addison-Wesley.

Gifford, R. and Nilsson, A.［2014］"Personal and social factors that influence pro-environmental concern and behaviour : A review." *International journal of psychology*, 49（3），141-157.

（王　子常）

第5章

若者の政治参加は何を実現したのか
——韓国における若年者団体のダイナミズム

第1節　韓国の若者を取り巻く状況と政治参加

　本章の目的は，韓国においては，日本と同様に若者が抱えている困難さを社会的に支援することが重要になっている中で，なぜ韓国の変化が日本よりも進んでいるのかを若者の政治参加に焦点を当てて考察することである．本節では，この問題意識を詳細に整理する．

（1）若者をめぐる問題の争点化
　韓国では1990年代の経済危機以降，日本と同様に若者の就職難が主な社会問題の1つとなり，これに対応すべく，多岐にわたって政策が進められた．後述するように，2003年9月に政府が発表した「青年失業の現況と対策」とする就労支援に始まり，各自治体での取り組みを経て，2020年制定の「青年基本法」に基づく「青年政策基本計画」に至るまで，雇用のみならず，住居，健康，文化なども含む若者向け政策が行われてきた．一方，日本においても，2004年に厚生労働省で若年者雇用対策室が設置され，2006年に同省を事業主体とする地域若者サポートステーションのモデル事業が始まったのを皮切りに，2009年には「子ども・若者育成支援推進法」が，また2022年にはより包括的な基本法である「こども基本法」が制定された．こども基本法では「こども」を「心身の発達の過程にあるもの」と定義しており，若者もその対象とされている．このように日韓とも成人への移行期にある若者への社会的関心は高まりを見せており，政策対応も活発に行われている．

　これらは日韓に限ったものではなく，欧米でも見られるものである．成人へ

の移行パターンが個人化かつ多様化する中で，若者が抱えている問題はより重視されるようになった．また，戦後の社会経済的基盤となっていた福祉国家の衰退は，個人の自己責任を重くし，成人へと移行する上でのハードルを一段と高くする要因となり，各国で若者への支援が求められるようになったのである [European Commission 2011].

　他方，そのような若者に対する政策が必要になればなるほど，必然的に当事者である若者の政治参加も重要となってくる．若者の支援をめぐっては多様な方策と争点が存在するため，そこには当事者の声が必要とされるからである．実際，イギリスやアメリカにおいては，格差是正を求めて，政治過程に積極的に参加するジェネレーション・レフトが登場した [ミルバーン 2021].すなわち，新自由主義の拡大に対抗する動きとして若者の政治参加が活発になっているのである．

　このように，若者をめぐる問題に対応する政策と，それを求める若者の政治参加は，同時に各国で重要な争点として浮上している．本章では，そのような問題意識に基づき，韓国という視座から若者向け政策の変化と若者の政治参加の現状を分析し，さらに日本との比較の視点からも，その意義と課題を考察していきたい．

（2）日韓の若者をめぐる問題の共通点

　日本と韓国の若者をめぐる問題は，似ている点が非常に多い．まず言及すべきなのは，その労働市場の構造であろう．大学進学率が高く，新卒一括採用が定着してきた日韓では，このプロセスに上手く乗って就職した新卒者は，往々にして長時間労働が強いられはするものの，職務は総合職ならば限定されず，生活給や手厚い福利厚生の恩恵を勤務先から受けることができる．一方，非正規労働者や零細企業の労働者は，これを期待できない．すなわち，雇用形態による賃金格差は日韓とも大きく，欧米で定着している同一労働同一賃金は実現されにくい．また，日韓ともに長い間，企業別労使関係の慣行が強かったため，賃金交渉は産業別でなく企業レベルに止まり，企業規模別の賃金格差も依然として大きい．こうした労働市場の二重構造と呼ばれる状況は，1990年代以降に顕著となり，若者の生活の困難さをもたらす大きな要因となってきた．

もう1つ注目すべきなのは，日韓とも雇用を通じて公的福祉が抑制されてきた点である［金 2016］．資本主義社会において，多くの人は労働力を提供し，その対価として賃金を得て，生計を立てている．いわゆる，労働力の商品化である．しかし，失業，疾病，老衰というリスクが生じた場合には，労働力の提供ができなくなり，生活は困難に陥ってしまう．そのため，こうした事態でも生活が維持されるよう，労働力の「脱商品化」の制度化が各国で進み，いわゆる福祉国家が形成されてきた［Esping-Andersen 1990］．すなわち，労働力が提供できなくとも生活ができるための公的福祉が制度化されたのである．しかしながら日韓においては，政府が経済政策に資源を重点的に配分し，公的福祉を最小限に抑えてきた．すなわち，政府は何よりも失業率を抑えるための政策を進め，また，福祉の担い手としての家族を支援することで，公的福祉の負担を抑えることに成功していたのである．

　こうした労働市場の二重構造と脆弱な公的福祉の問題は，高度経済成長下では顕在化しなかったものの，1990年代の経済危機以降，是正すべき課題として両国で広く認知されるようになった．特に就職難の若者という存在は，そもそもこれまでの日韓の公的福祉の仕組みでは想定されておらず，排除された脆弱な階層となりやすい．韓国ではその名も「88万ウォン世代」という造語が登場し，不安定な労働で月88万ウォン（2024年6月時点レートで約10万円）の収入しか得られない若者の困難な現状が指摘された［禹・朴 2009］．また，こうした困難な経済的状況下で，恋愛，結婚，出産，就職，マイホーム，キャリアなど数え切れない大事なものを放棄し諦めた若者を指す「N放世代」という新語も生まれ，注目が集まった．日本で言うところの「アンダークラス化する若者たち」［宮本・佐藤・宮本編 2021］が，韓国でもまったく同様に生じているのである［呉・李 2016］．

　この若者の不安定な状況は，韓国における異次元の少子化を生む主要な原因となった．韓国の合計特殊出生率は2002年から1.30未満の状況が続き，2023年にはついに0.72にまで下落した．経済協力開発機構（OECD）の加盟国の中で最下位である．こうした低出生率は，若者が感じる強い「競争圧力」および雇用・住居・養育面での「不安」と深く関連している［経済研究院 2023］．実際，非正規雇用が増加し，より質の高い仕事を求めて就職競争が激化する中で，住

宅価格も急激に上昇し，雇用および住居事情は従前より悪化したと言ってよい．すなわち，雇用や住まいの安定が，結婚・出産の決断には重要であることが示されていると言えよう．

このような理由から，若者をめぐる課題で日本と共通点が多い韓国の若者向け政策の変化と，その変化を促してきた若者の政治参加を考察することは，大きな意義があるものと思われる．

第2節　韓国の主要な若者向け政策

韓国における若者向け政策は先述のとおり，1990年代末に生じて韓国経済に深刻な打撃を与えたアジア通貨危機後に政府主導で行われるようになった．債務返済不能の状況に陥った韓国政府は，1997年12月3日に国際通貨基金（IMF）に対して救済融資を求めた．これを契機に，対米ドル900ウォンだった為替レートは一時2000ウォンを上回るなど急激に上昇し，銀行の貸付金利も約20％まで跳ね上がった．多くの企業が資金繰りに困難を極めて倒産し，大量解雇も余儀なくされ，それまで約2％であった失業率は，経済危機直後に6.8％まで上昇した．政府はIMFの要求も受けて，金融，企業，公共，労働4部門における構造改革を進め，銀行の合併や企業の構造調整などが行われた．また，外貨不足を補うため，金を集めるキャンペーンが展開され，指輪など家庭に眠っていた金が国民から集められた．韓国全体で約349万人が参加したこのキャンペーンにより，当時の金換算レートで約21.7億ドル相当となる約225トンの金が集まった［毎日経済新聞1998年3月16日］．これら一丸の取り組みが結実し，2001年8月にはIMFから受けた救済融資を韓国政府は返済することができたため，経済危機から脱することとなった．また，失業率も経済危機以前の水準まで改善した．

しかし，実のところ若者の失業率についてはあまり回復することはなく，全体の失業率に比べ，2倍程度高い状況が続いた（図5-1参照）．韓国政府は，若者の高い失業率を深刻な社会問題として問題視し始め，2003年9月に「青年失業の現況と対策」を発表した．若者の高い失業率の要因として，大卒の若者比率の増加，企業の要求を満たさない就職希望者の能力問題，高学歴の女性の増

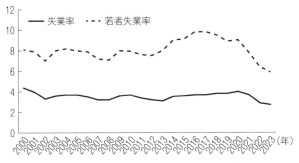

図5-1 韓国における失業率と若年者失業率の推移
（注）若年者の範囲は15歳から29歳までである．
（出所）韓国統計庁「経済活動人口調査」．

加とその就労機会の不足，大企業の構造調整による雇用減少とキャリア採用の優先などを取り上げ，若者の失業問題は個人の問題ではなく，構造的な問題であり，政策的対応が必要と判断したのである［関係部署合同 2003］．これは若者の就職難に対応する最初の試みであった．この対策を体系的に進めるため，翌年には「青年失業解消特別法」が制定された．その目的は，未就職者の若者の雇用を拡大し，国内外での職業訓練を支援することで，若者の失業解消および持続的な経済発展と社会安定に貢献することとされた．同法は特別法として2008年まで時限的に導入されたものの，図5-1のように若者の失業率が全体失業率に比べて高い状況はまったく改善されず，継続的な支援が必要とされたため，2009年に同法は青年雇用促進特別法へと改正された．なお，青年の年齢の範囲は15歳から29歳までとされ，公共機関の雇用においては34歳までとされた．

　ただ，若者をめぐる問題は，就職のみならず，教育，住居，福祉など多様な分野におよぶようになっていた．就職に向けた準備期間が長くなったことに加え，就職できても低賃金での生活を余儀なくされる若者が増加する中で，若者の生活保障という観点から若者を支援する必要性が高まったのである．こうした変化にいち早く対応したのが，ソウル特別市であった．同市は，韓国の自治体で初となる青年基本条例を2015年1月に制定した．条例の目的は，政治・経済・社会・文化などあらゆる分野でソウル特別市における青年の積極的な社会

参加の機会を保障し，自立基盤の形成を通じて青年の権益の増進と発展に寄与することであった（第1条）．若者をめぐる政策の範囲が，雇用促進だけではなく，住居や生活支援など多岐に渡って実施されるようになったのである．なお，ここでの青年とは19歳以上39歳以下の者とされ，年齢を明確にしつつも，幅広く支援対象とすることになった．この条例を推進するため，同年11月には「2020ソウル型青年保障」が発表された．この中には，5年間で7136億ウォンもの予算を投入し，若者が抱える問題を総合的に支援することが盛り込まれた．具体的には，青年の社会参加機会の拡大および能力強化（青年活動支援事業），就労支援およびセーフティネットの構築（ニューディール），青年の住居および生活安定支援（公共住宅，青年通帳），青年の活動生態系の創生および政策基盤の拡大（活動空間の創生）が内容とされた．これは雇用促進のみを重視してきた政府の政策から大きく転換し，若者の生活や社会参加まで保障しようとしたものとして評価できる．これ以後，他の地方自治体でも若者向け政策が積極的に取り組まれるようになった．青年基本条例が各自治体において次々と制定され，2018年2月の仁川広域市をもって，全広域自治体で青年基本条例の制定が完了した．これら青年基本条例では総じて，雇用促進に止まらない総合的な若者向け政策の必要性が強調されている．

　これを受け，政府もこの問題に一段と積極的に取り組むこととなり，2020年2月には，ソウル特別市の青年基本条例の内容を基とした「青年基本法」が制定され，中央政府と地方自治体が若者の権益を増進するため，雇用促進，雇用の質の向上，創業支援，能力開発支援，住居支援，福祉増進，金融生活支援，文化活動支援，国際協力支援など分野別の対策を設定することとなった．同法で青年とされたのは19歳以上34歳以下の者である．若者向け政策の立案・調整のため，国務総理（首相）は5年ごとに若者向け政策の基本方向などを含む青年政策基本計画を，また，関係する中央行政機関の長と自治体の首長は年度ごとに施行計画を立案・実行することになった．さらに，政策を総括し調整する体制として，国務総理の下に青年政策調整委員会を，市長・道知事の下に地方青年政策調整委員会を設置することとなった．

　一方，中央行政機関の長及び自治体の首長は，若者向け政策の決定過程に当事者の参加が拡大されるように努めることにもなった．青年政策調整委員会や

青年政策調整委員会内実務委員会などが設置され，当事者である若者の参加の下で若者向け政策が推進されるようになったためである．政府は，2020年12月に「青年政策基本計画」を発表し，「青年発展」という目的の下，さまざまな社会サービスを提供することとし，雇用，住居，教育，福祉・文化，参加・権利の5分野で，270におよぶ個別課題を推進する方針とした．このような政府の政策変化は，青年失業対策を中心とする政策からの転換，青年の社会への多様な参加機会の保障，またその参加による政策形成といった形でまとめられよう．

第3節　若年者団体の取り組みと若者向け政策の変化

本節では，前節で見た若者向け政策の変化の中で，それに大きな影響を与えた主要な青年団体に注目し，それぞれの団体が当事者として政策過程にどのように影響力を発揮することができたかを詳しく追って見ていくことにしたい．

(1) 若年者団体の取り組み

若者をめぐる問題が社会的争点となる中で，自ら問題解決に動こうと，当事者の若者たちの手によっていくつもの団体が設立され，若者向け政策の推進に影響を与えた．中でも大きな影響力を発揮した青年ユニオン（2010年設立），ナメクジユニオン（2011年設立），全国青年政策ネットワーク（2017年設立）の3つを中心に，それら団体の取り組みを整理したい．

まず，「青年ユニオン」は，企業別労使関係の中でその声が代表されない若者の利益を保護すべく，2010年に設立された．日本と同様，韓国においても労働組合の中心的な組合員はほとんど大企業の正規労働者であった．こうした労働組合の構造の下では，就職難を抱えたり，臨時的にアルバイトで職に就いたりする若者の権利が保護されないという問題意識は元々存在しており，青年ユニオンも実のところ，日本で同様の背景により設立されていた首都圏青年ユニオンをモデルとして作られた．ただ，韓国政府は，失業者が組合に加入しているという理由で，青年ユニオンの設立を法的に認可しなかったため，当初の環境下での組合活動は容易ではなかった．

そこで，青年ユニオンが主に行ったのは，労使交渉や労働協約の締結という典型的な組合活動ではなく，イシュー・ファイティングと呼ばれる，世論に訴えて労働環境改善を目指す取り組みであった．例えば，大手宅配ピザチェーンであるドミノピザの30分以内配達制度の廃止や，大手カフェチェーン店の非正規労働者に対する週休手当の支給などは，この青年ユニオンによるイシュー・ファイティングの成果であった．韓国でドミノピザは，注文後30分以内の配達を売り文句に急成長し，他の宅配ピザ会社もこれに追随していた．ただ，この30分配達という方針は，配達員に危険な運転を強いることとなり，配達員の死亡事故が多発した．青年ユニオンはこの問題を取り上げ，SNSでの注意喚起に加え，記者会見を開くなどして，廃止運動を展開した．加えて，配達労働者の生命と安全を保護するよう求める公開書簡を宅配ピザ各社に送付した．ドミノピザはこれを受け入れ，30分以内配達原則を廃止したため，この取り組みは結果的に青年ユニオンが社会的に認知されるきっかけとなった．

その後再び展開された青年ユニオンによる週休手当の支給運動は，その存在をより広く知らしめることとなった．週休手当とは，日本にない制度であるが，韓国の勤労基準法第55条の「使用者は1週間に1日以上の有給休日を保障しなければならない」という条文が根拠となっている．すなわち，この法律をそのまま適用すれば，労働者は1週間に5日働くと，1日分の有給手当を支給してもらえることになる．この規定は1953年の同法制定当時から存在し，1週間の合計労働時間が15時間以上の労働者に適用されるものであったが，あくまで正規労働者に関する規定と捉えられ，短時間労働者には無関係とされてきた．ただ，韓国のカフェチェーンでは近年，短時間労働者の基幹労働力化が進んでおり，青年ユニオンはこの条文を盾にとって，本社前での集会を決行したのである．結局，会社側は週休手当の支給を決定し，約3000人の非正規労働者に約5億ウォンの週休手当が支給された．いわば死文化した法律が，脆弱な労働者の待遇改善に役立ったのである．なお，週休手当はこれを契機に広く認知されるようになり，2016年からは最低賃金決定の際に，この週休手当を含んだ月額が併記されるようになるなど，その支給は最低賃金という側面からも制度化されることになった．

これらの活動が社会の注目を浴びたことにより，既存の労働組合や行政機関

も若者を代表する団体として青年ユニオンを認めざるを得なくなった．とりわけ青年ユニオンと協力し，若者の政策に積極的に取り組む姿勢を見せたのがソウル特別市であり，その市長は，人権派弁護士として参与連帯や希望製作所などの市民団体の設立にも携わった市民運動家で，2011年11月の補欠選挙で当選していた朴元淳（パク・ウォンスン）であった．2008年の米国産牛肉輸入拡大に反対するキャンドル・デモが生じて以降，韓国では政党刷新やリベラルな政策を要求する機運が高まっていたことから［安 2015］，朴は無所属にも関わらず，予備選挙で最大野党であった民主党の候補を破り，本選挙では与党ハンナラ党の候補者を抑えて当選した．こうした中で市長となった朴は，若者の意見やリベラル系の市民運動団体の要求を積極的に取り入れようと試みた．そこで，青年ユニオンが有力なパートナーとなったのである．

　ソウル特別市と青年ユニオンは，2013年に若者の就職口に関する政策協約を締結した．協約には，「青年の雇用拡大のための基盤の創生」と「青年の就労支援と勤労条件の改善」という2項目で全15条の内容が盛り込まれた．これについては，青年ユニオンの内部評価で「若者を代表する労働組合として地方政府と結んだ世界初の社会協約」，「公共機関が青年雇用義務を初施行」，「570人余の青年採用人数増加」などとする成果が報告された［青年ユニオン 2016］．また，前述のソウル特別市で制定された青年基本条例も，実際に草案を作成したのは青年ユニオンであった［兪 2015：56］．さらに，青年ユニオンの元役員が，ソウル特別市長のための労働問題の補佐を務めることとなり，市の政策に継続的に影響を与えるようにもなった．

　このように若者の団体としての代表性を得た青年ユニオンは，政労使対話における労働者代表の一員としても認められるようになった．まず2015年に任期がスタートした国の審議会である最低賃金委員会の労働代表として青年ユニオンの役員が選出された．労働者代表9人，使用者代表9人，公益委員9人からなる最低賃金委員会の全員会議で翌年分の最低賃金の最終決定は行われるが，労働者代表については，労働組合の全国組織（ナショナルセンター）である韓国労働組合総連盟（韓国労総）と全国民主労働組合総連盟（民主労総）がそれぞれ5人と4人を推薦することになっており，これまではどちらも執行部や傘下組織の幹部を推薦し，それが代表委員となっていた．しかし2015年に両労総は，

最低賃金に関わる脆弱な労働者の意見を直接に反映するため，青年ユニオンの役員を民主労総が，2000年設立の非正規労働者センターの代表を韓国労総が推薦することとした．両団体はいずれも傘下団体ではなく，異例のことであったが，青年ユニオンは若者の代表として，非正規労働センターは非正規労働者の代表として推薦されたのである．また，日本の労働政策審議会に相当する韓国の審議会であり，2018年にそれまでの労使政委員会から再編された経済社会労働委員会でも，青年ユニオンの委員長が労働代表委員として任命された．政治過程において若者の代表性が必要となった絶好機を，青年ユニオンが逃さず，代表団体としての承認を得たものといえよう．

　一方，ナメクジユニオンは，若者の住居権を保障し，住居の不平等を緩和するための団体として2011年に設立された．ソウル特別市の地価が高いことから，地方からの大学入学者にとって，近辺での住居の賃借は大きな負担となっていたが，大学の寮は極めて少ない状況にあった．ナメクジユニオンは，この大学生の住居問題を解決するため，ソウル地域の大学の学生自治会による「大学生住居権ネットワーク」を結成し，各大学の寮をはじめとする大学生の住居問題の現状を共有し，ソウル市内での寮や一人暮らしの問題解決のため活動を行ってきた．初期ナメクジユニオンの活動は，こうした経緯から大学寮，考試院など大学生の住居問題が中心となっていたが，2014年からは住居一般の問題にも積極的に取り組むようになり，家主と賃借人が対等な契約を結べるよう，専門家や相談員の養成教育を行った．同時に，非営利住宅モデルの実験のため「ナメクジ住宅協同組合」を設立して，組合員の出資を元に，共有型社会住宅である「ナメクジの家」を直接供給することとなり，2020年５月にはソウル市青年住居相談センターを受託して運営するようになった．ナメクジユニオンはこのように，若者の住居問題は多様な形で解決できるという成果モデルを作ることで，この問題に関する社会の関心を高めるのに大きく貢献した．

　青年ユニオンとナメクジユニオンは，先述したソウル特別市における若年者政策過程にも積極的に参加し，「ソウル青年政策ネットワーク」の設立にも大きな役割を果たした［国務調整室 2022：298］．ソウル青年政策ネットワークは，若者の参加を促すためにソウル特別市により作られたもので，両団体はこれに参加し，活動を主導した．一方，若者向け政策の形成にあたっては，行政面だ

けでなく，立法面からの協力も必要とされたため，青年議会が新たに設立され
たが，これに同ネットワークが主導的に関わった．若者参加の受け皿を作った
のは行政側であったが，青年ユニオンとナメクジユニオンが積極的に参加した
ことで，若者の団体としてソウル青年政策ネットワークは成長することになっ
たのである．

　また，各自治体で青年基本条例が制定される中で，各地域での若者自身らに
よる取り組みも活性化された．ソウル青年ネットワークと各地域の団体は，全
国単位での政策要求を行う必要性を共有し，2017年に「全国青年政策ネットワー
ク」を立ち上げた．全国青年政策ネットワークは，「人生の移行段階にある若
者が経験するさまざまな社会問題を地域の青年たちの協力と制度改善を通じて
解決する」ために設立され，制度改革だけではなく，「地域内，地域間のつな
がりと交流を通じて，相互の経験と代案を共有する場を企画し，それを通じて
活動家の成長と問題解決する」ことも目標とされている[2]．具体的な活動内容と
しては，まず，政策過程に参加する若者を支援するため，「全国青年大学」と
いう名称で政策企画者養成カリキュラムを始動した．また，地方自治体に対し
て個別に青年政策の改善を要求するだけでなく，地方自治体協議会との協力も
行い，「2019地方政府青年政策協力フォーラム」を共催した．このように，全
国青年政策ネットワークは，若者の政治参加をサポートしながら，政策導入に
も積極的に取り組んでいるといえよう．

（2）青年基本法の制定過程

　若者をめぐるさまざまな問題が争点化され，青年ユニオンやナメクジユニオ
ンの活動が注目を集めるようになってから，主要政党もこの問題に関心を示す
ようになった．2014年にはまず，リベラル野党の民主党の国会議員が中心となっ
て青年基本法が発議され，2016年に今度は保守与党のセヌリ党の国会議員が中
心となる形で再び同法が発議され，韓国の二大政党がともに青年基本法の制定
に乗り出した．ただ，両党の間には当時，テロ防止法や労働市場改革など他の
政策をめぐる激しい対立があり，この問題の優先順位が高いとはいえず，結局
のところ，両党による同法の発議はどちらも廃案に終わった．

　こうした中，先述したソウル特別市をはじめとする各自治体レベルでの青年

基本条例制定が進んでいた．また折しも，朴槿恵大統領の退陣を求めるキャンドル・デモが，国会外からの要求を国政に反映されやすくする環境を作っていた．大規模なキャンドル・デモは，朴大統領の弾劾に消極的であった与党の方針を転換させ，弾劾審判に必要な在籍国会議員の3分の2以上の賛成に導いた．憲法裁判所で弾劾審判が行われ，朴大統領の罷免が下された後，2017年の大統領選挙では，市民社会から多様な政策要求が出された［安 2025：第5章］．こうした中で，主要な若者者団体も，同年6月に「青年政策パラダイム転換のための討論会」を主催し，既存の就職率だけを注視した雇用中心の若者向け政策を批判し，包括的な青年基本法の制定を求めた．同年9月には，全国青年政策ネットワーク，青年ユニオン，ナメクジユニオンが，青年基本法制定の必要性に賛同する若年者団体や政党など50あまりの団体とともに，「青年基本法制定のための青年団体懇談会」（以下，青年基本法懇談会）を発足した．ただ，若者をめぐる問題は，弾劾可決とその後の文在寅大統領誕生というダイナミックな政治情勢の中で埋没し，同法制定に関する国会での議論は進まなかった．そこで，青年基本法懇談会は，若年者問題を解決する実効性のある法制定を目指し，1万人署名運動や地域社会懇談会の実施，立法キャンペーンなどさまざまな活動を展開した．同年9月から11月まで行われた「青年基本法制定要求1万人署名運動」では，全国各地の青年たちとともに署名運動を行い，45回のキャンペーンを通じて1万459人の署名を集め，国会へと提出した．

一方，与野党5党の超党派国会議員23人による「青年と国会が一緒に制定する青年基本法討論会」が開催され，また国会においては「青年未来特別委員会」が構成されるなどした結果，青年基本法合意案が形成され，同特別委員会に参加した18人の与野党国会議員により，2018年5月21日に青年基本法案は再び発議された．しかし，同法の審議はまたしても遅々として進まず，業を煮やした青年基本法懇談会は，早急な青年基本法の成立を求める緊急記者会見を開いた上で，政務委員会，青年未来特別委員会幹事，若手議員など32人を訪問し，法案成立を促す懇談を実施した．それでも，同年11月までに同法が成立しなかったため，12月には改めて記者会見を行うとともに，国会前でのリレー1人デモを30日間にわたり71人の若者が参加して行った．結局，青年基本法は翌々年の2020年1月4日に国会を通過し，同年2月4日に制定されることとなった．

このように，地方自治体レベルでの青年基本条例制定の動きを背景として，全国規模の法改正の必要性は高まっており，二大政党も必要性を共有していたにもかかわらず，最初に議員立法として発議されてから実に6年あまりを費やして，ようやく青年基本法は制定された．ここまで見てきたように，この過程における若年者団体の当事者としてのさまざまな取り組みは看過されるものでなく，重要だったといえよう．

第4節　韓国における若者の政治参加の意義と課題

　最後に，韓国における若者向け政策と若者の政治参加の意義を，その政策内容と決定過程から確認しておきたい．韓国の若者向け政策は当初，未就労者の支援にとどまっていたが，その後，住居や自立，社会的紐帯など若者が抱える多様な問題も視野に収めた支援策へと広がっていった．この支援策は「施し」ではなく，若者の持つ「権利」として付与するものとされた一方で，その決定過程への若者の参加も制度化された．このような政策内容の変化の背景には，当事者の若者ら自身によるアジェンダの設定と政策過程への取り組みがあった．先述したように，青年ユニオンやナメクジユニオンは，政治過程における若者の過小代表に加えて，劣悪な労働環境や住居などの若者が抱える問題を争点化し，社会的な認知度を高めた．地方政府や国会もこの問題に真剣に取り組まざるを得なくなり，基本的には若年者団体と協力しながらも，特定争点をめぐって両者の緊張関係が顕在化した場合にはその圧力も受けつつ，政策変化が行われてきた．すなわち，青年ユニオンやナメクジユニオン，全国青年政策ネットワークなど韓国の若年者団体は，若者たちの意見を汲み上げて，政策過程に影響力を行使することができていると言ってよいだろう．

　こうした政策過程は，ハーバーマスが指摘する二回路制民主主義（two-track democracy）が機能した実例として取り上げることができる．第一の回路とは代議制民主主義の制度的プロセスであり，第二の回路とは市民社会の中での非公式的，非形式的な意見形成のプロセスである［篠原 2004：184-185］．社会の価値観や利害関係が多様化する中で，深まる対立や葛藤は，政党政治のみでは調整できない．韓国の若者をめぐる政策はまさに，第一の回路で汲み上げられない

ものであり，第二回路における非公式的，非形式的な意見形成こそが，第一の回路における政策議論を活性化した．もちろん，必ずしも第二回路の活性化が，第一回路での政策実現を保障するわけではない．日本では，自由と民主主義のための学生緊急行動（SEALs）が，議会に汲み上げられない若者の声を届けるために集会などを行い，広く社会の注目を浴びたものの，成果の面では失敗に終わった［SEALs 2015］．韓国でも，2008年の大規模なキャンドル・デモは失敗だったと一般には評価される．したがって，若年者団体がどのようにして若者向け政策を実現させたのかという点については，当然ながら政治過程全体にわたる精緻な分析が必要であるため，今後の課題とし，本章では，承認と再分配の矛盾という側面から，以下でその成功要因に言及するにとどめることとしたい．

　多様なアイデンティティを認める「承認」と最低生活を保障する「再分配」の間には，必然的に亀裂が生じる．承認論は社会の多様性を追求するのに対して，再分配論は社会の同質性を追求するからである．そのため，その承認論と再分配論をどのように調和させるのかは，福祉国家論と多文化主義における重要な論点ではあるものの，解決困難なものである［フレイザー／ホネット 2012］．韓国における若者たちの運動は，単なる世代論に基づく承認闘争に止まらずに，イシュー・ファイティングや新しい事業を通じて，不安定労働問題や若者の住居問題を効果的に争点化することに成功し，この承認と再分配のジレンマを上手く乗り越えた．同世代というアイデンティティは否定されるものでないにせよ，世代内格差というものは実際のところ非常に大きいが［信 2022］，若年者団体が単に若者代表を名乗って意見を主張するのでなく，若者が抱えている問題をきちんと争点化した上で取り組みを行ったことが，再分配政策を実現させるのにつながったといえる．

　ただ，こうして得られた成果は，今後の若者の代表性の維持と政策の更なる推進にとっての課題としても作用する．青年ユニオン，ナメクジユニオン，青年政策ネットワークはそれぞれ，不安定労働問題，住居問題，若者が過小代表される政治過程の問題に取り組み，不安定労働および住居問題の改善，青年基本法の制定を導いた．それぞれが明確な目標を掲げて運動の成果を達成したが，一方でその成功は，次の目標に向けた取り組みを期待させるものとなる．若者

の最低限度の生活に関わる問題を争点化し，そこで成果を挙げたところから，次の目標の設定が外部によって期待されるのは不自然ではなく，内部からも当然，さらなる成果を追求する動きが出てくるであろう．その過程で，既存の労働組合や社会運動団体などと，どのような関係を構築するかが問われることになる．若年者団体が社会運動の一角を担う存在として認められることになった以上，それに対する期待も必然的に大きくなるからである．

　また各団体は，組織の拡大につれ，多様な意見を汲み上げていくことも重要となる．彼らは同じ問題意識を共有する人のみを組織化し，それを代表して問題を解決していく中で，若者の代表団体として承認されたものの，以降は若者全体の代表としてさまざまな他の課題にも取り組んでいかざるを得ない．これは各団体が初期に直面した課題よりも，はるかに実は難題である．しかしながら，この韓国の若年者団体が直面する課題は，彼らに限ったものでなく，市民が「当事者」として民主主義を維持する上では，絶えず挑戦すべき共通の課題と言えるかもしれない．それは，ともすれば先述の第二回路が軽視されがちな日本の民主主義に対する示唆とも言うことができるだろう．

注
1）韓国の簡易宿泊所の1つである．かつて大学入試や公務員試験の受験者が集中的に勉強するための施設だったことが名称の由来であるが，現在は安い賃料を求める人々の住居として利用されることが多くなっている．2畳程度の狭い部屋で窓のないものもよく見られ，台所，トイレ，浴室が共同であることが多い．
2）全国青年政策ネットワークホームページ（https://youthpolicy.kr/）を基に記述している．

参考文献
〈邦文献〉
安周永［2015］「韓国政党政治における「直接行動」の意義と限界——ろうそくデモと政党の変化を中心に」『日韓比較政治学会年報』17，185-211頁．
————［2025］『転換期の労働政治——多様化する就労形態と日韓労働組合の戦略』ナカニシヤ出版．
禹ソク熏・朴権一［2009］『88万ウォン世代——絶望の時代に向けた希望の経済学』（金聖一・朴昌明訳），明石書店．
金成垣［2016］『福祉国家の日韓比較——「後発国」における雇用保障・社会保障』明石書店．

ミルバーン，キア［2021］『ジェネレーション・レフト』（斎藤幸平監訳），堀之内出版．

篠原一［2004］『市民の政治学——討議デモクラシーとは何か』岩波書店．

SEALs［2015］『民主主義ってこれだ』大月書店．

フレイザー，ナンシー／アクセル・ホネット［2012］『再配分か承認か？——政治・哲学論争』（加藤泰史監訳），法政大学出版局．

宮本みち子・佐藤洋作・宮本太郎編［2021］『アンダークラス化する若者たち——生活保障をどう立て直すか』明石書店．

〈韓国語文献〉

関係部署合同［2003］「青年失業の現況と対策」(https://www.moel.go.kr/policy/policydata/view.do ; jsessionid=F91Ax4aT1iDb0qKpY2oaH5xbdTg1GCieNaGXmfdl3hnRmGo3 MwgWkAfCdYB7o4io.moel_was_outside_servlet_www1?bbs_seq=5947, 2024年10月1日閲覧).

青年ユニオン［2016］「青年ユニオンの主要事業及び活動事例とその意味」(http://youthunion.kr/xe_attach/file_source/%EB%8C%80%EC%9D%98%EC%9B%90%EB%AA%A8%EC%9E%84%202%ED%9A%8C.pdf, 2024年10月1日閲覧).

信晋旭［2022］『そのような世代はない——不平等時代の世代と政治の話し』蓋馬高原．

呉ソンヨン・李ジェキョン［2016］「多重格差と青年世代」，田炳裕・信晋旭編『多重格差——韓国社会不平等構造』ペーパーロード．

兪亨根［2015］「青年不安定労働者の利害代弁運動の出現と成長——青年ユニオンとアルバ労組」『アセアン研究』56(2)，38-77頁．

経済研究院［2023］『超低出産及び超高齢化社会——極端的人口構造の原因，影響，対策』韓国銀行．

国務調整室［2022］『青年政策白書』国務調整室青年政策調整室．

〈欧文献〉

European Commission［2011］*Peer country papers on youth guarantees*, Brussels.

（安　　周永）

第6章 不安な日本，不満な韓国
——7カ国の意識調査から見た東アジアの若者の心

第1節 7カ国の若者の社会認識と自己認識

　本章は，2018年に日本の内閣府が実施した7カ国の若者たちを対象とした意識調査の結果を分析し，日本と韓国の若者の「心の構造」を読み解こうとするものある.

　近年，若者に対する関心が世界的に高まっている. それは，卒業—就職—結婚—出産といった従来のライフコースが1980年代以降，大きく揺らぎ始めたことによるものだが，その様相も地域・国ごとに異なっている [Corijn and Klijzing 2001；Eurofound 2014]. 米国や西欧諸国では1980年代中盤，オーストラリアや日本では1990年代以降，いわゆる「成人への移行」(transition to adulthood) に関する研究が発表されてきた [Buchmann 1989；Andres and Wyn 2010；Brinton 2010]. 韓国では，2000年代より新自由主義，非正規雇用，晩婚化や未婚化，少子化が社会問題として浮上し，若者に対する社会の見方が大きく変化してきた[リー・サンジク (이상직) 2020]. 各国の見方も異なり，米国では，成人への移行シナリオが階層ごとに異なる点を強調するのに対し [Aisenbery and Fasang 2017]，西欧や日本では，階層化よりもライフコースの構造的変化に焦点を置き，[Tremmel 2010；Brinton 2010]，その背景要因としてジェンダー関係の変化に着目している.

　若者の成人への移行経路が変化したと見做されて以降かなりの時間が経過したが，従前，主要国の若者たちがどのような移行経路を歩み，その過程でどのような意識を抱いているのかに関する比較研究はほとんどなされていない. そしてその大部分は国単位での分析に留まっており，たとえ比較が行われたとしても，英語圏やヨーロッパに限定される場合が常である[Corijn and Klijzing, 2001；

84　第Ⅰ部　若者は民主主義に背を向けているのか？

Breen and Buchmann 2002]．また，比較における指標も，教育や労働市場にかかる客観的な社会的地位に基づいており［Brinton and Lee 2001］，成人への移行過程にある若者が抱く意識を比較する研究はなされてこなかった．

　よって本章では，比較社会的な観点から，成人への移行過程にある7カ国の若者の意識を比較し，特に日韓の異同に焦点を当てた分析を行う．すなわち本章における問いは「韓国と日本の若者の意識にはどのような共通点と相違点があるのだろうか」であり，「日韓の異同を説明する要因は何か」についても同時に考察していく．

　さて本章の構成について，第2節では，分析資料と分析方法を紹介する．第3節では，日本と韓国に焦点を当て，若者の社会認識と自己認識の関係を確認し，両者の関係から推測される日韓社会の性格を明らかにする．第4節では，両国に見られる社会と自己認識の関係の差異を「家族主義」をキーワードに構造的次元の観点から比較していく．第5節では，分析結果を転換期にある東アジア社会という文脈から解釈していく．

第2節　分析方法

（1）分析データ

　分析には，「我が国と諸外国の若者の意識に関する調査[1]」2018年度版を主に用いる．本調査は，内閣府が日本国内および諸外国の若者たちの価値観を比較し，若者政策の基礎資料として使用することを目的としたものである［内閣府 2018］．調査対象国は，日本（1134名），韓国（1064名），アメリカ（1063名），イギリス（1061名），ドイツ（1049名），フランス（1060名），スウェーデン（1051名）の7カ国，調査対象者は，2018年時点で13歳から29歳にある1989年から2005年生まれの若者である．

（2）分析の焦点

　本論の目的は，社会認識，自己認識，家族主義志向という3つの観点から，日本と韓国の若者たちの「心の構造」を比較し，その差異を明らかにすることにある．まず社会認識について，今日社会的問題として浮上している主要テーマ

に関して，それを問題事象として認識しているか否かを問う項目に拠って測定した．次に自己認識については，現在および将来の自己イメージについての認識を問う項目に拠って測定した．最後に家族主義志向は，性別役割や家族に関する認識を問う項目に拠って測定した．これら3つの側面を統合的に解釈することで，日本と韓国の若者の「心の構造」を多角的に把握することが可能となる．

（3）補助データ

日本と韓国の若者たちの「心の構造」の違いを解釈するため，両国の教育・労働市場の違いを示すデータも併せて分析した．OECDのデータを用いて，各国の教育や労働市場にかかる指標を比較したうえで，韓国「経済活動人口調査」および日本「労働力調査」統計に基づき，年齢別，性別の雇用率や正規雇用率も併せて比較分析した．

第3節　社会認識と自己認識のズレ

（1）社会問題認識における差異

それでは7カ国の若者たちが自国の社会問題をどのように認識しているのかを確認してみよう．図6−1は，「あなたは，どのような事が自国の社会において問題だと思いますか」という質問に対して，「○○は問題だと思う」と回答した割合（複数選択可）を国，性別に分けて示したものである．

なお提示されている社会問題は計15項目であり[2]，図6−1からは，日本の若者の間では，一般的に社会問題だと見做されている各項目に対して「問題である」と認識している者の割合が他国に比べて低い傾向にある事がわかる．一方，韓国の若者の間では，各項目に対して高い問題意識を持ち，特に女性の間でその意識が強く，例えば「ジェンダーによる差別」に対しては60％もの女性が問題だと考えていることがわかる．このような両国間の認識の差は何に起因するのだろうか．それに対しては2つの解釈が可能となろう．第1は両国において実際の問題の程度が異なるという解釈である．つまり，日本では韓国よりも社会問題が少ない，またはその程度が低いという見方である．第2は社会問題の程度の差ではなく，社会問題を認識・問題視する側の解釈に差があるという解

86　第Ⅰ部　若者は民主主義に背を向けているのか？

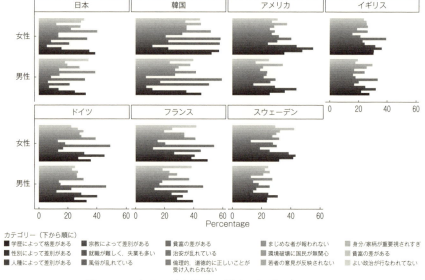

図6-1　自国の社会問題に対する認識（国別・性別）

釈である．本章は，実際の問題の程度差の比較を目的としていないため，実際の差異は多大なものでは無いという前提に立ち，何故日本の若者が社会問題に対して鈍感で，逆に韓国の若者が敏感なのか，その認識レベルの違いを種々の面から検討し，その答えを探っていく．

（2）自己認識における差異

では日本と韓国の若者は，それぞれどのように自己を評価しているのだろうか．図6-2は「現在」と「将来」の自己イメージについて問う複数の質問項目の平均値を算出し，国，性別ごとに示したものであり，両図ともに値が大きいほど，肯定的な自己イメージであることを示している[3]．上述の問いで確認した日本と韓国における社会問題に対する認識の差が，実際の社会問題における程度のそれを反映しているのであれば，自己認識においても，日本は韓国の若者より肯定的なはずである．なぜなら種々の問題を抱える社会で暮らしている人たちよりも，問題の少ない社会で暮らしている人々の方が，自身の人生を肯定的に捉えることができるはずだからである．

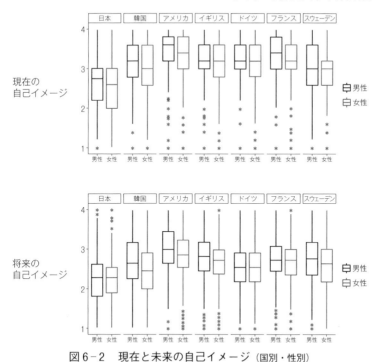

図6-2　現在と未来の自己イメージ（国別・性別）

　しかし，実際には図6-2に見られるように，日本の若者の現在の自己イメージは7カ国の中で際立って低い．一方，韓国の若者の自己認識は日本よりも肯定的である．将来の自己像においても同様の結果が見られ，日本の若者の描く将来の自己像は他の6カ国と比べて明るいとは言い難い．

　このように，日本と韓国の若者の間には，自己認識に顕著な違いが見られる．日本の若者は社会に対する問題意識が低い一方で，自己認識や将来の自己像に対してはポジティブではない．それに対し，韓国の若者は社会に対する問題意識が高く，社会への不満を持ちながらも，現在および将来の自己像に対しては比較的ポジティブであるという拗れをここに見ることができる．つまり，「肯定的な社会認識―否定的な自己認識」を持つ日本と，「批判的な社会認識―肯定的な自己認識」を持つ韓国という対比が看取できよう．その違いをここでは「不安な日本の若者」と「不満な韓国の若者」と定義する．それではなぜ日本の若者は不安で，韓国の若者は不満なのだろうか．本論後半ではこうした違い

がどこから来ているのかを考察する.

(3) 未来の自己像と社会の姿：家族主義志向の強さ

次いで将来の自己イメージに基づき，日本と韓国の若者が自らの未来をどのように捉えているかについてさらに詳しく見ていく．ここでは，潜在プロファイル分析（Latent Profile Analysis）を行い，各国の若者が各11の質問に対してそれぞれどのように回答したのかを，その回答を類型化することで，個々人の認識構造を明らかにした．そして，同様に考える人たちが各国どのくらい存在するのか，その割合を算出し，その結果を社会環境との関係から考察していく．

類型1（Latent Class 1）は，11の質問項目に対して最も否定的に答えたグループであり，類型4（Latent Class 4）は最も肯定的なグループ，そして類型3（Latent Class 3）はその中間に位置する．ここで特に注目すべきは，個人的に達成するものに対しては否定的でありながら，関係性の中で達成するものに対しては肯定的であるという類型2（Latent Class 2）のグループである．類型2に属する人々は，将来の自己像は決して明るいものではないが，「子どもを育てている」「親を大切にしている」「幸せになっている」「結婚している」という家族形成に関しては肯定的な見方をしている．このように家族を形成することに希望を持っている将来の自己像といえば，伝統的な家族主義に合致した自己像

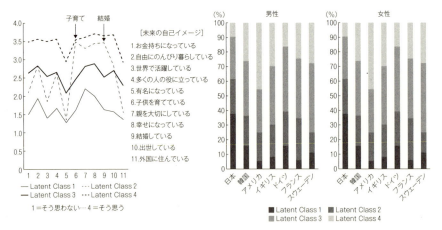

図6-3　未来の自己イメージ類型（左）とその比率（右）（国別・性別）

と重なる．先ほど見たように，日本の若者の抱く将来像は決して明るいものではないが，日本の女性の約40％が自己の出世よりも家族を優先し，家族に献身することを「未来の自己像」として描いていることがわかる．個人主義国家として知られる欧米諸国においても，「家族主義」的な価値を内在する若者がかなりの割合を占めていることも分かる．他方，韓国の女性の間では，上述の価値観を持つ人たちが最も少ないことがわかる．ここで注目に値するのは，日本の若年女性の多くが家族形成を自身の将来像として描いているのに対し，韓国の女性の間ではそうした傾向が最も低いということである[4]．こうした顕著な違いは，日本と韓国の文化的背景や社会的規範の差を反映しているといえるだろう．特に，日本では家族や性別役割に対する伝統的な規範が強く，それが若者の将来像にも反映されているとも解釈することができよう．

第4節　家族主義的ライフコースの余地

（1）男女の労働市場における位置

労働市場における男女の地位の違いを最もよく表している指標の1つが，男女賃金格差である．OECDの発表している男女賃金格差（2023）を見てみると，韓国では31.2％とOECDの中でも最も高く，日本も22.1％とOECD平均の11.9％から大きくかけ離れており，両国ともに男女不平等な社会であると言える．このことは，生産と再生産領域における役割が，性別によって強固に分離された構造になっていることを示している．こうした現状は，日本と韓国が家父長制社会であり，韓国は日本よりもその程度が高いと解釈できよう．

次に，雇用率や正社員の割合といった雇用に関連した他の指標からも見てみよう．図6-4は2022年現在における日韓女性の年齢別就業率と年齢別正規雇用比率を示している．年齢別の就業率を示した左の図を見ると，韓国の女性は，65歳以上の年齢層を除き，すべての年齢層で日本の女性よりも就業率が低い．特に30代と40代において両国の差が大きく，韓国の女性は，日本の女性よりも家族形成期に労働市場から退出する人が多いことがわかる．しかし，女性の就業率ではなくて正規雇用率を比較した右の図を見ると，日韓女性の状況が逆転しており，韓国の女性の方が，日本の女性よりも正社員として働く割合が高く，

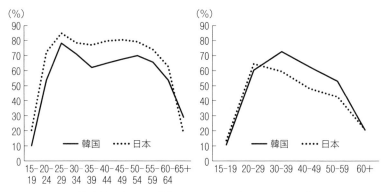

図6-4　日韓女性の年齢別就業率（左）と年齢別正規雇用率（右）（2022）
（注）日本の正規雇用率は，年齢別雇用者（役員を除く）のうち正規従業員／従業員人口の割合を意味し，韓国の正規雇用率は，年齢別賃金労働者のうち正規人口の割合を意味する．
（資料）統計庁「経済活動人口調査」，「性別・年齢別労働形態別就業者」（韓国），総務省統計庁「労働力調査」（日本）．

特に30〜40代で両国の差が大きいことが明らかである．

すなわちこのデータは，韓国の女性は，30代・40代で労働市場から退出する女性が多いとはいえ，労働市場に残っている者の多くが正規雇用で働いていることを表している．一方，日本の女性は，労働市場参加率は約80％と高いものの，その半数が非正規雇用であり，正規雇用で働いている女性の割合は韓国よりも低いということが分かる．

さらに年齢別の正規雇用率を性別で比較した図6-5を見てみると，日本と韓国における性別による役割の違いがより明確となる．日本の男性は，20代後半から50代までの家族を扶養する年齢で，約9割が正規雇用で働いているが，韓国の男性は30〜40代のみ安定しており，その後，正規雇用で働く割合が急激に低下する．女性に関しては，ここでも韓国の方が日本よりも正規雇用で働く割合が高く，特に30〜40代でその差が顕著である．

これらの結果を鑑みれば，労働市場における性別による男女配置のあり方の違いが浮き彫りになってくる．つまり韓国は，男性の労働市場での地位が不安定な一方で，若年女性の労働市場参加が急速に進み，正規で働く女性と非正規で働く女性の両極化が広がっている．それに対し日本では，男性は比較的安定した地位を与えられているのに対し，女性は非正規雇用で働くという性別役割

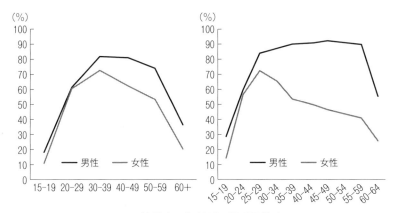

図6-5　日韓男女の年齢別正規雇用比率 (2022)

(注) 日本の正規雇用率は，年齢別雇用者（役員を除く）のうち正規従業員・従業員人口の割合を意味し，韓国の正規雇用率は，年齢別賃金労働者のうち正規人口の割合を意味する．韓国は性別／年齢別労働形態（非正規雇用）別就業者数から，日本は年齢別就業者数及び年齢別雇用形態別就業者数から研究者が計算した．

(資料) 統計庁「経済活動人口調査」，「性別・年齢別労働形態別就業者」（韓国），総務省統計庁「労働力調査」（日本）．

分業が依然として強固に維持され続けているのである．さらに言えば日本の既婚女性の多くが非正規雇用で働くのは，配偶者特別控除などを始めとする税制優遇が，長期に渡り制度的に維持されていることが大きく影響していよう．翻って韓国にはこのような制度は存在しておらず，こうした制度的・構造的な違いが，今後の男女間の格差縮小にどのように影響するかについては今後も見守っていく必要があるが，現在のところ日本の家父長制的な性別役割分業は，韓国に比べて強固だと考えてよいだろう．

(2) 社会変化の速度差

ではなぜ韓国の男女賃金格差は日本よりも大きいと算出されるのだろうか．それは統計を分析する際，「平均値」を用いて比較しているからである．現今若い世代における男女格差は急速に縮まっているが，平均値にはそれが反映されない．これを理解するためには，「圧縮的近代 (compressed modernity)」[Chang 2022] と呼ばれる韓国社会の急速な社会変化と女性の「圧縮的高学歴化」[笹野 2023] を理解する必要がある．図6-6は，主要国における母娘間の高等教育

92   第Ⅰ部　若者は民主主義に背を向けているのか？

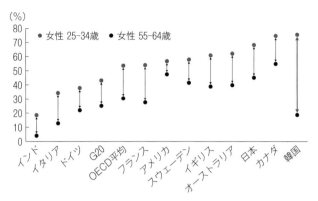

図6-6　主要国における母親世代と娘世代の高等教育履修水準の差（2022）

履修水準の差を示したものである．

　今日，韓国の大学進学率はOECD加盟国の中で最も高く，男性よりも女性の方が高い．ここで注目すべきは，女性の教育水準が短期間で爆発的に上昇したこと，そしてそれによってもたらされた若い女性の「革新的なライフコース変化」である．そもそも近代化に伴い，子ども世代の教育水準が親世代より高くなるのは一般的な傾向であるが，韓国では他国に類を見ない速度で上昇した．母と娘の高等教育履修差は経済協力開発機構（OECD）加盟国の差の平均が20％であるのに対し，韓国では60％近くも開いており，これは息子世代（63.4％）と父世代（34.7％）の教育レベルの差よりも大きい．すなわち世代ごとに教育水準が平均20％上昇していることから鑑みて，他国では3世代にわたって経験する変化を，韓国はわずか1世代で成し遂げたということが明らかとなろう．この様な女性教育水準の爆発的上昇は，世界でも類を見ないものであり，これまで見てきたように，若い世代の女性の自己認識や家族に対する価値観に革新的な変化をもたらした最も重要な背景要因として働いているといえよう．

第5節　転換期における東アジアの若者が抱く2つの心
　　　　　——不安と不満

　以上の考察から明らかなように，教育や労働市場におけるジェンダー関係の

変化において，日本と韓国は異なる軌跡をたどってきた．従来，日本と韓国は依然として「東アジア家族主義国家」として分類されることが多く，平均値で比較すると両社会は相似した社会として映るが，若い世代に焦点を当てると，両国の違いは顕著である［笹野（사사노）2021］．日本は韓国よりも早くから変化を経験したが，その過程は緩やかであった．一方，韓国は日本よりも後から変化を経験したが，その過程は急進的であり，特に若い世代においては，一連の変化が加速している．そして最近の変化を推し進めているのは，特に韓国の若年女性である［チェ・ソンヨン（최선영）2020］．韓国の若者は，現状の枠組みから脱する必要があることを明確に自覚しているのは事実で，たとえ今は新しい秩序と規範は作れてはいなくとも，少なくとも既存の秩序と規範は効力を失っているということを認識し，変化に向かって進んでいる．不安定な家父長制を脱する過程でジェンダー関係が緊張状態に置かれているが，それを乗り越えようとする過程で，既存のジェンダー関係を再編成する可能性を大いに秘めている．韓国の肯定的な自己像と批判的な社会認識の組み合わせについては，このような文脈から真意を解釈することができる．

　それに対し，日本の若者は，ある面では韓国の若者よりも安定した社会・経済・文化的な構造に置かれているともみなす事ができる．ただし，それは過去に作られた制度であり，時代に合わなくなってきているため，若者たちはもはやいわゆる「昭和」的ライフコースモデルを肯定的に受け止めてはいないし，「男性に養ってもらう」という昭和的家族制度は，失われた30年の中で伸び悩む若年男性の賃金や雇用の不安定化により，現実には実現困難となっている．日本でも女性の高学歴化は進んでいるため，養える男性の供給不足は，たとえ家族形成に希望を持つ女性たちが一定数いたとしても，適切なマッチングが容易ではない．日本は「養う」「養ってもらう」という「昭和の男性稼ぎ主型モデル」から脱却し，令和の時代に合わせた社会制度へと転換していく必要があり，女性にも男性と等しく賃金を支払い，互いに支え助け合う制度への転換が必要である．経済の停滞した社会で，男性が扶養責任を担うのは，男性にとっても重荷でしかないだろう．昭和時代に作られた持続不可能な社会制度に対する不安は，本章で見られた若者の将来への不安を反映している．2000年代より新自由主義を貫き，何か問題が起ればそれは「自己責任」だと見做され，弱

者へ手を差し伸べることもしなかった社会風潮の中で，若者たちは声を上げて社会を変えようとするよりも，問題から目を逸らし，事なかれ主義でやり過ごすことで心の平穏を保っている．こうした社会のあり方が，若者の社会問題に対する認識の低さや低い自己肯定感，そして決して明るくない未来の自己像を描くこととなった背景として働いていよう．

　両国の若者が抱く「心の構造」が示すメッセージをもう少し広い視点から解釈すると，日韓の若者が見せる「心の構造」は，後期近代社会への移行期に東アジア社会が直面した制度的不整合による緊張を2つの異なるバージョンで見せていると捉える事ができる．韓国の若者は，既存の社会構造や規範がもはや機能しないと考え，新しい秩序や規範を模索している．一方，日本の若者はかつて安定していた社会・経済的環境の中で不安を抱えながら，変化の必要性を認識しつつも，変化を求める行動を起こすのではなく，問題から目を逸らすことで心の平穏を保っている．このように，日本の若者は旧態依然の社会制度の中で「不安」を感じているのに対し，韓国の若者は急速な社会変化の中で「不満」を抱えているという対照的な状況が浮かび上がってくる．この2つの心のあり方の違いは，東アジア社会が後期近代社会へと移行する中で直面している制度的な不整合を，異なった形で表現していると解釈できよう．

付記
　本研究は，2021年度ソウル大学校日本研究所の日本学研究支援事業において『日韓若者の家族価値比較』として採択され，遂行した研究成果である．

注
1 ）データの2次分析にあたり，東京大学社会科学研究所附属社会調査・データアーカイブ研究センター SSJ データアーカイブから「我が国と諸外国の若者の意識に関する調査，2018（こども家庭庁）」の個票データの提供を受けた．
2 ）項目は左上から順に，①学歴によって収入や仕事に格差がある（Differences by academic background），②性別によって差別がある（Differences by gender），③人種によって差別がある（Differences by race），④信じる宗教によって差別かがある（Differences by religion），⑤就職が難しく，失業も多い（Difficult to find a job），⑥風俗が乱れている（Disorderly morals/manners），⑦貧富の差がある（Disparity of wealth），⑧治安が乱れている（Disturbance of public order），⑨倫理的，道徳的に正しいことが受け入れられない（Ethically/morally incorrect），⑩まじめな者がむく

われない（Hard work goes unrewarded），⑪ 環境破壊に対して，国民が無関心である（Ignorance of environmental destruction），⑫ 若者の意見が反映されていない（Ignore the opinions of the youth），⑬ 身分や家柄が重要視されすぎている（Importance on family background），⑭ 老人，身体障害者などに対する社会福祉が十分でない（Inadequate welfare），⑮ よい政治が行なわれていない（Not good politics）である．

3 ）現在の自己イメージは，① 私は自分自身に満足している，② 自分には長所があると感じている，③ 自分の親から愛されていると思う，④ 自分の考えをはっきり相手に伝える事ができる，⑤ うまくいくかわからないことにも意欲的に取り組む，の5つの項目を使用した．将来の自己イメージは ① お金持ちになっている，② 自由にのんびり暮らしている，③ 世界で活躍している，④ 多くの人の役に立っている，⑤ 有名になっている，⑥ 子供を育てている，⑦ 親を大切にしている，⑧ 幸せになっている，⑨ 結婚している，⑩ 出世している，⑪ 外国に住んでいる，の11の項目を使用した．いずれも，各質問に対して「そう思う」（4点），「どちらかといえばそう思う」（3点），「どちらかといえばそう思わない」（2点），「そう思わない」（1点）の4段階回答の平均値を算出し，比較した．

4 ）こうした傾向は，性別役割分業意識や結婚に対する態度，希望子ども数を問う他の質問項目からも確認される．その結果の一部は笹野［2024］でも紹介されている．

参考文献

〈邦文献〉

内閣府［2018］「我が国と諸外国の若者の意識に関する調査」（https://warp.da.ndl.go.jp/info：ndljp/pid/12927443/www8.cao.go.jp/youth/kenkyu/ishiki/h30/pdf-index.html，2024年8月29日閲覧）．

笹野美佐恵［2023］「韓国社会におけるジェンダー革命と少子化──世界最低出生率の背後で何が起こっているのか」『人口問題研究』79（2），pp. 107-132.

─────［2024］「韓国の少子化はなぜ加速するのか──日韓少子化の「違い」を見つめる」『世界』（岩波書店），982，pp. 138-148.

総務省統計局（各年度）「労働力調査」．

〈韓国語文献〉

キム・ホンジュン［2014］「心の社会学を理論化する──基本概念と説明論理を中心に」『韓国社会学』48（4），pp. 179-213.

ペ・ウンギョン［2010］「現在の少子化は女性たちのせいなのか？──少子化言説のフェミニズム的転用のために」『ジェンダーと文化』3（2），pp. 37-75.

笹野美佐恵［2021］「韓国と日本の家族価値──性別・コホート別の違いを中心に」ソウル大学博士学位論文．

チャン・ギョンソプ［2018］『明日の終焉？家族自由主義と社会再生産の危機』ジムンダン．

チェ・ソンヨン［2020］「韓国女性の生涯過程の再編と結婚行動の変化」ソウル大学博士学位論文．

リー・サンジク［2020］「転換期成人移行経路の変化──1970-1984年コホートの教育・労

働・家族履歴」ソウル大学博士学位論文.

韓国統計庁［各年度］『経済活動人口調査』.

〈欧文献〉

Abelmann, N. [2003] *The Melodrama of Mobility : Women, Talk, and Class in Contemporary South Korea.* University of Hawaii Press.

Aisenbrey, S. and Fasang, A. E. [2017] "The Interplay of Work and Family Trajectories over the Life Course : Germany and the United States in Comparison." *American Journal of Sociology*, 122(5), pp. 1448-1484.

Andres, L. and Wyn, J. [2010] *The Making of a Generation : The Children of the 1970s in Adulthood*, University of Toronto Press.

Breen, R. and Buchmann, M. [2002] "Institutional Variation and the Position of Young People : A Comparative Perspective." *The ANNALS of the American Academy of Political and Social Science*, 580(1), pp. 288-305.

Brinton, M. C. [2010] *Lost in Transition : Youth, Work, and Instability in Postindustrial Japan*, Cambridge University Press.

Brinton, M. C. and Lee Sun-haw. [2001] "Women's Education and the Labor Market in Japan and South Korea." pp. 125-150 in *Women's Working Lives in East Asia*, edited by Mary C. Brinton. Stanford University Press.

Brinton, M. C., and Lee, D. J. [2016] "Gender-role Ideology, Labor Market Institutions, and Post-industrial Fertility," *Population and Development Review*, 42(3), pp. 405-433.

Buchmann, M. C. [1989] *The Script of Life in Modern Society : Entry into Adulthood in a Changing World*, University of Chicago Press.

Chang, Kyung-Sup [2022] *The Logic of Compressed Modernity*, Polity.

Corijn, M. and E. Klijzing eds. [2001] *Transitions to Adulthood in Europe*, Springer.

Eurofound. [2014] *Mapping Youth Transitions in Europe*, Luxembourg : Publications Office of the European Union.

Esping-Andersen, G. [2009] *Incomplete Revolution : Adapting Welfare States to Women's New Roles*, Polity.

Goldin, C. [2006] "The Quiet Revolution that Transformed Women's Employment, Education, and Family," *American economic review*, 96(2), pp. 1-21.

Tremmel, J. C. ed. [2010] *A Young Generation Under Pressure? : The Financial Situation and the "Rush Hour" of the Cohorts 1970-1985 in a Generational Comparison*, Springer-Verlag Berlin Heidelberg.

OECD [2022] "Population with Tertiary Education"

（笹野美佐恵・李相直）

第II部

民主主義の遠心力と求心力

第7章 創刊100年に聴く大学新聞現役学生記者たちのジャーナリズム観
──彼らの「ケアの倫理」と民主主義

第1節　大学新聞創設のムーブメント

　100年前，京都では大学新聞の創設が相次いだ．1925（大正14）年4月，「京都帝国大學新聞」が，東西学生スポーツ報道をきっかけに学友会により創刊された．初代新聞部長に就任した法学部長の佐々木惣一が「新聞は全く不偏不党の立場に立つことを要する」と宣言した一方，「大学の関係者間に温かき連絡を保つの機関なる」と紹介している．この年，この月に治安維持法が公布されたことを振り返り，OBの1人は「創立当時の新聞は，運動部関係を含めた文化・学術中心であり，政治的な問題に対しては極力発言を避けようとしている」と記述している．

　続いて1926（大正15）年1月20日，「龍谷大學時報」は創刊された．冒頭で「本誌の使命」を述べた湯次了栄によれば「同大学の同窓學友の相互の消息を知り，意見の交換に資すための機関」として，と紹介されている．帝国大学と浄土真宗宗門校では規模も体制もさまざまな点で大きく異なるが，ともに言論のネットワークを作ろうとしていた．また，「龍谷大學時報」では梅原眞隆が「内鮮の親和」と題し，「新しい同胞」「悩みを分かつ友」としての朝鮮人労働者への労りを綴り，当時の社会への宗教者の「訴願」であるとしている．1923（大正14）年の関東大震災に「鮮人」が虐殺されていたことが近年振り返られているが，大学新聞はいずれも学生教職員卒業生のコミュニティペーパーでありながら，社会への提言を包摂していた．

　大学新聞の創刊は，1917（大正6）年の慶應義塾大学の「三田新聞」が日本初であり，東京帝国大学，日本大学，早稲田大学と続いた．新聞創設が盛んに

なった背景にある大正デモクラシーは，民主主義を希求する国民の声，言論が
社会の各方面で必要とされ，それらがさまざまな分野で反映されていたと伺われ
れる．一方で，明治時代に制定された新聞紙法のもとに言論統制が進み，新聞
を立ち上げることは若者を含む大学人の１つの挑戦でもあったのであろう．そ
の後戦争や学生運動の時代を経て，書き手たちのジャーナリズム観はどのよう
に変化を遂げたのか．残念ながら龍谷大学新聞はコロナ禍に継続できず歴史を
閉じてしまったが，京都大学新聞では100周年を迎えるべく2024年11月現在「京
都大学新聞の百年」が連載中である．

第２節　重要資料としての京都大学新聞65年史と現在の「百年」の連載から

　大学新聞を振り返り，そこから記事の傾向や新聞運営の変遷・歴史を読み取
る試みは，京都大学新聞の書き手たち自身によってなされてきた．特に，面談
した学生記者，卒業生から貴重な文献の紹介を得た．１冊は1990年に出版され
た京大新聞史編集委員会編『権力にアカンベエ！京都大学新聞の六五年』(こ
の後『65年史』と示す) である．この表紙には，創刊号の佐々木部長による「新
聞の使命」と，肩を組む学生たちがカメラに向かい笑顔で「アカンベエ」をす
る写真が並べられ，帯には「自由で，革新の気風に満ちた，我らの新聞をつく
ろう──大正14年の創刊以来,学生自らの手でつくりつづけられた,日本でもっ
とも伝統ある大学新聞の65年．新聞づくりにかけた学生たちの青春の記録．」
が白抜きで刻まれ，また，カバーの見返しには，ある OB のあげた京都大学新
聞の３原則として「１．弱いものいじめをしないこと，２．正しいことの前で
素直であること，３．自分で考え，訴えることの大切さ」が紹介され，代々受
け継がれている記者気質，あるいはモットーでもあったかと感じさせる．
　この書では，「大正デモクラシー運動の勝利と，その反動化の下地がつくら
れるという，まさにまさに時代の転換期に (京都帝國大學新聞は) 誕生したのだ」
と振り返られるが,「権力から離れ，リベラルで思索的な学問の系譜が次第に国
家権力から締め付けられていく．」と嘆かれ，「いつの場合でも，社会の矛盾や
不正義に対して学生たちは怒」っていたことが強調される．全国でも社会科学

第7章　創刊100年に聴く大学新聞現役学生記者たちのジャーナリズム観　　*101*

研究会の学生に大学の監視の目が寄せられ，報道記事の筆が抑えられていたが，京大学生らが多数検挙された1925年12月の「全国学生社会科学研究連合会大会」報道で，それまで政治的・社会的事件を扱ってこなかった京都大学新聞が，「大学の自治，研究の自由の侵害に抗議する」という主張を述べ，1929年には同志社大学の新聞団体・学会が「単なる御用新聞は使命ではない」と早大に続いて抗議の解散をしたことも伝えている．京大では，発行回数を減らされ，新聞部員の下級生が「クビに」なり，学生たちの抵抗や部内の思想対立があらわになったことでこの「京都帝国大学新聞部事件」は戦前の文部省の指示を受け，軍部・右翼の意向を気にして大学みずからが言論統制していた見本として記録された．

　その後の滝川事件ののちに滝川自身からも「(京都大学) 学園新聞」は左翼的だと指摘を受けた時期を経て，1934年の室戸台風の学友のために救援義援金を集め，新聞が「学問の自治，大学の自治，学生の自主性回復」を目標とするようになる．しかし分裂や特高警察からの発禁処分などの苦難が続き，太平洋戦争後に文科学生の徴兵延期が停止され編集員も招集され，新聞用紙もなくなり，1994年休刊する．その後，全国の帝大新聞が合併し，全国紙としての「大学新聞」が発行され，京都大学は記事を送るだけの関西支社となった．

　復員した学生編集者により「学園新聞」が発刊されたのち，平和と反戦を訴える学生運動をはじめ，1960年代の多くの学生運動の先駆けを伝えてきた．『65年史』は高度経済成長のなかで，原発や公害の問題指摘，反ベトナム戦争，反(万) 博運動も伝えた．バリケードのなかで「大学とは」「教育とは」「学生とは」と問いかける学生メディアの編集方針は，連合赤軍事件などののち，次第に社会運動から，新しい社会関心である環境・人権，文化的なテーマに力を入れるに至った．『65年史』は学内で「売れる新聞」を目指しての活動が広がる1989年の「昭和」の終焉で締めくくられている．

　そのころ60年史として編集された『口笛と軍靴』がある．この書では，イタリアのファシスタ党の独裁宣言の時期に京都帝国大学新聞が創刊されたことにふれ，当時の特に京都の新聞の思想的・政治的な背景を論じている．

　これらが記述された先行資料を参考に，本論の目的である現役学生記者たちのインタビューを紹介する．京都大学というコミュニティメディアとして，記者たちの立ち位置，書き手としての意識はどのようなものなのだろうか．

102 第Ⅱ部 民主主義の遠心力と求心力

第3節 現役学生記者たちに聴く

　現在，京都大学新聞は「京大新聞の百年」の連載で，過去の記事の拾い読みや，卒業した過去の記者たちと現役の学生記者たちの座談会やインタビューなどで，京都大学新聞の歴史を振り返っている．

　『65年史』後の大学や社会の動きも読み取れ京都大学構成員でない読者にも興味深い．進学率の高まり，学生運動からNPO・NGOとの連携，学生のアルバイト事情や流行，風俗，キャンパス整備と学生寮改築計画，政府の大学政策，独立法人化，産業界との交流，昨今では「国際卓越研究大学」申請等々への批判なども記録されている．

　1984年の「編集部より」には「個々の現象にひそむ本質を抉り出し，運動の理論的補完や方向づけを行うメディアである」と理想を述べ，「敵は誰か，いかに闘うかとの問いに，自身及び読者を対決させてゆきたい」と宣言していることを紹介．このころ，京都大学新聞社では筑紫哲也を招き，ジャーナリズムについての講演を要請していた．

　またキャンパスハラスメントを告発した「矢野事件報道」，統一教会系の原理研究会が出していた類似の「京大学生新聞」との戦いは，社会問題報道の先駆けとなった．卒業生である上野千鶴子講演でフェミニズム，ジェンダーの視点も時代に先行した．

　一方，70年代に記者として学費値上げ反対闘争を書いていた元顧問の阿形清和名誉教授にもインタビューし，2000年以後「ソフト路線」に移行してきた経緯も紹介している．あさま山荘事件以来，学生運動にかかわるのは危険だという認識があったが，京大には過激派ではない「ノンセクトラジカル」という権力への抗い方があり，伊方原発や三里塚闘争の報道も行い，権力の側とのバランスも意識した記事を掲載したそうだ．

　その後，個性豊かな記事も増えた．ユニークなバイト体験記，同棲カップルのルポルタージュ，ドライブ紀行，マンガ評も掲載，最近では都知事選挙で2位となった経済学部出身で安芸高田市長をしていた石丸伸二に「京大出たあと何したはるの？」というコーナーでインタビュー．国政への意欲を引き出した．

若者と民主主義を考察する本書の主旨に基づき，本章では創設100年を迎える京都大学新聞の元記者6名と現役記者5名にヒアリングを行い，記者経験における意識を捉えることとした．元記者は最高齢の1934年生まれから1970年生まれの現役全国紙，地方紙新聞記者の方もおられ，大学時代の取材体験を伺った．本章では記録資料文献や縮刷版を手がかりに現役学生記者たちの学生新聞への思い，そのジャーナリズム観，自治や民主主義についての考えを中心に紙数に制限はあるが報告する．貧困に抗してきた大学新聞経営だが，現在は活動拠点としてのBOXが学内に確保され，学内7カ所に無人販売拠点，運搬用の社用車，ネット発信のwebsiteを持つ．

（1）現役学生記者たちから得られた知見

現役学生記者たちにインタビューを行うために編集会議の場を訪れたが，「わたしたちにはジャーナリズムという感覚があまりない」「社会運動とは距離がある」「私たちにエリート意識を持たないで欲しい」「特定の政治的思考があるわけではなく，記者それぞれに考えが違う」と，筆者の先入観への危惧と警戒感も示しつつ，5名の現役学生記者が筆者のインタビューを受けてくれた．出身地，学部も異なるが，大学新聞の取材経験や担当記事によって，彼らそれぞれのジャーナリズム観が興味深かった．高校生活，受験勉強，家庭環境などにおいて形成されていた私的な関心ではなく，大学というコミュニティが彼らの語りから立ち現れてくる過程がところどころで見え隠れする．インタビューは2023年のGWの前後に行い，コーディネート役のY. Mの希望により全員イニシャルでの紹介とする．

① コミュニティジャーナリズム

経済学部2回生のY. Sは，環境経済学が専門だというのに，彼の関心は小さなメディアがどのような財政アプローチで成り立っているのかということ．地域情報誌や地方紙など，地方の時代のなかで収支が成立する小規模のローカルメディアへの興味を持っている．これらの紙媒体は身近な政治への関心の契機になる．それは新興住宅地で出入りの流動的な住民に，地域の課題や歴史的経緯を均一に提供して，コミュニティへの愛着を生み出すのだと分析する．

Y.Sの故郷では，六甲タイムズ社のような小さな新聞が馴染みの理髪店に置かれ，彼の曾祖父も購読していた．地元企業のことや，議会，地域史，住民の生活，叙勲などいわゆるマイナーなことばかりの記事で，こういう媒体が成立するのが衝撃的だったという．近所の人々におしゃべりするネタを提供するような新聞に中学生のころから関心があったそうである．京大新聞も「単願で」（迷いなく）入部した．

1部100円，発行部数はわずか1万部の新聞は，郵送の定期購読以外は田舎の野菜無人販売所のような雨ざらしの箱が学内7カ所に置いてあるだけ．どんな人が読んでいるかわからない．受験生，学生，学生の保護者，OBや教職員がターゲットの中心なのだが，吉田神社の節分祭の参拝客のお土産にもなり，修学旅行生も買っていく．

京大新聞では週に一度の編集会議があり，そこが取材テーマの決定機関になっており，参加することで議決意志を持つことになるルール．欠席者はほかの記者に議決権を委任する．編集長はなく，修士2回生のY.Mが世話役または整理役となって進行する．ひとりひとりに政治性はあるかもしれないが，記事を集めるときに全体として政治性はないと強調する．筆者が聞きたいテーマの1つ「民主主義」がいまひとつピンとこないという．政治色がほとんどないのに，特定の政治政党に結びつけられたり，ステレオタイプ的なあてはめがいやだからだという．出した記事に対して「こっちの肩をもっている」と勝手に誤解されると「やっちまった」と思う．政治性はことさらに出さず，公正中立に，客観的に事実だけを書くという．筆者，すなわちこちらの意図の「民主主義」は，特定の政党や思想に結び付けてはいないので，彼の杞憂ではあるのだが，そういう結び付けには敏感だ．

　SNSの反響が気になって「京大新聞」でエゴサーチをしています．SNSで議論になっているものを掘り下げてほしいという要望があり，事実はどうなのかを調べることが多いです．解体される建物の歴史を書いたときは時間をかけて調べたので，読者が「初めて知った」とSNSで反応してくれたことがうれしかった．学内に警察が入った記事への関心は高いです．投書が来たはいいけれど，文体と分量の点で，掲載するかが議論になるこ

とがよくあります.

　想定読者は，現役学生，OB，保護者，受験生，学内の問題に関心のある人，近隣の飲食店など，だれが読んでいるかわからない．顔は見えない，声が聴けないという読者ばかりという．定期購読者は定収入源になっていてありがたいそうだ.

　現在は，ウエブサイトの紙面に情報提供フォームを公開し，調査・取材の希望は読者がリクエストできるようになっている．月2回の発行で，1日と16日は前日に徹夜もあり，校正，レイアウト等，パソコンで行ってメールで印刷所に送っている．ルールブックのようなマニュアルはあるが編集方針が明文化されているわけではない．大学新聞同士の大学間交換も行っていて，休んでいたところが復刊するなど，コロナ後の動きがある.

　大学とは，毎年数千人単位で入れ替わるという住宅街にとっては「暴力装置」．しかし，取材やバイトで好意的な協力があり，大学新聞は地域的なつながりに志向性が強く，京大と有機的なつながりがある人々との関わりを感じて，生きる力をいただいているという実感がある.

　　　大学の寮と自治会は大学新聞の源泉かもしれない．これらがなくなったら，僕らは何を取材するのだろう.

② 新入生歓迎号に学内の植物図鑑

　医学部3回生のR.Mは，福岡の出身，しかし中高のラサール高校，現在の京都大学といずれにも両親が自宅を移してきたという．母校には大病院の息子や代々医者などがいて，彼自身は裕福ではないという自覚だそうだ．医師の資格を得ても，文章を書くのが好きなので，両方できるといいと思っている.

　高校のときに，東大には修学旅行で行くが，京大に個人で京都観光に来て京都大学新聞を手に入れた．みかんの販売所のように屋外に無人販売所で売っていて，「防犯とか大丈夫なのか」とおもしろかったという.

　ビジネスや企業就職では，人間関係や出世競争はとても苦手であろうと親が見て，専門職で生計を立てるような将来を描いていたのだろう．6年で国家試験，それまでに4，5年に病院研修，全国共通の予備試験があるが，大学新聞

記者と両立できると思っているそうだ.

京大新聞の取材は担当企画で「京大構内の植物」秋編と春編を出した. NHK
の連続テレビドラマ「らんまん」が牧野富太郎をモデルに放送されていた時期
だったからかと思いきや, 彼はそのドラマを知らなかった. この「植物企画」
は, 編集会議で学びやメッセージがないと指摘された. 新聞はニュースを報じ
るものだが, 植物企画はわかりやすいデータや事実が見えず, 普遍的なものを
感じさせにくいということか.

テレビ離れでスマホのみになっている学生の生活が, 脈略やストーリー
に関係なく消費されてしまう. 新聞のいいところは, 政治力学や出来事の
流れとは別の個人のパーソナルな部分を伝えることもできるところ. 日常
的な生活に忙殺されて, タスクをこなすことで充実してはいるが, スキル
は上がっても成長にはつながっていないと思う. 将来のための計算を強い
られるのは嫌いではないが, 京大医学部入学を達成して憧れていたゴール
が, 人間性と学力を並行させて完成させることにつながっていないと思う.
未知の病気への恐怖や患者への寛容性は, 受験勉強では身につかない. 入
学したばかりで, 人間的に魅力のある人は多数派ではなく, そういう人に
なかなか会えない.

読書を積んで, 新聞をつくっているような人の考えがどんなものなのか
同じ学生としてディスカッションしたいと思っていた. 自分に有利なほう
にではなく, フラットに建設的に話を進めていく人とか, 意外にそういう
人は少ないと思う. 普通に当たり前のこととかがどのくらいできるのか,
少なくとも京大新聞にはそういう完成度の高い人が多くて, 日々驚かされ
る. ひとつのテーマで話し合ったとき, 意見を交わしたときに, それって
こういうことだよね, とか, 補足や反論がすごく面白い. 知識や情報量だ
けでは測れない, 魅力のある人がたくさんいた. 珍しく集まっている. ジェ
ンダー企画を進めているなかでとても感じる. (後述)「どうなることをゴー
ルにしたいのか」を話していると, 自分と他人の違いを意識して, 個の,
マイノリティの意識, 自分は少数派だという認識, 生きにくさみたいなも
のを感じていないと, 疑問に思う機会がないからだ. 自分と他人の境界や

オリジナリティを意識して，寛容性などの意識を女性は醸成するのかも．職場を考える機会になっているのかも．でも，ちょっと違うとも言われる．世にいう男性的なふるまいをしないから，逆に「この人とはわかりあえない」と思われることもあるかもしれない．

医者の信頼が，すごい研修や手術を成功させたという戦績で評価されて決まることに違和感がある．それで人の優劣を決める価値観が身についてしまうと，誠実さのようなものを共有できなくて，そうだよね，と一蹴されてしまう．自分はそういうことに共感できるようにしていたい．そういう人が，京大新聞にはいます，います，います．

集団に溶け込んで，規範に順応しているだけで，達成や成功と勘違いしている人が多くないだろうか．731部隊について負の歴史として授業で今は語られるが，今後「そんなことはなかった」といいかねない「集団」に対する恐怖が自分のなかにある．自分の思ったことを簡単に翻すような，帰属している多数派にいようとする，みんなと同じであろうとする考え方に疑問を感じる．

大多数の大学生が大学に入学したあとも同調圧力の強い教室のなかで沈黙しながら過ごす．彼ならそこに違和感を感じるであろうことはとても大切なことではないだろうか．民主主義の遠心力は教室のなかで強く働く．京大新聞には，個人を大切にする文化がある．彼は「京大構内の植物研究」の価値を次のように説明する．

植物研究会の「死なない植物に惹かれて」というインタビューでは，「個体の境界や生死の境目が曖昧な，概念としての植物のあり方に惹かれる」と述べる人に会った．孤独を感じがちだけれど，多数派に帰属して全体行動に陶酔することよりも，個として生きる植物の在り方，植物とのコミュニケーションに魅力を感じることに安らぎを感じるという．団体に加担することでだれかを傷つけるよりも，植物を見る余裕が必要なのではないか，と．

信号待ちのときに植物に気づいて「計算を止める」瞬間があっていいのでは，というのが企画の意図なんです．損得を考えない．コンクリートにするとき，「ここに生えていたハナミズキはどうなるんだ」といっぱいいっ

ぱいにならない，一矢報いたい感覚があってほしい．新入生への先輩から
の贈り物企画です．

　村上春樹の「壁と卵」で卵側に立つというのを覚えていますか．ぼくは
選挙には全部行くんです．有権者には測れない公約があるが，大事な価値
観だと思い，壁が正しかったとしても，卵に入れる，ぼくの投票の基準で
す．

③学生が隣人学生を伝える意義　紙へのこだわり，AI への抵抗

　法学部2回生のS.N は高校時代，教室に毎号届いていた東京大学生新聞一
面のスポーツ記事のおもしろさに影響を受けた．政治を学びたかったが，今は
刑法，罪刑法定主義の解釈に興味関心がある．学生記者が楽しくて仕方がない
という朗らかさがあふれる．

　今の京大生がどうしているのか，1 人の学生を取材紹介するシリーズ「京大
知伝」を担当している．最近は，よさこいサークル17代目の代表を1時間半以
上，1000字程度，丁寧に話を聞き紹介し，躍動感のある写真も撮影した．1 人
でも多く聞きたい．囲碁サークルの総長賞を受賞した農学部の女子，馬術部の
主将，学生新聞の意義は，まさに京大のいまを知って伝えること，青春真っ盛
りの魅力的な学生を探すこと．研究室の活動をプレスリリースから掘り出すこ
とにもやりがいを感じる．一般紙のひと欄もネットで毎日読むが，隣人として
学生自身が1000字の分量で伝えることはあまり見かけない．

　京大新聞の100年史の勉強会をしている．『権力にアカンベエ』を読むと，か
つての学生がいかに政治に興味があったのかを知り，現代の学生とは違うなと
思うのだという．倫理綱領などはないが，勉強会では客観的に書くことに力を
入れようとしている．支持政党はそれぞれあっても，取材編集の段階では客観
的になっているし，母集団が絞りにくく，「京大生の支持政党」などはよく求
められるし，記事にしてみたいがなかなか難しいと考えている．

　国立大学の新聞がなくなりつつある．大学から独立し法人化した東京大学新
聞と交流する予定はある．京大は大学から離れて独立性を保とうとしているが，
法人として独立していない．卒業アルバムの営業を引き受け，それで経済的に
成り立つようになった．かつては就職情報の営業で経営を持続させていた．顧

間の先生がおられるのかを尋ねると見かけたことがないという．信頼され放任
されているように伺えた．

　　誇りは「レイアウト」．日本で一番読みやすいと胸を張れる．紙だから
　　いい，紙としての新聞の実感がある．デジタル移行しつつ，紙だからこそ
　　のレイアウターとしてのプライドを持ち続けたい．ウリにさえしている．
　　AIが記事を書くような時代が来ても，ちゃんと取材して，声を聞いて，
　　実際の話を聴いて，話し手の熱量を汲み取って頭悩ませて書くことはAI
　　にはできない．そこはまだ人間の領域だと思う．

　編集会議は自由で今の雰囲気は上回生が配慮してくれて，話がしやすい．編
集長はいないし，修士先輩のY.Mさんは「おせっかい係」を自任して，うま
く世代交代していこうとしてくれている．

④ 民主主義を作る世話役院生

　京都生まれの京都育ち，地元公立高校から進学，文学研究科メディア研究専
攻2回生のY.M．自転車で移動する．今回インタビューをした学生のなかで
ただ1人，奨学金を得，大阪の放送局でアルバイトをしながら，京都大学新聞
社の「お世話役」(自他称)を務める．今回の筆者の「若者と民主主義」調査の
依頼に，学生記者と卒業生をコーディネイトしてくれた．

　研究者志望ではないが，京都大学新聞100年を修士論文の研究テーマとし，
その時点に在籍し，執筆するために休学し，修了を先送りした．

　　京都大学新聞については意外にも先行研究はないので，だからこそやり
　　たい．周辺の大学新聞はなくなっているものも多い．修士論文と『100年
　　史』を作りたい．65周年史は，手記など歴史をまとめたもの，「ほんまに
　　そうなんかな」ということも調べなおして，残りの35年を付け足したい．

　下級生が頼りにする「まとめ役」だが，高校時代からサッカーと新聞を掛け
持ち．無料で新入生に配るのを見たとき，入った大学の立て看板をめぐって全
然知らなかった撤去の背景が詳しく書かれた記事を読み，新聞社のBOXに見
学に行った．

普段新聞を読んでいるわけでもなかった人がふらっと行って大丈夫かと結構ビビッて行ってみたら，無茶苦茶意識高い感じなわけでもなく，人も少なかったし，居ても大丈夫そうだなと．邪魔にされない，ようこそという感じでもない．新入生を迎える団体がそんなんで大丈夫かという感じ，みんなが自然体で，ある意味淡々とし，案内してくれた上回生の人も優しかった．1回生は僕だけ．悪い意味じゃなくて，いても大丈夫と思えた．

テレビというものの概念が変わってきているのではないか，とそんな感じで卒論を書いたが，不完全燃焼．テレビは誰にも興味を持ってもらいやすいけれど，広すぎて自分にしかできないとは思わなかった．行き詰まりがあってぎりぎりになって2週間で書いてしまった．

進学して（研究が）厳しいかなと思ったときに新聞の部室で，100周年が「そろそろやな」ということになって，自分で研究もやってみたいと思った．

実践者として，メディア研究をしていたのはY. Mだけだった．

同窓会みたいな組織（インテル会）があって，それが2年に1回懇親会みたいなことをやっていて，コロナで長くやっていなかったが，久しぶりに今年（2023年）の6月にやることになっているので，いろんな方にお話が聞けるかなと思っていた．研究の対象は抽象的ではなく，ベースは実際の紙面を見ること．

一番興味があるのは読者の受け止め方だが，調べようもない．時代時代にどういう役割を果たそうとしてきたのか，どういう立ち位置を自覚していたかを紙面から読み取り，そのふたつの特殊性と普遍性を明らかにしたい．十分珍しい新聞だと直感的にはわかるのだが，どう珍しいメディアなのか．一般紙とか，新聞全般と比較して，京大に限らず大学生全体のメディア事情という文脈と照らし合わせて明らかにできるかもしれない．

編集長はいないという体制は『65年史』で読んだ．実質的には編集長にあたるポストはある，権限ではなく「リーダーっぽく」編集長を置いていたと思うが，1970年ころから合議制だった．輪番制というか大本（おおもと）に責任を負うというかたちに変えたというイメージだ．今は，責任者

第 7 章　創刊100年に聴く大学新聞現役学生記者たちのジャーナリズム観　*111*

ということばすら微妙なくらい，責任を負うという感覚もなく，「みんな
でやっていく」という感じだ．合議制ということになりますかね，ひとり
おかないとニュースのネタ，会議進行，スケジュール管理，印刷会社との
連絡，締め切りなのでそろそろなど，実務的にひとり，輪番で，デスクと
呼んでいるんですが，編集長的な，でも決定権を持っているというのでは
ない．権限というより，窓口．

　理由は書いていないが，1960年，演説と投票で編集長の選挙をした，という
コラムがあったという．1970年1500号特集号あたりで，編集長体制が廃止され，
「全会一致，みんなが納得したら」という決め方になった．
　彼はその理由を推測する．それはおそらく思想の偏りを避けたかったのであ
ろうと．多少は，責任者の意向が働いて，テーマやネタを選ぶことも考えられ
るからだ．

　　このころには闘争的な動きは収束し，「全国的な党派組織は模索の時期
　に入り」という記述があり，たまたま生き残った京大新聞が結集と交流の
　場所になったという書き方になっていました．闘争・編集という生活スタ
　イルが新しい編集員を育てず，新陳代謝ができないという判断があったの
　かもしれません．団体の運営を考えたときに，いろんな人がやったほうが
　持続できるということになったのではないか．それを踏襲してきている現
　在の体制です．

　そこに今は，Ｙ.Ｍがいて，下級生の記者たちがのびのびと活動できている．
　経済的には副業，広告を探しながら自立しようと稼いでいた．そのあと受験
生向けの小冊子，受験産業全盛の「はしり」で，のちに300ページものとして
1970年には商業出版紙にもなったという．しかしそこから重厚な卒業アルバム
で収入減を得ていった．浮き沈みがありながら，自立を模索していたのだそう
だ．
　広告は減っているが，編集員は絶えず入って来ており，記事を書きながらの
営業担当，アルバム担当などの役職をこなしつつ，5，6人いれば安泰で，今
は何とか回せている．

読者の反応を知る手がかりが欲しいという．どんなテーマを扱うか，京大新聞で扱う意味があるか，無視された声がないかどうかを編集会議では確認していきたい．

⑤ ジェンダーとジャーナリズム

　文学部4年のM. Yは，東京の女子進学校から北大法学部を経て，本来の目標である京大に来た．しかし，政治的なものには目を向けたくなかったのだという．京大に対してステレオタイプな「党派性のある左巻き」のイメージを持っていたが，Zoom で開催された新歓で彼女が出会ったのは，「すごく普通の上級生たち」だった．

　　「人と交差するのが大学」と思い，京大新聞に来てみるとこの年，コロナでやることがなく，人数が少ないのに「めちゃくちゃ働いていて，プロフェッショナルっぽく，ちゃんと回っていた」．忙しいのが好きで文章を書くというアウトプットできる場所を求めていたからオンラインで配信された小説家森見登美彦と藤原辰史先生（新聞社現顧問）の対談の紹介記事をまずまとめた．モラトリアムでデカダンな学生生活に憧れていたから，映画評やエッセイを書くなど個人的な関心で書くことが多かった．

　ところが彼女に分岐点が訪れる．「京大の保健診療所が無くなった」のだ．それまで学内の社会的なことについて記事を書いていなかった．

　　メンタルで苦しんでいる学生が神経科がなくなって治療を続けられなくなったり，抗議署名運動も起きていたので，ただのニュース取材記事ではなく，患者当事者が行う「京大の保健診療所を守る会」の抗議活動の流れも聞き，「京大のメンタルヘルスを問う」とのテーマで取材し，困っている学生のために他の学部の診療所の紹介記事も書いた．

　個人的な関心，京大コミュニティの見知らぬ学友や自治への関心が顕われたのか，事態をなんとか変えたいというM. Yの弱い他者を配慮する活動・感情が現れた．大学生新聞という場が彼女を成長させたのか，もともとあった関心が「保健診療所廃止」の事件で顕在化したのか，記事を書くことで社会を動か

そうとしたのか，このテーマについて語る M. Y の表情は輝いたように思えた．

　　記事の反応や影響を読者から受けられなかった．ツイッターのコメント
　やリツイートはひとつのバロメーターだとしても，求めている反応ではな
　い．SNS の反応は，「サメ映画特集」を書いたときのリツイート数が一番
　多く，「クレイジーさが京大っぽい」と思う人は「規範から逸脱した記事
　が一番跳ねる」．SNS は中身の評価ではなく，保健診療所に関する記事で
　は，大学の社会を動かしたという実感が持てなかった．

ジェンダーのテーマで東大新聞がよく書いていて，京大でも必要だと思うが，
学生比率が男性約 8 割というジェンダーバランスから入っていく総量的なアプ
ローチの議論では，女子学生の生きづらさが伝わらないのではないかと感じて
いるという．

　　制度的なものはもう平等だし，男子学生も配慮できる人が増えた．飲み
　会での男子学生の男子校的なホモソーシャルでマスキュリンなノリについ
　ていけない，女子高からの私たちの居心地の悪さを書くほうがしっくりく
　る．男子の多い場に行くときの，女性が考えるべき To do list のほうが実
　態の悩みを伝えることができるのでは．

大学内の教室から離れた場所にあるトイレは確かに女性には怖いが，それを
明言することで男子学生が性的加害者になりうることを念頭に置いていると思
われるのも不本意なのだそうだ．

　ただ，これまで取り組んだジェンダー企画で「女子学生史」を調べたときは，
京大新聞の女子学生が本当に少数であったときの具体的な記事のほうが役立っ
たという．彼女は「私たちが日々感じている，切ったら血の出るような，その
人が迫られた立場，状況の記事にこそ説得力がある」のだとわかったそうだ．
彼女はそれをジャーナリズムとは思っていないが，これは「ケア」の倫理に沿
うジャーナリズムではないか．近年，ネオリベラリズムへの反論として，フェ
ビアンヌ・ブルジェール [2013] が「人間は傷つきやすく，ひとりでは生きて
いくことができないため，人との関係，他人への依存を必要とする」と述べた，
人間の弱さ・脆弱性への配慮のことである．

（2）コミュニティ「京大」への愛着

インターネットを介したコミュニケーションや情報収集が可能になった記者たちは，視野も幅広く，紙面に現れる表現もとても多様でユニークである．一時代前の先輩記者たちの口にする抵抗・闘争・当局などの語群は記録メモには見当たらない．インタビューの目的を説明したところ，筆者の「民主主義」「ジャーナリズム」等の調査キーワードに対し，冒頭に紹介した次のように少し厳しいまなざしを向けていた．

「わたしたちにはジャーナリズムという感覚があまりない」「左巻きの思想じゃない」「運動とは距離がある」「エリート意識を持たないで欲しい」「政治性はばらばら」

平成に入り，学生の代表や編集長は置かず，合議制で取材テーマを決定し，話し合いで作業するためか，言葉の端々から，優しい関係性が伺える．学内の動植物にも丹念に目を向ける．主義・イズム・党派性からは，明らかに距離を取ろうとしている．

一方で書かれた紙面，記事には，立て看板（タテカン）訴訟問題や吉田寮，熊野寮問題など，脅かされがちな「表現の自由」「自由な学風」への心配が表れている．大学のコミュニティ，学友への「社会的絆」の確認が伺われ，日本の社会や政治情勢より，地域社会，隣人，手元・足元をしっかり見つめているように思われる．それが好ましいと感じられるのは，警察や文部科学省，産業界など学外からの介入，序列，支配に組み込まれることに抵抗を示し，学問・研究の自治・自立が尊重されないことや権力的な抑圧を排除しようとしている点である．しかし，筆者のような外部研究者に対しては排他的ではなく，調査について協力を尽くしてくれた．来るものを拒まない懐の深さも感じた．

ひとりひとりを大切に思う「民主主義」は，記者ひとりひとりにも，京都大学新聞社にも，とてもやさしい配慮の中に存在している．

第4節　卒業した元記者たちへのインタビュー

世話役を務めるY.Mは，100周年の連載にあたり，卒業生組織「インテル会」と連絡をとっており，その際，筆者にも連絡が取れるように近郊在住の6

名の OB を紹介してくれた．興味深いコメントを多く得る機会となったが紙面の関係で圧縮しての報告となる．最高齢の梶宏（1934年生）は，連載中の「京大新聞の百年」の題字の筆をとった．梶は「あの頃は西陣地域を訪ね貧困を問う住民ヒアリングをしていた．飢餓を経験した経験があって，反戦，平和，アナーキーをモットーに取材した．今の学生，アナーキーわかるかなあ」彼の背後には2025年万博に異議を唱えるポスターが張られている．高度成長期の京都大学新聞は読む気にならなかったというが，現役学生記者を責めているわけでもない．「京大生はそんなにおかしくなってない」と学生記者たちを思い浮かべ目を細めている．

彼が紹介してくれた垣口弥生子（1948年生）は「あのころは社会を明日にでも変えられると思っていたけれど，今はちょっとずつ，ちょっとずつよね」と，バリケードで閉鎖されて授業がなかったころを思い出してくれた．雑賀恵子（1958年生）は「あのころは，管理社会や監視社会への抵抗もあって，おもろいかおもろないかが大事だった」と，有名な学者が来訪した話題を置いて，壁面に大きなキリンを書いたことを話題にしたら全国の大学から注目された．「大学に拠点を持つ全国紙の姿勢だった．（若者たちが投票に行かないことについて）こんな時代にしたのは私たちだよね」．

原田敏（1948年生）は，このころからセクトや党派性から距離を置いて広告を企業からとることに腐心していた学生時代を思い出す．いかに一般学生に読んでもらうか，今の学生が直面する問題を書いて，応援してやってほしいという．定年後，民生委員として地域福祉にかかわる立場から意見をいただいた．

新聞記者の岩本敏朗（1969年生）「大学は新しい文化をつくるところ，24時間出入りのできる BOX で文化の担い手が育つ雰囲気がある」と励ます．

村尾卓志（1970年生）も新聞記者，「学内で起きていることに批判をぶつけ，矢野事件では弱い立場の人たちによって立ちハラスメントを告発した．そして吉田寮生を常に応援した．NPO や NGO の活動が活発になったころで，端緒の動きを取り上げてきた．新聞業界は衰退しているのに，京大の新聞は何であんなに元気なのだろう」と喜ぶ．

第5節 「ケアの民主主義」への求心力としての大学生新聞

OBたちから現在の京都大学新聞に不満そうな声が聴かれない．「まじめだなあ」と温かく微笑むばかりである．この後輩たちを育もうとするまなざしは，編集を陰日向に見守りつつ，責任を負い続けた入山雄一[1]の存在や，100年を縦につないだOB組織「インテル会」[2]のネットワークが土台にある．

歴代の記者たちがそれぞれの異なる思想や社会的背景，政治的立場を持ちながら，後輩たちの間をつないできたことが伺われる．このような後見の世話役やつながりが，権力やコロナにより脆弱なものとなった大学新聞を「コミュニティ新聞」として豊かなものにしていることがわかった．

学生記者たちは，小さなコミュニティ紙の持続可能性を気づかい，新入生たちの人間関係を思いやり学友たちの活躍に目を配り，AIに抗う．世話係のような存在を務め，編集会議では企画に無視された声がないか確認し，記者たちの居場所としてのBOXを守る．メンタルヘルスで病む学生に心を寄せ，女子学生の生きづらさを心配しながら取材する．大学生新聞の記者たちは学生生活の現場から弱い立場の学生を追いつめる支配力を批判しているのである．優しい学生記者たちは，「弱いものいじめをしないこと」という京都大学新聞の3原則の1つを素敵に受けとめている．「ケアの倫理」は，OB，地域社会，歴代の大学教職員が伝え続けている大学生新聞の倫理でもあったのだ．

大学経営（運営）者や教職員，広告出稿者らと対等に向かい合い，紙面がそれらの影響を受けずに執筆できることが大学新聞に関わる学生自身の言論表現の自由であり，それが浸食されていないことが求められている．大学新聞における若者の責任あるジャーナリズム活動や言論の自由が[3]，彼らの民主主義観の形成に大きく関与している．すなわち，大学新聞の在り方は，学生たちにとって民主主義への遠心力にも求心力にもなりうるのではないだろうか．弱い立場の学友や受験生，地域や新入生に配慮した「ケア」の倫理[4]が創設100年を迎える大学新聞の「優しいケアの民主主義」への求心力となっていた．

注

1 ）故入山雄一については長沼節夫により「京大新聞と歩いて五十年」がまとめられている［京都大学新聞史編集委員会編 1990：183-227］.
2 ）インテルとは凸版印刷において「活字の組版に使う，行間に挟む鉛の板という意味. 様々な厚みを持つ板で，行間の空き量を調節するためなどに用いられる.」
3 ）広く社会に目を向けると，少子化にあり受験生獲得競争を背景に，現在大学法人自身の発信活動は非常に活発である．とりわけ私立大学においては広報につながる発信を支援することには力が注がれている．しかしそれらと大学新聞のジャーナリズムは全く切り分けられることは論を待たない.
4 ）自由主義的倫理に基づくジャーナリズムを「ケアの倫理」に並行させて論じた林香里［2011］はその後東京大学新聞社の理事長を務めた.

参考文献

京都大学新聞社編［1985］『口笛と軍靴——天皇制ファシズムの相貌』社会評論社.
京都大学新聞史編集委員会編［1990］『権力にアカンベエ！』草思社.
京都大学新聞社『復刻版京都大学新聞』一〜六，富士出版.
林番里［2011］『〈オンナ・コドモ〉のジャーナリズム——ケアの倫理とともに』岩波書店.
ブルジェール，F.［2011］『ケアの倫理——ネオリベラリズムへの反論』（原山哲・山下えり子訳），白水社（文庫クセジュ）.

（松浦 さと子）

第8章

統治構造の変容と若者の政治参加

第1節 日本における若者の政治参加の現状

　2015年6月に公職選挙法が改正され，選挙権年齢が18歳に引き下げられた．これを契機に生徒や学生に対する「政治参加意識の促進や周知啓発」が課題として浮上する．総務省・文部科学省は，『私たちが拓く日本の未来——有権者として求められる力を身に付けるために』という補助教材を作成し，これに基づき各学校を中心に「投票の方法や選挙の仕組みを学ぶ授業」や，模擬選挙といった実践的な試みが「主権者教育」としてなされることになる．

　だが，これらの試みが成功したとは言い難い．例えば，2022年参議院選挙では，10代の投票率は34.49％，20代の投票率は33.39％で，全体の投票率52.05％と比して著しく低い．2022年参議院選挙後に行われた公益財団法人「明るい選挙推進協会」による全国意識調査は，棄権をした人に「投票に行かなかったのは，なぜか」と問うている．それによると，18歳〜20歳代で最も多かったのが，「選挙にあまり関心がなかったから」(48.1％)，次いで「政党の政策や候補者の人物像など，違いがよく分からなかったから」(37.0％) で，これらの理由は年齢の上昇とともに比率は低下している[1]．また，2022年4月に発表された「明るい選挙推進協会」による「若い有権者の政治・選挙に関する意識調査 (第4回)」では，2009年の若者 (18歳〜29歳) の政治意識と2021年のそれとの経年変化を見ることができる．そこには，「国と地方の政治にどの程度関心があるか」を尋ねたものがあり，「非常に関心がある」と「ある程度関心がある」の合計比率が57％ (2009) から50％ (2021) へと減少している一方，「全然関心がない」と「あまり関心がない」の合計比率は，39％ (2009) から46％ (2021) に増加して

いることが示されている.日本の若者の政治への関心は,明らかに低減している.

石田徹は,R. S. ファオとY. モンクによる「若者世代の民主主義への不満は『しらけ』(apathy)か『反感』(antipathy)か」という問いに依拠し,日本の若者について「投票率の低さや政党支持なし層の多さを見ればやはり『しらけ』が進んでいる,つまり政府の正統性への疑念が深まっていると捉えることも可能である」[石田 2024:194]と述べている.若者の生活改善に対応できない既存の政治エリートに幻滅している若者層も確かに存在しようが,先ほどの「選挙にあまり関心がなかった」「政党の政策や候補者の人物像など,違いがよく分からなかった」という声からすると,そもそも選挙や政治に対するネガティブな印象から政治を忌避し,政党や政策の違いについて分かろうともしない層も存在するように思われる.

さてもう1つ,諸外国との比較も確認しておきたい.2024年4月に発表された日本財団による「18歳意識調査:第62回——国や社会に対する意識(6カ国調査)——」は,日本,アメリカ,イギリス,中国,韓国,インドの6カ国の17歳〜19歳を対象に調査したものである.そこでは,「政治や選挙,社会問題について関心がある」「政治や選挙,社会問題について,自分の考えを持っている」「政治選挙社会問題について家族や友人と議論することがある」「政治や選挙,社会問題について,積極的に情報を集めている」といった全ての項目で日本は6カ国中最下位である.とりわけ筆者は,日本の若者において,政治や選挙・社会問題について「関心がある」が56.5%で,「自分の考えを持っている」が53.5%という,その著しい低さに着目したい.「主権者教育」は,政治や社会の問題に関心を促しておらず,自身の考えを持つよう促してもいないようである.

筆者は,教育についてこれまで,「教育は特定の価値を教え込んだり推奨する場ではない.むしろそれは許されない」としつつ,「誰もが個人としての価値なりを保持しようとしないところでは,権力の命令や指示,マスメディアの誘導,あるいは周囲の動きに抵抗できないのみならず,容易に流されてしまう」ことから,「それぞれが自分の価値を持とうとするよう促すことは教育において必要なことだ」と主張してきた[奥野 2022:102].若者の政治参加を問題に

する本章においても，この立場から議論を進めたい．

　以下，政治への自身の考えを持つためにも，政治的熟議が必要なことを確認する．若者の政治的熟議を可能とするには，教育のみならず若者を取り巻くSNSといったメディア環境の検討も不可欠であろう．だが本章では，1990年代以降の日本における統治構造の変容が，国民の熟議を促さない，むしろ阻害する方向へと体系的に改変されてきたのではないかという仮説のもと，「政治改革」と「行政改革」を扱う．これらは一言でいうと，日本の民主主義が選挙を通じての政権選択にばかり関心を注ぐ「選挙至上主義」と化しており，国会での議論や国民間での日常的な政治的議論が軽視される傾向にあるということである．もちろん，この問題は若者に限らず全世代にいえることであるが，若者は他世代に比べ政治的経験に乏しく，政治的立場を形成していない可能性が高いだけに，外部環境の影響を受けやすく，政治や政治家に対する印象やイメージが先行しがちとなろう．統治構造の変容の影響を最も受けやすいのも若者であろう．本章では，「熟議」をキー概念として1990年代以降の統治構造の変容を検討し，憲法論の課題について提起することとする．

第2節　熟議民主主義への「控えめな期待」

（1）政治的会話の可能性と限界

　社会学者の横山智哉は，「『政治の話』はデモクラシーの資本たりうるか」という問いについて，親密圏でなされる政治的会話と，ミニ・パブリックスなど公共圏でなされる政治的議論とに分けて実証分析を行っている．本章での関心から，政治的会話に関する横山の知見を確認する．第一に，政治的会話の有する特性について，「人々は親密圏で政治的会話を交わすことにほとんど抵抗を感じていない」「人々は主に親密他者と何らかの感情を共有したいという，会話行為それ自体を目的とする自己充足的な動機に基づき政治的会話を交わしている」ことを明らかにしている．それゆえ，横山は「政治の話は身近な人とせず，タブーである」との通説を批判する［横山 2023：33以下］．

　では，政治的会話の効果はどうであろうか．横山は，「民主政が円滑に機能するためには，十分な政治知識に基づいた政治参加に加え，自身とは異なる他

者が政治参加を行うことを許容する政治的寛容性という，不可分の関係にある両要素が必要となる」[横山 2023：1] との理解を出発点とする．そこで第二に，政治的会話は政治参加を促進するのかが問われる．横山は，政治的会話を通じて，特に政治関心の低い人々がそれを「ヒューリスティクスとして活用することで，効率的に政治知識を獲得していること」と，「政治的会話は政治に対する心理的距離を縮めることで，最終的には地域の問題解決のために他者と共同する政治活動や公職者等への個人的な接触を含む統治政治参加を促進すること」を明らかにし，「人々が日常生活で交わす会話には民主政への貢献可能性が含まれる」と主張する [横山 2023：211以下]．もっとも，政治的会話は「選挙や政治に関する集会への出席」といった「選挙政治参加」を直接的に促進しないと指摘する [横山 2023：148]．第三は，政治的寛容性への効果であるが，横山は，親密圏で交わす政治的会話には異質な情報接触への接触機会が含まれていることから，「政治的寛容性を高める機会が存在する」としている [横山 2023：213]．

　政治的会話の民主政への貢献可能性を，横山が実証的に示したことは重要である．だが政治的会話が，政治的知識量を増加させ，自己と政治的アリーナに対する心理的距離を縮めること，そして政治的寛容性を高めることが示されたとしても，政治や社会に対する自分の考えを持つところまで至っているかは検証されておらず，そもそも横山の問題意識の射程外であったのかもしれない．筆者の重視する政治や社会に対する自分の考えを持つとは，自身の主体性を獲得することである．

（2）政治的意思形成の必要性

　選挙における若者の主体性という問題では，2024年7月7日投開票の東京都知事選挙は注目に値する．この選挙で，既存政党の推薦や支持を受けることなく，また政治的主張を明確にするわけでもない，石丸伸二氏が約165万票を得て2位となった．ジャーナリストの津田大介は，「ウェブの力で，政治が動く現象が起きた」とし，「テレビの影響力の衰退と，ユーチューブの伸長，メディア状況の変化も石丸氏の勢いを支えた」という．津田によると，「ネット空間の言論は，相手を論破するような内容が人気コンテンツ」で，「既存の政治勢力やメディアを攻撃する構図」を作り出して喝采を浴びるという．石丸氏を支

持する若者には自民党も立憲民主党も共産党も旧態依然とした既存の政治勢力に映ったのであろう．この選挙のある出口調査では，20歳代以下の若者の4割以上が石丸氏を支持したという．10〜20歳代の「Z世代」の調査を行っている藤田結子は，「Z世代の最も切実な関心事は，将来不安の大きいこの国でいかに稼いで暮らしていくか」であり，「格差是正だ，平等だ，少子化対策だ，という訴えは，目下の悩みとかけ離れていて，『は？』というのが正直な感想ではないか」と指摘する．

　いずれにしろ，政策や政治的主張とは異なる次元で，石丸氏は若者から支持されたのである．筆者には，この都知事選をあたかもショーやゲームのごとく消費の対象として参加し関わった有権者が一定数存在したように思われる．これなど，政治への主体的参加とは到底言えない．かつてから政治参加における「認識的誤謬」という問題は存在し，その要因と対応策の究明がなされてきた．憲法学の領域でも，例えば本秀紀は，「『格差社会』と呼ばれるような状況下においてすら，格差を生み出している構造と人びとの意識（主観）とが結びつかないのはなぜか」と問いかけ，1980年代以降のグルーバル化の加速度的進展に注目する．すなわち，一方で社会の「断片化」「多元化」の進行により客観的な階級状況は分裂し差異化し，また消費産業やメディア産業の影響によって覆い隠され，他方で多国籍資本に有利な立地点を確保するため政策選択の余地が狭隘化するとともに，あらゆる社会関係が「市場化」「商品化」されていることを指摘している［本 2012：209以下］．その結果，多くの国民は個々の客観的利害を意識することなく，それゆえそれを前提とした主体的意思の形成がなされず，当然その表明も歪んだ形となる．

　筆者も，2005年の「郵政選挙」を典型例として，例えば当時の小泉純一郎首相が「郵便局の仕事は公務員でなければできないのか」と公務員を既得権者と設定することで，権力が支持を調達することがあると分析した［奥野 2008：54］．筆者は，「『貧困』など国民の生活苦が下敷きとしてあって，そこに権力がメディアと一体となって『敵』を設定することにより，国民の意思形成に『屈折』を生み出す」と指摘したのである［奥野 2008：54以下］．小泉政権時の主たるメディアはテレビであったが，今日ではSNSがテレビに代わりつつあり，それらは大量の直近情報をコンパクトにかつ情緒的に流通させることから，かえって中

長期的かつ広い視野から冷静に物事を考える機会と能力を失わせる可能性がある．SNS が活用された2024年東京都知事選挙での「石丸現象」は，「認識的誤謬」以前のところで，そもそも政治参加とは異なる投票行動がなされた結果といえるであろう．改めて，政治的意思形成や政治的主体性の獲得を課題に据える必要がある．

（3）政治的対立を前にしての熟議

　以上のような問題意識のもと，筆者は熟議民主主義論に「控えめな期待」を寄せてきた［奥野 2011：382］．それは，合意形成や参加者の選好の変容を求めるというよりは，参加者が理由を提示して主張をする，説得をするというありふれた熟議民主主義に対してである．それでも，2つの意義があると考えてきた．第一に，説得をするには個々の論点につき，より普遍的な主張をしなければならず，熟議は理念や方向性のレベルにおいて，合意と対立の契機を創出する．このやり取りにより，合意できない場合はそれがいかなる理由によるものかを吟味することで，自らの価値や客観的利害への認識を促す．これが主体的意思形成のスタートになるのではないか．

　第二に，この熟議の過程において，参加者は互いを政治的に平等な者として扱うという相互尊重という徳を身につけなければならない．むき出しの私的利害を主張するだけでは説得にならないし，相手の理解を得るためには他者の主張に耳を傾け，自分の利益以外にも関心を払うという公共的精神を促進すると考える．

　そのうえで，個々人の政治的意思形成を促すためには，政治的対立を直視することが重要ではなかろうか．例えば，岸田文雄政権以降進められている「安全保障政策の大転換」をめぐっては，今後日本は国際社会にどのように向き合うべきかといった長期的な理念に始まり，憲法9条や日米関係を今後どうするのか，この大転換が国内や周辺諸国にどのような影響をあたえるのかといった争点をめぐって，賛成派と反対派との対立が示される必要がある．国民各自の熟議は，示された政治的対立をもとになされるはずである．それゆえ，まずは国会にて政治的対立を示し，それに対する立場を議員や政党が示す．もちろん主たる場は国会論戦においてであるが，それに限らずマスメディアやインター

ネット，SNS，さらには演説会や個別の課題に取り組む各種の運動の場などで示され，それに対する国民からの支持や反論，疑問や要望といった反応とそれに対する応答といったプロセスが重要だと考える．このプロセスを通じて，国民は個々の政策とその背後にある客観的利害や価値との関係を考察し，主体的意思形成に寄与するものと思われる．

憲法43条1項は，「両議院は，全国民を代表する選挙された議員でこれを組織する」と定める．この規定を中心に従来の憲法学の代表論は，民意の反映のあり方や有権者と代表者のつながりの強弱を主たる問題関心とし，民意を固定的なものととらえてきた．その意味で，代表制論は静態的な議論であった．それに対し筆者は，代表制論に熟議という動態的・プロセス的な視点を加え，国民の意思形成を促すことも国民代表の役割だと考える．それゆえ，国民代表で構成される国会には，政治的対立を国民に可視化する役割があると主張したい．だが，その役割を担えなくしてきたのが，1990年代以降の「政治改革」「行政改革」といった統治構造の変容であろう．以下，議論をこの点に移したい．

第3節　1990年代前半の「政治改革」

(1)「政治改革」の2つの目的

1988年6月，リクルート事件という大スキャンダルが新聞報道されてから政治腐敗が日本社会にて大きな問題となった．1992年8月には東京佐川急便事件も起こり，「政治改革」が喫緊の課題となる．他方でこの時期，冷戦が終結して国際秩序が流動化するとともに，経済成長の時代が終わり従来型の利益を分配する政治はもはや不可能となっていた．

従来型の政治手法を象徴するものとして，1970年代に確立した自民党の事前審査制度がある．これは，官僚の作成した法律案が閣議決定される前に自民党政務調査会の各部会に示され，自民党「族議員」の注文や批判を受けるというもので，法案の実質審議のごとく業界や地域の利益を調整していたのである．大山礼子は，「事前審査は，与党議員の影響力を増大させ，内閣のリーダーシップを曖昧にすると同時に，国会審議を変質させた」という．すなわち，法案審査は与党議員の間で事実上終わっているため，国会審議は「政府・与党の連合

軍に対して野党が挑むかたち」となり，テレビ中継の行われる委員会審査は，野党にとって「有権者の目の前で内閣法案の問題点を指摘し，存在をアピールする機会」となった．そして，本会議は「委員会での結論を承認するだけの儀式になってし」まったというのである［大山 2011：86以下］．たしかに，国会にて実質審議がなされず，また利益の配分に終始する政治が健全とは言えない．だが，野党の存在により，国会での対立点が何かを国民に可視化する役割は果たしていたように思われる．

　さて，このような利益を調整する政治ではなく，ときに果断な政策変更を行って国益を追求するためには，強力なリーダーシップが必要だという声があがる．そこで，「多額の政治資金の調達をしいられる政治のしくみ」そのものが政治問題の根底にあるとして，選挙制度改革が提案されるようになる．「もともと政界浄化を目的として沸き上がった政治改革運動に，新たな意味づけと推進力を与えていくことになる」と評されている［境家 2023：160］．

　戦後日本の衆議院の選挙制度は，長らく１つの選挙区から３名ないし５名の当選者を出す中選挙区制が採られてきたが，この制度では，自民党内の「同士討ち」をもたらし，政策本位ではなく個人本位の選挙となり政治腐敗につながる，と喧伝された．また，有権者の政権選択が強調され，政権交代可能な二大政党制というイギリス型議会がモデルとされ，国民が選択したとの口実で内閣総理大臣のリーダーシップの強化が目指されるようになる．

（2）小選挙区制と政党助成制度

　1993年６月，宮澤喜一内閣に対する内閣不信任案は，自民党内から多くの造反が出て賛成多数で可決され，７月の衆議院選挙を経て，細川護熙を首相とする非自民の連立政権が樹立される．ここに，いわゆる「55年体制」が終結する．細川政権の下，1994年に小選挙区制に比重を置いた小選挙区比例代表並立制と政党助成制度が導入される．公認候補を１人しか擁立できない小選挙区制では，公認権をもつ党執行部が議員の生殺与奪権と政党助成金の配分権を握ることから，党執行部の統制力を強めることになる．

　この時期，日本ではかつて支持政党をもっていたがそれを捨てたという「脱政党層」が増えたとされる．日本新党の結成，自民党から新生党とさきがけの

分裂，非自民連立政権の樹立，「自社さ」政権の樹立といった政党の合従連衡を目にした有権者は支持政党を見捨てたということであろう．その後，政界再編が落ち着き二大政党化が進んでも，それら二大政党は「雑多な勢力を内部に抱え，凝縮性を欠き，両党間の違いが見えにくい」ことから，無党派層の割合は高止まりを続ける．このように分析する中北浩爾は，政治改革は「凝縮性を欠く二大政党制を生み出す一方で，二大政党の集権制を高めた」［中北 2012：128以下］と指摘する．

　小選挙区制に対しては，民意を正確に反映しない，国民の熟議を妨げるという批判も可能であろう．小選挙区制の下では，国民から相対的多数の支持しか得ていない政党が大半の議席数を占めるということもあるため，国民多数から支持されていない政策が強行されることもある．また，小選挙区制は 1 人しか選出しないため，政治的少数派を国会から排除することになり，どうしても政治的争点や見解を限られたものにする．さらに当選を目指す候補者は自ずと「無難な」あるいは「好感度の得られそうな」場当たり的な主張をするようになり，政策論よりも目立つことを主眼とした選挙戦術が採られ，選挙でも政策や政治的価値をめぐる論争を後景に退かせる．結果として，国民の政治的熟議を促すどころか妨げる．

　次いで，政党助成制度についてである．この制度も憲法上の論点は多岐にわたるが，本章の問題関心に限定して指摘する．政党助成制度の導入により，多くの政党や議員が，財政面で国庫に依存するようになる．そのため，政党や議員が，党員を増やしたり個人献金を集めるといった努力が不要となり，議員と国民のつながり，ひいてはそれを通じての熟議の機会を逸することになる．「政治改革」を契機とした，全体的な党員・後援会会員・支持団体構成員の激減，無党派層の増大は利益政治を縮減させた面もあるが，議員と国民との直接的な接点も縮小させたといえる．また，この制度では 5 人以上の国会議員がいる政治団体に交付金が支給されるため，政治的立場の対立とは無関係に政治家の都合で政党の分裂や設立が繰り返されることとなり，国民にとってますます，政党政治を分かりにくくしたといえる．

第4節　1990年代後半以降の「行政改革」

　1990年代半ば，大震災やバブル崩壊後の経済危機などに対し，政府が機能的に対応できていないという声が生じる．橋本龍太郎首相は，1996年11月の所信表明演説，そして1997年1月の施政方針演説で，行政，財政構造，社会保障構造，経済構造，金融システム，それに教育を加えた「六つの改革」の推進を表明する．1997年12月の行政改革会議の「最終報告」は，戦後型行政の問題点として，政策企画部門の硬直性，実施部門の非効率性，各省庁の縦割り等による全体調整機能不全などを指摘し，改革の方向性として，総合性，戦略性，機動性，透明性，効率性，簡素性をあげている．そして，総合性・戦略性の確保という観点から，総合調整力の向上などを目指して官邸・内閣機能の思い切った強化を図ること，縦割りを超越するため中央省庁の行政目的別大括り再編成と相互提言システムを導入するよう提言する．また，官主導から政治主導へというかけ声のもと，政官関係の再編がめざされる．

　このようななか，1999年に内閣法を改正して，「内閣総理大臣は，内閣の重要政策に関する基本方針その他の案件を発議することができる」と加えるとともに，内閣総理大臣の活動を補佐・支援するため内閣官房を強化し総合戦略機能を担わせる．また，内閣府設置法を制定して内閣に内閣府を置くことで，内閣の総合戦略機能の補佐・支援体制を強化し，内閣府の下に経済財政諮問会議などが設置される．2001年には，中央省庁が再編されその数はほぼ半減される．さらに2014年には，国家安全保障局が設置されるとともに，公務員の幹部人事を一元的に内閣が管理するため，内閣人事局が設置されるなど公務員制度改革も行われる．

　「政治改革」に始まる，1990年代以降の動きにつき，只野雅人は，「政権選択にあまりに比重を置いた議論」，「選挙だけの民主主義」だとし，「『政治』を過度に単純化した」と問題にする［只野 2021：52］．「選挙至上主義」あるいは「交代可能な独裁制」とも称される日本の「選挙民主主義」のもとでは，国政の基本方針が首相主導・官邸主導で決定される．そのため，国会審議が軽視され，国会による行政の民主的統制を弱めるとともに，国政の基本問題について国民

の関心を惹起せず，そもそも国民的熟議の論題にすらならないこともある．憲法学からは，「日本国憲法が想定しているのは，『交代可能な独裁制』などではなく，何よりもまず，議会の責任追及に対し，内閣が明確かつ誠実に説明，答弁を行うという議院内閣制のあり方である」[春山 2020：334] との指摘がなされている．

第5節　「選挙至上主義」がもたらした弊害

（1）首相・官邸主導のあらわれとしての閣議決定

　「選挙至上主義」のもと，首相・官邸主導の政治が顕著なまでに遂行されているのが，安全保障をめぐってであろう．とりわけ，2022年12月に岸田文雄政権が「国家安全保障戦略」(以下，「戦略」) などいわゆる「安保三文書」を閣議決定して以来，「安全保障政策の大転換」が推進されている．だが，国民の関心は極めて低い[5]．その最大の理由は，そもそも国会で論じられていないからであろう．2023年1月，岸田首相は施政方針演説で，「政治とは，慎重な議論と検討を重ね，その上に決断し，その決断について，国会の場に集まった国民の代表が議論をし，最終的に実行に移す，そうした営みです」と語っている．決断するのは政府で，国会はそれについて議論をして了承しろといわんばかりの，「国権の最高機関」(憲法41条) たる国会を軽んじる，重大な一節である．「戦略」についていえば，2013年に設置された国家安全保障会議で審議され，さらに閣議決定されたものを，法律案や予算案の審議に際して国会で論じられ了承されたらよい，ということであろう．

　しかし，このような官邸主導の決定手続きには，二重の意味で法的問題があるように思われる．第一に，たしかに国家安全保障会議の所掌事務には，国家安全保障会議設置法2条11号にて，「国家安全保障に関する外交政策，防衛政策及び経済政策の基本方針ならびにこれらの政策に関する重要事項」についての審議が定められている．だが，2022年「戦略」でも経済が強調されているが，初めての「戦略」である2013年「戦略」では，技術・情報・教育・研究といった軍事以外の領域について，しかも例えば「我が国と郷土を愛する心を養う」といった個々の国民の人権にかかわる問題を含む極めて広範な領域について定

められている．「戦略」を踏まえて重要土地調査規制法のように立法化された
ものもあるが，指針の変更等により行政内部で処理されているものもある．「戦
略」は，「安全保障」を名目とした「巨大な『１つの政策体系』」[城野 2023：48
以下] となっているが，果たしてこのような政策体系を内閣が閣議決定で定め
ることができるのか，という問題である．第二に，「戦略」が保持するとする
反撃能力は，これまで憲法上保持できないとされてきた敵基地攻撃能力であり，
憲法違反の疑いが強い．このような憲法上疑義のある問題につき憲法論をス
キップする形で閣議決定にて対応することの法的問題である．これは，2014年
に安倍晋三内閣が閣議決定により憲法９条解釈を変更し集団的自衛権の行使に
道を開いた問題と通ずる[6]．「国会等における議論の積み重ねを経て確立され定
着しているような解釈については，政府がこれを基本的に変更することは困難
である[7]」とされるなか，岸田政権は，敵基地攻撃能力の保有は違憲でないとの
前提で，内閣法制局の審査も受けることなく憲法論を欠いた閣議決定を強行し
たのである[8]．

　このような法的問題を抱えながらの閣議決定により，国会では実質審議がな
されることなく，法律案や予算案は「数の力」で通っていった．これまで日本
国民は，安全保障問題については，悲惨な戦争体験に照らして比較的敏感に反
応してきた．だが戦後80年近くが経過し，教育等を通じてもその継承が難しく
なるなか，若者を中心に戦争への反応が鈍くなっている．加えて，「ウクライ
ナ戦争」や，中国や朝鮮民主主義人民共和国の日本に対する「挑発的な」動き
が報じられ，政府によって「我が国は戦後最も厳しく複雑な安全保障環境に直
面している」と喧伝されるなら，「日本も軍事力の増強が必要」との意識が広
がるのも自然なことかもしれない．ここではやはり，正確な情報を前提に軍事
力を増強することの問題性を含むその是非について，一人ひとりが熟議する機
会を持つことが不可欠なはずである．そのような機会を提供するのが，国会で
の野党による批判とそれへの政府の応答という実質審議と，それを補完するメ
ディア報道ではなかろうか．しかし，国会での実質審議がないところでは，国
民にとっての話題にすらなることなく，政治の場で決されているのである．

（2）官邸主導政治と「選挙至上主義」がもたらした数々の政治スキャンダル

2012年に発足した安倍長期政権下では，権力の濫用といわざるをえないスキャンダルが頻発した．森友学園問題での財務省による決算文書の改ざん，厚労省による裁量労働制に関するデータの捏造，法務省による失踪した外国人技能実習生からの聴取票の集計結果の捏造など，政権による脅しか，「全体の奉仕者」（憲法15条）たる公務員による政権への「忖度」か，一部公務員が「政権の奉仕者」と化していったのである．元山健が主張するように，「安倍政権にその『完成形』をみた首相主導・官邸主導の政治は，90年代からの政治・行政改革の成果である『内閣機能強化』の帰結であるとともに，党幹部・総裁に権限と資金を集中させた『選挙制度改革＝小選挙区制』と組み合わされることによって成立したもの」［元山 2024：261］といえよう．

2022年以降，旧統一協会と自民党との関係が問題となった．旧統一協会のような組織が選挙にて大きな役割を果たしていたことが明らかになった．また，河井克行氏や柿沢未途氏といった自民党の有力政治家が買収で有罪判決を受けており，自民党の候補者はカネを使って選挙で票集めをしているのではないか，という疑念を抱かせた．さらに，2023年12月以降の自民党派閥のパーティ券裏金問題である．政治資金収支報告書に記載されていないカネが何に使われていたのか，選挙で用いられてはいなかったか，解明されるべき最重要問題の1つであろう．

2024年にも，自民党政治家が選挙区内で違法に香典を配布していたことが問題になるなど，選挙に勝つためには「何でもあり」といえる振る舞いが散見される．これらは，小選挙区制でかつ投票率の低い状況下で，政治家に選挙に勝つことのみに力を注がせる「選挙至上主義」の弊害の1つであろう．

政治に対するイメージが先行しがちな若者は，「政治というと，不正などスキャンダルをめぐる問題ばかり」「国会や政治報道は，不正問題の追及と批判ばかり」などと，政治に対しネガティブな印象を抱いていることであろう．官邸主導政治と「選挙至上主義」が，日本の民主主義を後退させ，それが若者をはじめとする国民の政治への無力感や政治に対する忌避感を生むという悪循環に陥っているといえる．

第6節 「国会中心」構想の憲法論の再興

　1999年の内閣法の改正により，「内閣は，国民主権の理念にのっとり……職権を行う」（1条1項）と定められ，内閣の基盤が国民にあることが明らかにされた．かつてより，日本国憲法の想定する統治構造が「国会中心」か「内閣中心」か，という点をめぐって論じられてきたが，改正内閣法は内閣が主権者である国民の意思を反映するとの理解のもと，「内閣中心」に立脚することを明示したといえよう．これは，重大なことである．

　国会が反映するのは野党を支持する少数派を含む全国民の意思であるのに対し，内閣が反映するのは国会（衆議院）の多数派，すなわち与党支持者の意思である．本秀紀が指摘するように，憲法学の「『国民主権／国民代表』論におけるその含意を客観的にとらえると，『少数派』を含めた全ての国民意思が同時的に国政へと反映されるべきことが前提とされているはずである」［本 2012：126］．「内閣中心」構想のいう国民主権は，少数派の意思を切り捨てたところに存在する．

　政治的立場を確立していない可能性の高い若者は，政治的重要問題をめぐる対立を直視することで政治的意思形成が促されるという本章の認識からすると，対立，そこではときに妥協がはかられ，ときに物別れに終わることも含め，そのやり取りが可視化されることが重要なのである．この役割は，「全国民の代表」機関である国会しか果たせない．

　さらに対立を強調する本章からすると，少数派・野党の存在こそ重要となる．まず少数派の意思も国会に公正に反映されなければならず，小選挙区制を中心とする現行の選挙制度は再考されなければならない．また，日本国憲法には少数派を尊重する規定がおかれている．例えば憲法53条は「内閣は，国会の臨時会の召集を決定することができる．いづれかの議院の総議員の4分の1以上の要求があれば，内閣は，その召集を決定しなければならない」と定めている．総議員の4分の1以上による臨時国会召集要求権というのは，国会における少数派を尊重したものである．だがとりわけ近年，安倍内閣や菅義偉内閣によって，野党からの正式な臨時国会の召集要求を無視するという事態が生じた．も

ちろんこれらは，憲法53条の趣旨に反するものであるがそれにとどまらず，蟻川恒正が言うように「法の存在など自分たちの権力の前では何ほどのものでもないとする態度の露頭」[蟻川 2023：42] といえる．官邸主導政治の行きつくところは，少数派どころか法の存在すら眼中にない政治なのである．たしかに，「政権交代が機能していれば，多数党と反対党との間に立場の交換可能性が生まれることで，双方の間で合理的な運用のルールが形成されること」[只野 2022：34] が期待されたであろう．だが，ここ10年の日本の経験を見る限り，官邸主導政治の問題性は明らかであるし，このような事態への対応策を十分講じてこなかった「内閣中心」構想も批判されなければならない．いや，憲法論として，改めて「国会中心」構想が深められなければならない．

　この見地からすると，裁判所の役割は自ずと高まる．第一に，法の支配の守護者である裁判所は，法を無視する官邸主導政治を放置するなどできないはずである．第二に，先に「戦略」のように政治部門にて憲法論が全くなされていないことを見たが，このような想定外の事態に対し，裁判所は，政治部門内での憲法適合性をめぐる議論の質を高め議論を活性化させる必要があるのではないか．「高度の政治性を有する」問題であれば裁判所は憲法判断をしないだろう，と政治部門に高を括らせてはならないのである [奥野 2024：260以下]．

　国会での議論が活発になされ，政治的争点を国民に可視化する．これこそが，若者の政治的関心と政治参加を促す正攻法であると，筆者は考える．

付記

　本章脱稿後，2024年10月27日に衆議院総選挙後が行われ，自民・公明の与党が敗北し，少数与党となった．第2次安倍政権以来，与党が数の力で押し切る国会であったが，2024年度補正予算案や政治改革関連法案をめぐって，石破茂政権は野党の主張を取り入れ合意形成を模索する動きを見せた．国会での与野党間での議論を通じて，問題を国民に可視化する効果も一定程度果たしたものと思われる．だが今回の状況は，「政治とカネ」をめぐる自民党への激しい国民的批判が衆議院選挙に激震を与えた，その産物に過ぎない．国会にて与野党が対立を含む熟議を行なえる制度が，やはり確立されなければならない．

　また，11月17日に斎藤元彦氏が当選した兵庫県知事選は，本章で述べた東京都知事選挙以上に，政治的争点とは異なる争点と次元での投票行動が多くなされたといえる．政治への主体的参加と言えないとしても，今後も増加すると思われるこのような現象について，その背景分析は必要不可欠である．

注

1）公益財団法人明るい選挙推進協会「第26回参議院議員通常選挙全国意識調査——調査結果の概要」（https://www.akaruisenkyo.or.jp/wp/wp-content/uploads/2011/07/26san.pdf，2024年8月31日閲覧）．

2）公益財団法人明るい選挙推進協会「若い有権者の政治・選挙に関する意識調査（第4回）——調査結果の概要」（https://www.akaruisenkyo.or.jp/wp/wp-content/uploads/2011/01/wakamono4th.pdf，2024年8月31日閲覧）．

3）日本財団「18歳意識調査：第62回——国や社会に対する意識（6カ国調査）」（https://www.nippon-foundation.or.jp/app/uploads/2024/03/new_pr_20240403_03.pdf，2024年8月31日閲覧）．

4）比較政治体制研究の1つであるスウェーデンのイエテボリ大学のVarieties of Democracy（V-dem）プロジェクトの最新の調査（2023年）では，日本は「自由民主主義」体制に位置づけられている（https://v-dem.net/documents/43/v-dem_dr2024_lowres.pdf，2024年8月31日閲覧）．
　　この調査では，「自由民主主義」とは異なり，自由で公正な選挙は行われているが，政治参加が低レベルであったり，司法や立法による行政へのチェックが弱い体制を「選挙民主主義」と位置付けている．本章で用いる「選挙至上主義」は，このような比較政治体制のモデルとしてではなく，昨今の日本において国民，政党・政治家が主観的に抱いている民主主義理解を指している．

5）共同通信の世論調査（2023年5月6日）では，「安全保障関連三文書」について，「あまり知らない」51％，「全く知らない」25％であった．

6）蟻川恒正は，「集団的自衛権の行使容認をめぐる一連の攻防を通じて，安倍政権は，法の要求と自らの願望とがずれているときに，自らの望む方の意味を法そのものの意味にすり替えるための技術を開発していたのである」と指摘している［蟻川 2023：36］．

7）大出峻郎内閣法制局長官，1995年11月27日参議院・宗教法人に関する特別委員会にて．

8）内閣法制局について，蟻川恒正は安倍政権下で集団的自衛権の行使容認に協力した段階で「論理」を譲ったとして「去勢された」と評している［蟻川 2023：35］．

参考文献

蟻川恒正［2023］「『解釈変更』という擬態——この10年間のこの国の政治を考える」『世界』966．

石田徹［2024］「『若者と民主主義』問題の論点整理——ポピュリズム，権威主義，保守主義と関わらせて」『龍谷大学社会科学研究年報』54．

大山礼子［2011］『日本の国会——審議する立法府へ』岩波書店．

奥野恒久［2008］「改憲・改革を受容する国民意識」，民主主義科学者協会法律部会編『改憲・改革と法——自由・平等・民主主義が支える国家・社会をめざして』日本評論社．

————［2011］「国民主権論と民主主義論——憲法論における熟議の意味と可能性」『立命館法学』333・334．

————［2019］「教育と民主主義——シティズンシップ教育の試みに触れつつ」，石田徹・

高橋進・渡辺博明編『「18歳選挙権」時代のシティズンシップ教育——日本と諸外国の経験と模索』法律文化社.

———— [2024]「統治行為論の再検討——『国民の政治的批判』に着目して」, 桐山孝信・本多滝夫・奥野恒久・的場かおり『民主主義の深化と真価——思想・実践・法』文理閣.

境家史郎 [2023]『戦後日本政治史——占領期から「ネオ55年体制」まで』中央公論新社（中公新社）.

城野一憲 [2023]「安全保障政策の『転換』と憲法変動」『憲法研究』12.

只野雅人 [2021]「政治主導の政策形成と国会——政治主導にどう向き合うか」『法の科学』52.

———— [2022]「議院内閣制をめぐる憲法問題」『法学教室』501.

津田大介 [2024]「ウェブが買えた政治の景色」『毎日新聞』7月12日.

中北浩爾 [2012]『現代日本の政党デモクラシー』岩波書店.

春山習 [2020]「議院内閣制」, 山本龍彦・横大道聡編著『憲法学の現在地——判例・学説から探求する現代的論点』日本評論社.

藤田結子 [2024]「若者から『見えた』唯一の候補」『毎日新聞』7月12日.

本秀紀 [2012]『政治的公共圏の憲法理論——民主主義憲法学の可能性』日本評論社.

元山健 [2024]「国会と内閣に関する憲法問題」, 憲法研究所・上田勝美編『21世紀の平和憲法——改憲論批判と平和・人権保障の展望』法律文化社.

横山智哉 [2023]『「政治の話」とデモクラシー——規範的効果と実証分析』有斐閣.

（奥 野 恒 久）

137

第9章 韓国定年延長をめぐる世代間対立と政治過程の混迷

第1節　韓国における定年延長の政治化

　韓国の「60歳定年制」は，まだ歴史が浅く，2012年の国会審議を経て2013年に「雇用上の年齢差別禁止および高齢者雇用促進に関する法律」が改正されることで導入された．施行は段階的になされることになり，300人以上の事業所は2016年，300人未満の事業所は2017年から始まった．「55歳定年制」の採用が多かった民間企業まで法定定年制が義務化された初めての法律である．ただ，施行から8年が経過した2024年現在も，60歳定年制に対する政策効果については議論が分かれている．また，韓国も日本と同様に年金開始年齢が実質的に65歳に引き上げられているため，高齢者の所得と貧困の問題を考慮すれば，65歳への定年延長も必要であるにもかかわらず，賛否両論でその議論は進んでいない状況である．韓国も日本と同様に年功賃金制度が定着してきたため，企業は雇用延長は大きな負担となると主張するのに対し，労働者側は賃下げなしの雇用延長を主張している．そのため，労使間の利害対立は避けられない．一方，若者の雇用縮小につながるという懸念からも，定年延長は進まない状況である．

　しかし，定年延長が高齢者のみの優遇だという評価はできない．韓国の雇用慣行は，そもそも，中高齢者に優しくないものである．労働者は50代になると自分の本職の仕事から離れることを余儀なくされることが多いものの，実質的に労働市場から完全に退場する年齢は平均72.3歳である．すなわち，大多数の労働者は本職の仕事から退職した後，20年近く労働市場に留まらざるを得ない．韓国の公的年金制度は，まだ成熟しておらず，老後の所得が十分に保障されていない．1998年に改正された国民年金法で，年金受給開始年齢は定年とは無関

係に変更された。国民年金の受給開始年齢は2013年から段階的に60歳から65歳まで引き上げられることになったが，多くの企業は55歳定年制を採用していた。つまり，定年問題は単純に世代間の利害対立のような問題ではなく，劣悪な雇用と社会福祉制度全般にかかわるテーマであるにもかかわらず，若者と高齢者とが仕事を奪い合う対立的なものとして理解されるきらいがあった。結局のところ，韓国の雇用延長に関する法改正も，労働市場と社会福祉の不整合を是正するための根本的な議論がなされないまま行われた。とりわけ，公共部門では「賃金ピーク制」が強制的に導入され，これをめぐる激しい対立が生じた。

　こうした背景から，本章では以下の問いを検討することにしたい。第一に，定年延長の議論で「世代間の葛藤」言説がいかにして展開されたのか。第二に，2013年の60歳定年制の法制化の過程で，さまざまな論争があったにもかかわらず，比較的速いスピードで立法と施行が進んだ理由は何かである。

　次節で，世代をめぐる韓国の言説を整理し，第3節では，国の三者協議体である労使政委員会と国会の審議過程で，定年制に関するさまざまな議論があったにもかかわらず，なぜ比較的迅速に立法化されたか，また，政府の推進過程がどのようなものであったために，速やかな施行ができたのかを考察する。第4節では，第2・3節の60歳定年制をめぐる政策決定過程の特徴と言説構造の内容を踏まえ，定年延長が世代対立に還元される政治のメカニズムを検討する。

第2節　定年延長と世代間の対立

（1）定年制と若者に関するニュースの傾向

　まず，定年制がいつから若者の問題と結合したのか，より具体的に見てみよう。時期に関しては，1991年12月に高齢者雇用促進法が制定される直前の1990年から2023年までとする。

　図9-1によれば，高齢者雇用促進法が制定された1991年を含め，定年に関する報道は1990年代を通じて500件前後で推移している。すなわち，当時は若者や世代対立の問題と結びついた報道は極めて少なかった。1998年に「定年」関連の報道が2倍近くの1000件を超えたが，これは労働者全体の定年年齢に関する問題ではなかった。1997年のアジア通貨危機後，政府は教員の定年を65歳

第9章　韓国定年延長をめぐる世代間対立と政治過程の混迷　139

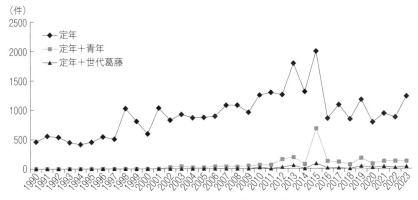

図9-1　定年と若者に関する報道

（注）代表的な全国日刊紙5社（朝鮮，中央，東亜，ハンギョレ，京郷）で「定年」と「定年＋青年」，「定年＋世代間の葛藤」で検索した結果をまとめたものである．ただし，ビックカインズには朝鮮日報は2018年1月1日からの記事しか掲載されていないため，1990～1992年はNaverニュースライブラリで，1993～2017年は朝鮮日報のホームページで検索した結果である．
（出所）韓国メディア振興財団の記事検索サイト「ビックカインズ」(www.bigkinds.or.kr，2024年6月17日閲覧)．

から62歳に大幅に引き下げる政策を実施し，関連する社会的論争を扱った報道件数が急増した．2001年に報道件数が1000件を超えたのも，同じく教員の定年と関連しているものである．当時，野党であるハンナラ党は，定年が短縮された教員の定年を1年延長して63歳にする方針を打ち出して，これが政治・社会的な論争となり，報道量が増加したのである．つまり，2001年までに定年報道が増加した理由はあくまで教員の定年問題のためであり，労働者全体の定年問題については本格的に取り上げられなかった．また，定年問題を若者失業や世代間の対立と関連付けた報道も見られなかった．

　労働者の法定定年制に関する議題がメディアで浮上したのは，2007年の大統領選挙である．民主党の鄭東泳（チョン・ドンヨン）候補が大統領選挙の公約として「60歳定年の義務化」を掲げ，これをめぐって論争が繰り広げられた．5大日刊紙だけで報道件数が1000件を超え，大統領選挙後も定年自体に関する報道件数は年1000件を超え続けるなど，社会的に重要な議題として扱われている．定年延長が若者の雇用を脅かす可能性があるという議論が始まったのもこの頃からで，「定年」が「青年」や「世代間の葛藤」とともに報道される件数が大

きく増えた時期でもある.

　特に，労使政委員会と国会で定年延長の法制化が議論された2012～2013年には，「定年」が「青年」や「世代間の葛藤」と一緒に取り上げられた報道が200～300件近くあった．それが一度減った後，定年と若者関連の報道が再び増えだしたのは2015年，政府が公共部門で賃金ピーク制を本格的に施行したためである．定年関連報道が2000件近くと爆発的に増加し，青年が一緒に言及された報道は682件，世代間の葛藤が一緒に報道された件数は95件に上った．これを過ぎると，定年報道は再び減少する．つまり，2007年を起点として，定年と若者および世代間の葛藤を扱った報道が多かった2012～2013年と2015年がそのピークと言えるだろう.

（2）「青年雇用縮小論」と世代間対立論

　定年制の議論で若者の雇用問題が争点の１つとして登場したことは，労使政委員会に「世代間共生委員会」が設置されたことからも推測できる．高齢者の定年問題を解決する会議体の名称が若者失業問題をも含むものになり，その両者の緊張関係が会議体の名前にも反映されている．しかし，議論の中心はあくまで定年制と高齢者の雇用問題にあり，実際の議論は，世代共生というよりも，定年問題が中心に展開された.

　ここでの若者という言説は，厳密に言えば，若者の失業や雇用に対処するためというよりも，定年延長の反対論として登場した側面が大きい．例えば，第５回全体会議で韓国経営者総協会が発表した「青年失業と世代間雇用の対立に関する認識調査結果」では「定年延長は企業の新規採用の減少につながり，特に大企業や公共機関など青年層が好む仕事を中心に世代間対立が深刻になると思われる」という内容が強調されている．委員会で「青年」議題が登場した理由は，労使が若者の問題に対処するためではなく，「定年延長」に反対する根拠として用いるためであった.

　この点は，第14回全体会議（2012年10月26日開催）で政労使が採択した「青年雇用促進のための労使政合意文」からも分かる．合意した５つの条項は，いずれも「努力する」「政策を講じる」などの抽象的な言葉だけが列挙されており，事実上，労使の関心は若者の問題ではなかった．一方，両者の関心事である定

年問題に関しては，労使の合意が困難なほどに一つ一つの文言で対立し，結局のところ，労使合意には至らず，「公益委員の勧告案」だけが提示された．

国会の審議過程でも若者の問題は当然に議論の的となった．雇用労働部（日本の旧労働省に相当）の次官は，若者の失業問題が依然として深刻な状況にあるなかで，定年延長は早計だと考えていると言及した[3]．また，与党セヌリ党の李宗勲（イ・ジョンフン）議員は，定年延長は自党の総選挙公約ではあったものの，「青年失業と定年延長は衝突せざるを得ない．（中略）青年失業問題が深刻な状況で，私は少し時期尚早だと思う」などの反対意見を国会の小委員会で述べた[4]．「青年」は定年延長の議論において正面から議論すべき議題ではなく，定年延長に反対する道具的な意味でのみ使われたのである．

（3）賃金ピーク制と「若年層雇用創出論」

定年問題は労使政委員会と国会の審査過程で世代問題と組み合わさって議論されたが，これがより本格的に浮上したのは，政府が公共機関で賃金ピーク制を推進してからである．

2014年12月から2015年4月まで行われた労使政委員会の議論で，政府は労働市場改革の核心的な問題として，賃金ピーク制及び賃金制度の改編を要求した．その名分は若者の雇用確保であった．朴槿恵大統領は2015年8月6日，就任後4回目の国民談話を通じ，韓国経済の再跳躍のための課題として「労働改革」の必要性を強調し，公共機関に賃金ピーク制の導入が必要だと主張した．そして，その理由として「青年雇用」を挙げたのである．朴大統領自身が事前に国務会議で「公共機関に賃金ピーク制が導入されれば，国民の追加負担なしに削減された財源で今後2年間，約8000人あまりの青年雇用が創出されるだろう」［東亜日報 2015年8月6日］と言及した．これを機に韓国経営者総協会も「すべての企業が賃金ピーク制を導入する場合，ここから発生する財源で2016年から2019年までに18万2000余の青年雇用創出が可能」と主張した．

この主張はさまざまな論争を巻き起こした．この施策が成立するためには，若年層と高齢層の失業の原因が同じで，高齢層と若年層の雇用代替効果が大きいという前提が必要となるが，この前提は現実的でない．しかも，賃金ピーク制の導入は，60歳定年制の実施に伴い，賃金負担が増えた企業の賃金コストを

削減するための手段として講じられたものであったにもかかわらず，いつの間にかそれが若者の雇用を創出するための手段にすり替えられたのである．

当時，韓国の賃金労働者の勤続年数は OECD 加盟国国中の最下位で，平均5.69年に過ぎなかった．勤続年数が10年以上の賃金労働者も20％に過ぎない．60歳定年制を保障する職場も公務員以外にはほとんどなかった．しかしながら，若者の雇用不足は，高齢層の過度な賃金のためだという認識が広まっていた．これは，サッチャリズムに見られた新自由主義による「二つの国民」戦略であるともいえる［チョヒョンヨン・金ジョンソク 2016：283-286］．すなわち，世代間の対立を通じて政権への批判をかわそうとするものであった．

「賃金ピーク制を青年雇用の財源にしよう」という言説の威力は大きかった．労働市場改革の周辺的な議題であったはずの賃金ピーク制が，まるで改革全体を代表する象徴のような存在となった．このため，朴政権が掲げた労働市場改革の核心的な内容である有期契約労働者の雇用期限延長や非正規雇用の拡大，正規労働者の解雇の簡素化，派遣業務の拡大，労働組合の同意なしでの就業規則の不利益変更など，企業寄りの政策は十分に扱われなかった．明確で鮮明な善悪の構図と，青年というキーワードは，政策推進にプラスの原動力となった．就業規則が一方的に変更されて賃金ピーク制を実施することとなった公共機関の労働組合の激しい反発はもちろん，マスコミ・学界・市民運動団体からさまざまな批判が殺到したにもかかわらず，政府は強硬な姿勢を崩さなかった．

図9-1を見ると，2016年以降も定年関連報道は1000件前後を推移し，主要なアジェンダとなっている．また，「定年」と「青年」，「世代間の葛藤」を組み合わせた報道件数も常に100〜200件近くある．少なくとも定年関連報道の1/10から1/6程度は，青年と世代間の葛藤とともにメディアに取り上げられている．2023年だけでも，定年に関する報道件数は1200件，「定年＋青年」や「定年＋世代間の葛藤」は178件に達するなど，定年をめぐる社会的関心は継続的に存在し，若者や世代間の葛藤を一緒に取り上げる報道も未だ続いている．

以上のように，韓国社会では，定年問題は世代間対立の様相を呈している．65歳定年制は結局導入されなかったものの，この過程で発生した「青年」と「世代間の葛藤」は，今後も定年延長の主要な反対の論理として動員される可能性が高い．また，公共部門での賃金ピーク制の推進過程で確認できるように，労

働市場改革のための言説においても「青年」と「世代間の葛藤」は動員されや
すく，場合によっては他の労働制度を圧倒する争点になる可能性もある．

第3節　定年延長の政治過程と特徴

　このように，定年延長は韓国社会で世代間対立が激しくなる契機となった．
どのような流れで世代間対立が深まるようになったのか，政治過程の分析から
明らかにしたい．以下では，60歳定年制の導入過程と，賃金ピーク制の導入過
程に分けて検討する．

（1）60歳定年制の変遷と政治過程

　1960年代から1990年代まで，韓国の民間企業と公共機関はそれぞれ定年制度
を導入したが，定年年齢は法的に定められてはいなかった［金ビョンスク 2003］．
本格的な定年の法制化の動きは，1987年の民主化宣言後の労働者大闘争を経て
始まった．1991年12月に高齢者雇用促進法が制定され，努力義務として「60歳
定年」が法律で明記された．

　その後，定年制に関する国会での法改正の議論は，先述した1997年の国民年
金法改正から10年を経て行われることとなった．「国民年金の受給年齢と定年
とが合わないため，勧告条項を義務化する」とし，高齢者雇用法改正案が2007
年11月7日に発議された．しかし，環境労働委員会雇用労働法案審査小委員会
の議事録では，その言及はわずか数行に過ぎない．当時の雇用労働部次官が議
員からの質問に対して財界への説得に失敗したと述べ，同小委員会の委員長が
法案廃棄を決定し，他の議員たちも特に異議を唱えなかった[5]．すなわち，国民
年金の受給年齢と定年年齢の乖離に対する問題意識は，この時点で与野党とも
にあまりなかったといえる．

　その後，労使政委員会と国会での本格的な議論は2012年に入って始まった．
2012年3月9日から2013年3月8日までの1年間，「世代間共生委員会」は，
隔週で2時間ずつ集合して会議を行った．公益委員だけが集まった会議も14回
開かれ，幹事会議も17回にわたって行われた．しかしながら，合意案は得られ
なかった．使用者側は「60歳定年義務化」を明記する場合，合意が難しいとし，

労働側は「賃金ピーク制」を受け入れられないと反発した．結局のところ，労使合意はされず，公益委員の勧告文だけが提示された．ただ，勧告文も労使双方の同意が必要なため，「定年60歳導入は避けられない」とし，「導入時期は総合的に検討する」との文言に止まった．当時，会議に参加した公益委員のうち１人は，「長い間，ずっと顔を合わせ続け，多くの努力をしてきたのは，こんなものを残すためだったのかと思った」と残念な気持ちを隠していない[6]．

　労使が参加する会議体には「世代間共生委員会」の他にも，「高齢社会人材政策フォーラム」や「中高齢の雇用フォーラム」があったものの，労使合意を目指す正式な委員会は，共生委員会のみであり，成果も見られなかった．また，法律が国会で成立した2013年３月以降，労使間の協議は８年間なかった．2021年になって「高齢社会対応研究会」が発足し，時限的に６カ月間活動した後，終了した．また2023年７月には，労使の利害関係者を除外した「超高齢社会継続雇用研究会」が発足した．このように組織が頻繁に変わる中で，労使が認識を共有し，定年延長のための議論を重ねていくことは難しかった．

　こうした労使の合意が困難な状況下で，国会での議論が進んだ理由は，2012年４月の第19代国会議員選挙で，二大政党の民主党とセヌリ党がともに「60歳定年制」を公約として掲げたからである．さらに，定年延長は同年12月に実施された大統領選挙で当選した朴槿恵候補の選挙公約でもあった．朴大統領は「雇用安定と雇用を守る」という公約項目で「60歳定年」の法制化と賃金ピーク制の同時実施を掲げた．韓国では，大統領の公約は各省庁の主な課題になるとともに，与党も主要な政策とするため，実現可能性が高い．第19代国会で定年延長と関わり発議された議案は５件にも及ぶ．与野党議員は60歳定年制を導入するため，こぞって「雇用上の年齢差別禁止および高齢者雇用促進に関する法律」の改正案を提出したのである．保守政党の議員の方がむしろ，罰金やペナルティ条項を含んだ60歳定年制を進めており，その導入自体には，野党ともに合意はあったといえる．

　ただ，定年延長に関する国会審議で，労使政委員会での協議は大きな影響力を発揮できなかった．これは，労使がこの制度をどのように受け入れ，現場で適用していくかという受容性が不透明で，迅速な制度変更があっても，現場では制度が生かされない可能性が高いことを意味する．実際に国会議事録では，

第9章　韓国定年延長をめぐる世代間対立と政治過程の混迷　*145*

労使政委員会での労使の対立が言及されることもなかった．むしろ議事録には，「社会的合意を通じて政労使がこれを作るのが一番良いが，私たちの政労使の構造では労使が合意できるほどの文化がまだ成熟していない」[7]との発言がある．つまり，定年延長は政労使の三者協議ではなく，国会を中心に決定されたのである．

したがって，労使間の調整ができなくても，与野党の意見の一致さえあれば，比較的迅速に法案が可決される可能性は高かった．実際，2012年9月18日から審議が開始され，雇用労働法案小委員会で計4回，さらに環境労働委員会の全体会議で審査を受け，国会本会議で2013年4月30日に可決された．全体会議だけで18回にわたった政労使の議論に比べれば，国会審議の回数は4回に過ぎず，協議の期間自体も，はるかに短かった．

与野党議員は，韓国の希望退職の状況が深刻であり，急激な高齢化による生産可能人口の減少や高齢者貧困の問題が深刻であることなどの問題意識をおおむね共有していた．とりわけ，1991年に高齢者雇用促進法が制定され，「60歳以上の定年制」が企業への勧告事項であったにもかかわらず，実際の退職年齢が40代後半から50代前半であることへの懸念が広がっていた．こうした状況で与野党が，努力義務ではなく，法的義務として企業に変化を促すべきと考えるようになったのである．その後は，定年延長に伴う企業負担の軽減のために，「賃金ピーク制など賃金体系改編などの条項」「60歳定年制の施行時期」「企業規模別の段階的な施行」に関する内容が主な争点となった．定年制度が「勧告」から「義務」になると，企業がこれを回避するために希望退職をこれまで以上に実施するのではないかなど，制度が雇用慣行にどのように影響するかという点や，制度変化によって全体の労働市場がどのように変化するという点は，もはや関心事とはならず，こうした考慮のないまま，国会を通過することとなった．60歳定年を法定義務化し，企業に賃金体系改編など人件費負担を軽減させれば，高齢者の勤続期間が長くなるだろうという，やや漠然とした仮定で法改正が行われたのである．

そのため，若者の雇用に関する懸念など制度導入による副作用が議論できないという限界があった．その後，国会の支援組織である立法調査処が「60歳定年制」の効果を論じる報告書を2018年に発行したものの［金暎 2018］，これを

基に国会で対策が議論されることもなかった.

　当時,「60歳定年」が, 大統領はもちろん, 与野党問わず公約として掲げられた理由は, これ以上先送りできない時代的課題だったからである. その頃, 韓国の労働者における「主要な職場からの退職年齢」は49.3歳だった. この後, 同程度の条件の職に就くのは難しいが, 40～50代は, およそ子供たちが10代半ばから20代半ばになる時期であり, 相当の教育費を負担せざるを得ない. 子供の結婚や住まいの準備まで, 親が少なからず責任を負う文化も依然として残っている. セーフティネットが不十分な状況において, 労働者がもう少し本職に留まるようにすることは, 貧困層への転落を防ぐ現実的な方法である. また, 国全体で見ると, 定年延長は高齢化で発生する各種社会問題, すなわち, 労働人口の減少, 貯蓄の減少, 年金財政の悪化, 格差拡大, 扶養費の増加などを解決する最も手近な方策にもなる. そのため, 手遅れになる前に迅速な立法を行ったことは, それなりに妥当な政策的対応であったと見ることもできる. この点では, 韓国政治の有権者の選好や世論に対する政治の反応性 (responsiveness) は高いと見るべきだろう.

　ただ, スピードが速い分, 対立や争点を解消するだけの熟議が十分に行われない問題点が生じやすい. 労使の議論は連続性がなく, 国会審議に利害関係者の意見が十分に組み上げられない. すなわち, 政策効果と副作用を把握して代案を模索する機能が脆弱となりやすいのである.

（2）賃金ピーク制の導入過程

　韓国政府は, 定年制を定着させるために, 高齢者継続雇用奨励金, 高齢者雇用支援, 中高年適合職務の高齢者奨励金など, 中小・中堅企業に雇用を促進・奨励する制度を実施した. しかし, 支援額が最大2年, 月30万ウォンでは高齢者雇用を促進するのには足りない上, 他の中小企業事業と重なっており, 執行率も低かった. その他, 中高年雇用希望センター, 生涯キャリア設計サービス, 高齢者人材銀行, 中高年キャリア型雇用などの制度もあるが, 高齢者の劣悪な雇用を改善できるほどではなかった. すなわち, 政府は企業に定年延長を強制し, そのための支援策を設けたものの, 高齢者の雇用環境を改善できるほど十分ではなかった. 特に大企業は, こうした支援策から除外されたため, 定年延

長の誘因がなかった．法施行後，一部の中小企業では高齢者の雇用拡大の効果
があったが，その裏で人件費の負担を感じた企業は，2016年の法施行前に希望
退職などの雇用調整を行っており，実は高齢者雇用自体に大きな効果はなかっ
たとする分析もある［南 2018］．

　政府は，定年延長の法制化とともに，2016年から60歳定年制が公共部門で実
施されるため，賃金ピーク制を必ず導入するとしていた．朴政権は，定年延長
は避けられないが，企業の人件費負担を減らすには賃金ピーク制の導入が必要
だという立場をとっていた．公共機関で賃金ピーク制を導入することで，民間
企業まで波及させる狙いであった．ただ，この賃金ピーク制の導入は容易では
なかった．

　朴政権は発足後，2013年から労使政委員会で「労働市場構造改善のための対
話」を進めて，2015年9月15日に政労使の妥協案を導き出した．直後に，与党
セヌリ党と政府は「労働5法案」を発表したものの，労使政委員会に参加して
いた韓国労働組合総連盟は，この案が企業寄りだと批判し，労使政委員会から
脱退した．高齢者と高所得専門職および製造業の派遣労働を拡大するための労
働者派遣法の改正，現行の2年だった有期契約労働者の雇用期限を4年まで延
長する期間制法改正案，労働時間短縮案，労災補償・失業給付の支給要件緩和
などの労働基準法・雇用保険法・労災保険法改正案などが労働5法案の主な内
容だった．雇用労働部は2016年1月22日，低成果者の解雇指針と就業規則の変
更の簡素化を発表するとともに，公共機関の成果年俸制と賃金ピーク制を導入
するように各機関に方針を伝えた．国会立法は，第19代国会での野党の反発と
第20代国会での与野党対決の構図により，事実上廃棄された［安 2025：第6章］．
政府・与党ができることは事実上，行政指針を通じた公共部門への締め付け
だった．

　これにより，313の公共機関に賃金ピーク制が導入されるようになった．こ
のようなトップダウン型の推進は，組織内で多くの対立を引き起こした．賃金
ピーク制により，中高年の賃金だけを削ることは差別行為となりかねないため，
「賃金ピーク制に適した別途の業務」を付与するようになった．しかしながら，
政府の指針に従って短期間で作られた「賃金ピーク制の適合業務」は，ほとん
どの組織で不要な業務であった．そのため，賃金ピーク制の対象になる労働者

個人の尊厳が脅かされ，疎外感を感じるなど職務満足度が低くなるとともに，組織内部でも賃金ピーク制の対象労働者が過剰人材として認識されるという悪影響が指摘された［李スギョンほか 2018：2019］．組織の実務人材は減少し，賃金ピーク制対象者以外の職員の不満も高まった．

　このように制度は労使合意なしで迅速に導入されたため，各機関の状況に応じた運用も困難だった．実際，公共機関の中にはすでに定年が延長され，60歳以上を定年とする事業所もあったが，政府が賃金ピーク制を強制したため，賃下げのみが実施されるケースもあった．また，政府系銀行は，機関の特性に合わせて定年前に名誉退職をさせ，人材の循環を促したが，賃金ピーク制の導入によって，その柔軟性が失われるようになった．

　一方，賃金ピーク制で節約した人件費で「若年者の義務雇用制」による，若年者の新規採用が進められたが，こうした新規採用による労働者の給与が賃金ピーク制によって削減された給与を超え始めた．企画財政部（日本の財務省に該当）が定めた人件費の総額に予算が縛られるため，結局のところ，手当を削減する形で対応した事業所が多くなった．これによる世代間，労働者間の対立も激しくなった．

　総額の人件費が圧迫されるようになったため，若者の新規採用は年々縮小され始めた．中央の公共機関の若者採用は2016年の4282人から2018年には1386人に縮小され，地方公企業に至っては2016年の800人から2020年には75人へと93％以上も減少した［朴ヨンチョル 2020：27］．賃金ピーク制で若者の雇用を増やすという計画は，ますます有名無実化したのである．

　政府の定年延長と賃金ピーク制の目論見は，公共部門が先導して民間企業の変化を誘導することであった．しかし，この推進方法では，民間に波及させることは困難であった．制度の導入と施行過程が急激で一方的であったため，構成員の自律性が深刻に損なわれ，その受容度が大きく低下したからである．時が経つにつれ，制度の趣旨そのものが変質してしまったといえる．

　賃金ピーク制の年齢差別的要素や労使合意の手続き上の正当性を問題視する訴訟も続いた．2022年5月には，大法院（日本の最高裁判所に該当）で初めて賃金ピーク制を無効とする判決が出され，その後も続々と裁判での争いが起こっている．銀行業界では，賃金ピーク制が「シニア労働組合」をはじめとする第2

労働組合の誕生のきっかけとなり，これらが賃金ピーク制の無効訴訟を主導しており，労使だけでなく，労働内部の対立の原因ともなっている［鄭ほか 2020：2021］

第4節 「青年」言説の手段化を超えて

　本章では，高齢者の定年延長がどのような言説として公論化され，政策化されたのかを，定年制とともに実施された公共機関の賃金ピーク制推進の政治過程とともに検討してきた．韓国の定年制に関する言説の特徴は，「青年」の利用や手段化である．定年制に反対するための論理として「青年」が動員され，既成世代の賃金削減という犠牲が「青年の雇用創出」言説にすり替えられた．若者と世代の問題は，定年延長問題と無関係ではないものの，韓国のこれをめぐる政治過程では，世代間対立が増幅され，労働市場と福祉制度全般の再構築の試みにつながらなかったのである．韓国は非常に短い期間で発展を遂げるという圧縮された近代化の過程を経験している［張 2013］．すなわち，同世代が共有している経験や文化が，他の世代と異なる可能性が高い．今の若者は，高度経済成長が終焉した後に生まれ，就職や結婚などについて前の世代よりも厳しい状況に置かれているため，世代間対立はさらに激しくする可能性がある．

　こうした環境の下で，韓国の政策決定過程は制度変化の迅速性を重視してきた．定年延長をはじめとする労働市場政策は，法律のみによって決定されるわけではなく，労働協約という労使交渉の結果によっても影響される．労使が新しい法律をどのように受け入れ，現場で適用させるのかも重要である．しかしながら，労使間の定年延長議論は1年間行われたものの合意に至らず，公益委員の勧告文だけが提示され，委員会は終了した．国会の審議期間は，これよりも短かった．労使の合意が形成されないまま，国会審議のみで立法化された．企業の負担を軽減するよう支援措置が導入されたものの，その支援策が十分でなかったため，企業は施行前に構造調整で高齢労働者の早期退職に走ることになった．政府はまた，定年延長とともに指針を作り，公共機関での賃金ピーク制を1〜2年以内に実施しようとした．内部の激しい対立が生じたにもかかわらず，政府は企画財政部の予算などを理由に，すべての組織に一律的な制度を

短期間で導入した．このような断片的で急激な改革は，世代間対立論に拍車を
かける要因となった．

定年制は，韓国の労働市場とセーフティネットをめぐる複合的な問題である
にもかかわらず，雇用関係の問題を世代論で取り扱うことによって，「青年（非
正規雇用，弱者）vs 高齢者（正規雇用，既得権益）」という鮮明な善悪の構図が形成
された．こうした環境下において定年延長は大きな反対に直面することになる．
したがって，政権が迅速な政策推進を好むほど，議論は単純化され，労働市場
と福祉制度を総合的に改革することはできなくなるだろう．結局，韓国の定年
延長問題は，生産と再分配の問題を，総合的に解決すべき重要な問題であるに
もかかわらず，対立を増幅させ，世代間・階層間の争いを生むゼロサムゲーム
となってしまった．

今後も韓国においては，社会問題を扱う過程で，利害関係者の長期的な合意
よりも，当面の危機を解決できる迅速さが重視される可能性が高い．その過程
で，世代論が今度は，階級や階層，地域，ジェンダーなどの別な問題に置き換
えられ，単純明快な対立構図が浮上することもありうる．韓国の定年延長問題
は，長期的な社会構造の変化が必要な今日，単純な対立構図が真の問題解決に
は大きな障害となることを示唆している．

付記
　本章は，2022年度韓国「国会未来研究院」の支援によって遂行した「定年制度の政策過
程──韓国と日本の比較事例分析」の研究成果の一部である．

注
1）韓国では1973年に国民福祉年金法が制定されたが，5人以上の事業所の労働者まで拡
　大されたのは1993年で，1995年には農漁村などの地域加入者まで拡大され，1998年に
　都市地域の非賃金生活者まで含む「全国民年金」の時代が開かれた．皆年金に拡大さ
　れる過程で，制度の長期的発展のための広範な構造改革が議論され，給与率の引き下
　げ（70％から60％），最低加入期間の短縮（15年から10年）とともに受給年齢も60歳
　から65歳に引き上げられた．
2）賃金ピーク制は，年功賃金制度の慣行が強い韓国において，高齢労働者に対する企業
　の人件費負担を軽減し，その雇用延長を保証する目的で，一定以上の年齢になると，
　賃金削減が適用される制度である．
3）環境労働委員会雇用労働法案審査小委員会議事録（2012年9月18日），20頁．

4）環境労働委員会雇用労働法案審査小委員会議事録（2012年9月18日），24頁.
5）環境労働委員会雇用労働法案審査小委員会会議録（2008年2月13日），30-31頁.
6）労使政委員会に出席した公益委員のインタビュー（2022年11月18日実施）
7）環境労働委員会雇用労働法案審査小委員会会議録（2012年9月18日），35頁.

参考文献

〈邦文献〉

安周永［2025］『転換期の労働政治——多様化する就労形態と日韓労働組合の戦略』ナカニシヤ出版.

張慶燮［2013］「個人主義なき個人化——『圧縮された近代』と東アジアの曖昧な家族危機」，落合恵美子編『親密圏と公共圏の再編成——アジア近代からの問い』京都大学学術出版会.

〈韓国語文献〉

金晙［2018］『60歳以上定年義務化の立法影響分析』国会立法調査処.

南在亮［2018］「定年60歳以上義務制施行による雇用効果研究』韓国労働研究院.

朴ヨンチョル［2020］「公共機関賃金ピーク制の問題点と改善案」『公共労働フォーラム第4回テーマ——賃金ピーク制制度改善案資料集』11-45.

李スギョン・ミンヒョンジュ・ユンジェヒ［2018］「賃金ピーク制が労働者の退職態度及び準備に及ぼす効果分析——公企業を中心に」『就業進路研究』8（3），129-150頁.

李スギョン・ミンヒョンジュ［2019］「賃金ピーク労働者の退職認識研究——公企業を中心に」『韓国心理学会誌：産業及び組織』32（2），163-194頁.

鄭惠允・朴ミョンジュン・ホンジョンユン［2020］「人口高齢化と定年制度の改善方案研究』韓国労働組合総連合会中央研究院.

鄭惠允・クォンヘウォン・李ジョンス［2021］「金融圏の賃金ピーク制度の現況と定年延長方案研究』韓国労働組合中央研究院.

チョヒョンヨン・金ジョンソク［2016］「朴槿恵政府の『多元的二国民戦略』と世代葛藤——公務員年金と賃金ピーク制問題を中心に」『経済と社会』110，270-299頁.

（鄭惠允・安周永）

第10章 若者の政治参加と政府政策

第1節　参加の限界

（1）行政国家

　いつの時代も若者の声は政治に反映されにくく，その無関心を憂う声がこだまする．とはいえ，2024年の東京都都知事選や解散総選挙でも見られたように，ときとして若者の政治行動に注目が集まることもある．果たして若者と政治の距離は遠いのか，それとも近いのか．

　「政治参加」は英語で "political participation" と表記される．この言葉は，市民が政府政策の議論に参加し，その形成に関与していくありようを示している．本書は，この政治参加と若者との距離を議論している．

　そのなかにあって，若者と政治との間にはどのような距離があるといえるのか．それらはなぜ乖離するのだろうか．そしてそれらの距離はいかにして埋めうるのか．本章では少し立ち止まって，若者と政治とを媒介する「政策」に注目しながら議論してみたい．

　市民と政府政策をつなぐ経路の代表格はいうまでもなく「選挙」である．いわゆる民主主義国家では「選挙によって政策が選択される」といわれる．しかしながらこの命題は単なる理念を語っているに過ぎない．どういうことか．

　法学・政治学の分野には「行政国家」という言葉がある．この言葉は司法権・立法権・行政権という三権分立制のなかで行政権が突出する現代政府の構造的特質を表現するものである．明治維新以降の日本では，藩閥・学閥・軍閥といった官僚政治が顕著であった．戦後においてもこれらのうちの学閥が残留しながら，とくに霞ヶ関（国の行政官僚制）の存在がその他のアクター（政治，自治体，

企業）を圧倒しつづけた.

　学閥を基軸とする官僚主導が政治的に問題視されるようになり，これに対する他のアクターの存在，とくに政治主導が強調されるようになってきたのは1990年代以降のことである.

　1990年代以降の変化については，さしあたり以下のように表現できよう.

Ⅰ　政治面　官僚主導　⇔　政治主導　官僚主導に対する「政治主導」
Ⅱ　自治面　中央集権　⇔　地方自治　中央集権に対する「地方自治」
Ⅲ　経済面　経済統制　⇔　規制緩和　経済統制に対する「自由主義」

　本章の前提には，行政国家現象という言葉に象徴される，現代行政の質的・量的拡大や専門分化，行政権への立法権によるコントロールの機能不全現象が，日本において顕著であることがある．ここに，以下の2つの命題を付け加えよう.

　A　「選挙」によって議会の党派的構成が選ばれる.
　B　「政策」は行政の活動等を通じて具体化される.

　先に掲げた「選挙によって政策が選択される」という命題は，選挙を通じて議会の政策的選好が確定され，これに基づき行政活動を通じて政策が具現化されることを意味している．上記のAおよびBはこれを分解したものである．だが，この理念型は文字通り理念であって，現実の説明としては不十分なものである．ここでは，その説明として以下の3点を掲げておきたい.

（2）「選挙＝政策選択」？

　第1に，日本の中央政府で「政策」を主導する立場にあるのは首相，官邸，内閣，政務三役，各省庁の幹部公務員等である．ここで関心を寄せたいのは，こうしたアクターと有権者の関係が間接的であるという点にある．「選挙＝政策選択」の構図が現実のものとなるためには，国民が選挙で国会議員を選び，国会議員が首相を選び，首相が内閣を組織し，内閣が行政活動を制御するメカニズムが適切に作動していなければならない．だが現実にはここにいくつもの障害が立ちはだかる．例えば選挙が特定の利害関係者やメディアによって歪め

られていること，首班交代が与党内の力学によって成し遂げられていること，首班交代直後のタイミングを狙って解散総選挙が行われることなどをここに挙げておくことができる．

第2に，法律案や予算案などの「政策」の大半が行政部内において立案されているということである．例えば議員側から提起される議員立法よりも，行政内部で組み立てられた内閣提出法案（閣法）の方が現実には数として圧倒的である．また，予算案については6月の骨太の方針，8月の予算概算要求を経て財務省の査定が行われ，最終調整を経て1月の国会に提出される．その後，予算委員会が1月から3月までを通して行われるが，政府原案の大幅な組み換えが行われることはあまりない．

第3に，中央政府で作られた法律や予算などの「政策」の多くは——公共事業しかり，福祉サービスしかり，学校教育しかり——，自治体において具現化されるということである．このとき，中央政府が決めた「政策」がそのまま自治体において実施されるわけではかならずしもない．ここにはさまざま要因が絡む．例えば，首長選挙，地方議会議員の選挙，当該自治体の財政状況や財政力，当該自治体の社会的構成やこれを取り巻く環境，これまでの来歴や当該自治体の努力の積み上げ，そして補助金・交付金等の獲得状況などである．くわえてここには分権改革によって自治体が政策主体とされて四半世紀の時が経過していること，ゆえに自治体間の取組の差があることも無視できない．

以上からいえることは，「選挙によって政策が選択される」という命題はやはり理念に過ぎないものであるということである．行政の規模がいまよりもはるかに小さく中央集権が前提であった時代であればまだしも，時代状況は大きく変容している．明治初頭の三権分立がデザインされた時代とは大きく状況が異なっているのである．

それでは，「選挙によって政策が選択される」という命題に近づくためには何が必要なのだろうか．ここではさしあたり政治の機能に注目しつつ以下の3点を述べておきたい．第1に，選挙争点が明確となる必要があるということである．第2に，提示された選挙争点に政治的エネルギーが集約される必要があるということである．第3に，無党派層の投票行動（若者を含む）がその増幅効果をもつ必要があるということである．

ただし，これらの条件はそう簡単にすべてがそろうものではない．

第2節　コロナ禍とデジタル化

（1）コロナ禍

「選挙」がその意味を問われるなか，近年ではコロナ禍や社会全般のデジタル化の進展により，民主主義にさらなる疑義が突きつけられている．

まずはコロナ禍についてみておきたい．

成田［2022：52］は，コロナ禍下において「民主国家ほどコロナで人が亡くなり，2019年から20年にかけて経済の失墜も大きかった」と述べている．この言説はコロナ禍に最適化した政治体制は権威主義国家ではないかという疑念とともに拡散した[1]．

成田も引用するスウェーデンのV-Dem研究所（Gothnburg大学多様な民主主義研究所）は，毎年，民主主義を定量的計測する独特の指標を用いた分析を行っている（選挙民主主義の中核的制度，立法府と司法府の行政に対する制約，市民的自由の尊重を保証する法の支配の組み合わせ）．

同研究所は『2024年民主主義レポート——投票における民主主義の勝利と敗北』というレポートを発行しており［V-Dem Institute2024］，世界が「民主制国家」と「独裁制国家」にほぼ均等に分かれていること，2009年以降連続的に独裁制国家に住む人の割合が増加していること（地域差あり），表現の自由や選挙が弱体化していることなどを報告している．とくに，同報告書では，「政府のメディアへの検閲活動」「学術的文化的表現の自由」「ジャーナリストへの嫌がらせ」「自由で公正な選挙」などの指標が悪化する傾向にある（敗北した）ことが指摘されている．

コロナ禍に対し，各国政府の対応は危機管理モードとならざるを得なかった．コロナ禍下では，国内では10万人，世界中では1500万人を超える犠牲者を数え，経済活動も大きく停滞したからである．さらに，コロナ禍への対処に当たっては，民主的な方法論よりも権威主義的な方法論が注目を集めた．なぜなら，コロナ禍に対しては人流抑制，とくに人々の自由な行動に対する制限，感染者の綿密かつ徹底した追跡が人命尊重の観点から求めており，これに適合的であっ

第10章　若者の政治参加と政府政策　　*157*

表10-1　権威主義と民主主義

専制（権威主義）		グレーゾーン	民主制	
閉鎖的な専制	選挙をともなう専制政治		選挙民主主義	自由民主主義
複数政党による選挙なし	選挙による専制政治		複数政党による選挙	十分な選挙民主主義の実現
・表現の自由，結社の自由，自由で公正な選挙の不在	・表現の自由や結社の自由，自由で公正な選挙といった基本要件が不十分		・選挙の自由かつ公正な実施	・市民自由と法の下の平等の保護 ・司法と立法による行政の制約

（出典）V-Dem Institute［2024：15］.

たのは民主主義国家ではなかったからである．結果として権威主義的なアプローチはその有効性を示すこととなり，このことが民主主義への懐疑へとつながった[2]．

（2）デジタル化

　もう1つのデジタル化についてはどうだろうか[3]．

　デジタル化の影響のなかで民主主義との関係においてまずもって注目しておかなければならないのは選挙戦術としての利用価値である．昨今，ネットメディアの影響は無視できない．

　例えば，2024年度の東京都知事選挙では，若者の投票行動とネットメディアとの関係が注目されていた．2024東京都知事選は7月7日に投開票が行われた．東京都選挙管理委員会によれば，選挙戦には過去最多の56名が立候補し，投票率は60.62％と高く，投票結果のうち100万票を超えたのは小池百合子候補（291万8015票），石丸伸二候補（165万8363票），蓮舫候補（128万3262票）であったという．

　東京都知事選では当初，国政上の保革対立の延長線上の観測から，小池候補と蓮舫候補の一騎打ちとなることが見込まれていた．ところが，実際の投票においては石丸候補が蓮舫候補を上回り，得票数において2位に浮上した（NHK選挙WEB）．このときのNHKの出口調査では，10代・20代の40％あまりが石丸候補に投票したと答えたとされている[4]．ここで注目されていたのが，ネットの活用，とくにYouTubeやTikTokの活用であった[5]．

158　第Ⅱ部　民主主義の遠心力と求心力

　選挙でのネットメディアの活用が若者の政治行動に影響を与えるという現象は，これに限られるものではない．例えば2024年の解散総選挙においても若者の支持を国民民主党が集めていたし（その後の政局では国民民主党がキャスティングボートを握ることとなった），アメリカ大統領選挙においても，バイデン大統領の撤退によって最終盤に登場したカマラ・ハリス民主党候補とドナルド・トランプ大統領候補が激戦を繰り広げ，ネットメディア，とくにショート動画が活用されていた（大統領選の結果はトランプ大統領の勝利となった）．これらについても若者への訴求については，ネットメディアが鍵を握っていたとされている[6]．

　他方，ネットメディアによる選挙戦術に関しては，短くてインパクトのあるコンテンツが大量生産・消費される点やフェイクニースが蔓延するという点にも触れておく必要がある．そこには，ポピュリズム政治のリスクが潜むという点を多くの識者が指摘している．

第3節　空洞化する政府

（1）空洞化する政府

　ここまでの議論は「選挙によって政策が選択される」という命題の形骸化，とくにコロナ禍とデジタル化の影響によるその加速化を指摘するものであった．ここでは，さらに大きな社会構造に目を向け，中央政府のありようについて俯瞰しておきたい．

　先進諸国は20世紀の2つの世界大戦を経て大量生産・大量消費の時代を迎え，その国力を増強させてきた．先進国のみならず後発国も官僚主導型中央集権国家を構築し，主に経済面において先進諸国に追いつき追い越すことを目指してきた．日本もまた戦後の再出発からはじまり，高度経済成長期を経て先進諸国の仲間入りを果たしてきた．

　だが，1970年代以降になると先進諸国では福祉国家の見直しがいわれ，緊縮財政を目指す行政改革が論じられるようになり，日本においてもこれが政治争点となっていった．ここに冷戦の終結の影響が重なった．冷戦構造の崩壊を踏まえ，グローバリゼーションの時代を迎え，国境を越えた経済の相互作用が顕著なものとなっていった．

第10章　若者の政治参加と政府政策　*159*

こうした動向の帰結として登場したのが，「中央政府の空洞化（The Hollowing Out of the State)」[Rhodes 1994] である．「中央政府の空洞化」とは，英国の政治学者R. A. W. ローズの用語法であるが，サッチャリズム以降の英国の政治状況を表現する概念として用いられたものである．

ローズは英国の「中央政府の空洞化」について4つのポイントを指摘していた．第1に国家の正統性やサービス提供能力の減衰である．第2に公共管理改革の取組（とくにNPM（New Public Management）アプローチによるもの）の推進である．第3に公務員・政治家・市民関係の変化である．第4にEUの影響である．なお，この議論の向こう側にローズはガバナンス論議を置いていた[Rhodes 1997]．

日本の政治状況にそくして読み替えれば，「中央政府の空洞化」については英国と同様の指摘が可能である．そこへ向かう潮流としてここでは，「政府から市場へ」「政府から自治体へ」「政府から個人へ」の3つの流れに注目する．

（2）政府から市場へ：NPM

第1に「政府から市場へ」である．政府が管理する事業を市場，あるいは疑似市場での管理にゆだねるアウトソーシング方策がここには含まれる．具体的には民営化，規制緩和，PFI(Private Finance Initiative)，市場化テスト，エージェンシー化（独立行政法人化，国立大学法人化，地方独立行政法人化），委託（指定管理者制度を含む）などの改革手法がここに登場する．

これらの改革手法はNPMと呼ばれており，国境を越えて広がっている．日本ではNPMは小泉構造改革期に積極的に取り組まれ，「公共サービス改革」とも呼ばれた．これらの改革手法はいずれも，もともとは政府部門が直接的に管理していたものについて，主に政策実施のコストを引き下げること（効率化）や官製市場の打破を目的としつつ公共サービスに民間活力の導入を狙おうとして導入されたものである．

廣瀬克哉によれば，このような改革方策はいずれも，「政策目的」をそのままとしつつ，「政策手段」の変更を行うものであると説明される[廣瀬 1999]．すなわち政策目的そのものが消失するわけではなく，その提供手段（サービス提供システム）が変更されようとしているということである．

日本ではこういった改革方策の導入とともに，国家公務員数の減少が進展した．具体的な国家公務員の減員状況については，2000年に80万人を超えていたが，現在では28.7万人となっている．その減少ペースは15年で50万人以上というドラスティックなものであり，その大半は独立行政法人化，国立大学法人化，郵政民営化によるものと説明されている[7]．

（3）政府から自治体へ：分権化

　第2に，「政府から自治体へ」である．1999年には地方分権一括法が制定され，475本の法律が改正され，2000年には地方分権改革が成し遂げられた．この改革により機関委任事務は全廃され，国の包括的指揮監督権限はなくなり，自治体の事務は地方自治法上，「法定受託事務」と「自治事務」へと再編整理され，これらはいずれも自治体の事務とされているところである．この変化は「ガバメントからガバナンスへ」(from Government to Governance) とも表現されている．

　分権改革の影響は広範にわたる．自治体の事務とされた法定受託事務については，機関委任事務が廃止されたものの事実上の国の関与が残されたが，その関与については法令による根拠を要するものとされ，必要最小限度にとどまるものとされた．また，自治事務については国の通達通知が技術的助言（アドバイス）にとどまるものとされ，自治体の主体的判断の下において参酌されうるものへと再整理された．

　こうした分権改革の結果，自治体は地域が抱える諸課題について，住民とともに主体的に政策形成をなしうるものとされた．その延長線上において自治体のガバナンスのあり方を整理することを目的に，2000年代から2010年代において自治基本条例・まちづくり基本条例や議会基本条例の制定が相次いだ．

　分権改革以前は，自治体が国の方針を離れ独自の政策を議論することについては禁欲的言説もみられたが，分権改革以後は，「政策形成」「政策法務」「政策評価」といった言葉にも象徴されるように，自治体も独自の政策を議論しうるという理解が広がった．さらに，国と自治体の意見が相違する場合には，裁判のほか，国地方係争処理委員会において争うことができる制度も構築された．

　もっとも，こうした分権改革の流れに逆行する動きもみられる．2024年の地

方自治法改正においては，コロナ禍の反省を踏まえつつ，国の自治体に対する関与の特例として個別法の規定がない場合においても国が補充的指示権を行使できることとされた．この動きが再度の集権を志向するのか否かについては今後の制度運用にゆだねられる．ここではその背景として，ローズが指摘していた正統性の剥落の一端があることを指摘するにとどめたい．

（4）政府から個人へ：自助化

第3に「政府から個人へ」である．近代国家の理念の1つに，政府が個人の生命・財産（プロパティ）を保全するという考え方がある．これを具現化しているのが憲法第25条の「健康で文化的な最低限度の生活」の保障である．この条文は英国のベバリッジ報告における「ナショナル・ミニマム」の思想的影響を受けたものであるとされている．

個人のプロパティの保全については，とくに戦争，災害，社会保障や教育などが論点となる．これらのうち戦争と災害については非平時の議論，社会保障や教育などについては平時の議論となる．非平時の議論については，軍事・外交・治安維持といった近代国家の存立基盤にかかわる問題を含んでいるが，これをいかに極小化しうるのかが，近代国家に求められるテーマといって差し支えない．人々の人権や自由の基盤は，非平時においては崩壊することになるからである．

この意味において民主主義との関係で重視されなければならないのは平時の議論，すなわち社会保障や教育などの議論である．これらの政策領域をいかに拡張させることができるのかが，現代民主主義の1つのテーマであり，それを担保する理念が「ナショナル・ミニマム」である．

ただし，社会保障や教育などの拡充には経済的な担保，すなわち「財源」が必要である．この「財源」について，日本社会は深刻な課題を抱えている．ここではいくつかの指摘を残しておきたい．

第1に，社会保障や教育などの政策領域は「富の再分配」的な色彩が強いということである．「富の再分配」の前提となるのは持続的な経済発展，そしてそこからもたらされる税収増である．しかしながら日本経済は「失われた30年」ともいわれる構造的な経済停滞から脱却できていない．国・地方をあわせた長

期債務残高は先進国中最悪の水準にあり，その背景には貿易収支が構造的に赤字となりつつあることが指摘されている．さらに，少子化の影響で国内消費の水準も低迷している．中長期的な見通しのなかで，これを好転させようとする言説もみられるが，それらはいずれも希望的観測の域を出ない．

　第2に，社会保障や教育などへの財政措置については総論として抑制基調を目指す言説や制度設計が目立つということである．社会保障については介護保険制度の改革，国民健康保険や後期高齢者医療制度の議論，年金受給額や医療費の抑制などがテーマとなる．もちろん，抑制論を批判する言説も顕著である．これを象徴するのが，選挙に際しての社会保障や教育のあり方の争点化である．とくに，教育については若者の関心を集めるが，近年では学校の統廃合や大学の学費のあり方（値上げや無償化）が主要な政治争点として浮上している．

　第3に，社会保障や教育などをめぐっては，そのサービスの受益層が異なっており，社会的分断も懸念されている．これについては日本社会の人口構造，すなわち少子高齢化社会も関連している．端的にいえば高齢者層は社会保障の充実を求めがちであり，若年層は教育費の拡充を求めがちである．なお，少子化の影響や若年層の投票率の低迷も相まって，選挙では若年層向けの政策の支持については劣勢であり，このことが若年層の不満にもつながっている．もっとも，だからといって高齢者優遇の政策が展開しているわけでもない．

　こうしたなかにおいて，政府政策ではあらゆる政策領域において自助化や自己責任が強調されるようになっている．このような問題状況は，ローズがいうところの政府のサービス提供能力の減衰に当てはまる，といえそうである．

第4節　民主主義への可能性

（1）分節民主主義

　現代社会における民主主義は「選挙＝政策選択の形骸化」「コロナ禍・デジタル化」「中央政府の空洞化」という三重苦を背負う．その結節点に位置するのが「選挙」である．選挙民主主義が剥落するなか，現代民主主義の希望はいったいどこに見出せるのだろうか．

　その答えの1つとしてここで紹介しておきたいのは，松下圭一が提唱する「分

節民主主義」である［松下 1991］．「分節民主主義」とは，現代政府は中央政府のみにあらず，「自治体・国・国際機構」に分節しているではないかとするものであり，国家民主主義（national democracy）のみならず自治体レベルの地域民主主義（local democracy）や国際社会における国際民主主義（international democracy）に目を向けさせようとするものである．

　この説の重要な点は「政策」への注目にある．現代政府のパフォーマンスの良否は政策的な機能の発揮の水準によって判定される．すなわち，政府政策による社会問題の解決の程度が問われるようになっているということである．その一端については，政策評価制度の広がりとその展開において垣間見ることができる．

　政府政策のパフォーマンスを議論しようとするとき，その前提として自治体・国・国際機構のそれぞれにおいて，どのような政策を議論しうるのか，それぞれの政府の主たる職能は何か，という点が課題として浮上する．どういうことか．

　例えば自治体は，社会保障や教育などの政策領域において，具体的なサービスの提供を行う点に特徴がある．高齢者福祉，障がい者福祉，介護保険制度，医療保険制度などはいずれも自治体の責務の下で管理されている．また，そうであるがゆえに自治体間格差も顕著にみられる．教育に関していえば，教育委員会は自治体の執行機関であり，教育長・教育委員会を中心に学校教育は取り組まれている．もちろん，これらの政策領域は厚生労働省や文部科学省において補助金・交付金等の制度も構築されているが，それを使いこなす責務を負うのはあくまでも自治体側である．

　中央政府についてはどうか．中央政府において特徴的な政策領域は外交・防衛・治安維持である．とくに外交・防衛については外務省・防衛省に匹敵する組織は自治体にはみられない．治安維持については都道府県公安委員会や都道府県警本部が自治体に設置されているが，それらの上級職位は国家公務員であり，その職務内容は法律に基づく高い羈束性が特徴である．すなわちこうした政策領域のパフォーマンスについては，主に中央政府の責任が重くなる．

　国際機構についてはどうか．例えば地球環境問題，とくに気候変動問題については選挙民主主義とは相性がよくないといわれる．気候変動問題は一般的な

人々の認識力を大きく超える超長期の課題をテーマとしており，特定の地域の代表を選ぶ選挙では争点化が難しい．このため，例えば科学者による政策論議を可能とする会議体であるところの「気候変動に関する専門家会議」（IPCC：世界気象機関（WMO）や国連環境計画（UNEP）により1988年に設立された政府間組織）が設置され，専門的な議論が繰り返されている．また，専門家と市民との対話，市民意識の啓蒙を念頭においた熟議・討議民主主義や気候市民会議などの選挙を介しない新たな民主主義のあり方も模索されているところである．このほかにも国連を中心に多くの国際機関が設置され，世界的な政策テーマについて議論が重ねられている．

　要するに，「政策」を基軸とするとき，現代民主主義のあり方は，一国の選挙民主主義に局限されないという見立ても成り立つ，ということである．

（2）若者と民主主義

　自治体・国・国際機構のそれぞれの政策のあり方に注目するならば，それぞれの政府が課題としているテーマが異なることに気が付くだろう．民主主義の問題としてこれを言い換えれば，「地域民主主義」「国家民主主義」「国際民主主義」がそれぞれ別の次元で問われているということである．これが「政策」を軸に議論することの意味となる．

　ここで「中央政府の空洞化」現象を踏まえるならば，「国家民主主義」は相対化されざるを得ない．そもそも中央政府の正統性の基盤は，① 経済発展による税収増，ついで ② これを原資とする福祉政策の拡充にある．①および②が担保されえない以上，その正統性の剥落は必然となる．

　このとき，相対的に「地域民主主義」と「国際民主主義」の重要性が拡大する．とくに人々の暮らしに直結する社会保障や教育などの政策領域と結びつく「地域民主主義」については，若者の政策的関心が集りやすい政策領域である．しかし，話はそう簡単なものではない．ここでは以下の3点を指摘しておくことにしたい．

　第1に，若者の地方政治に関する関心は高くない．地方の首長選挙にしろ地方議会議員の選挙にしろ，その投票傾向は国政選挙のそれよりも低い水準にとどまる．そもそも選挙に必要な住民票について，大学に進学する若者の多くは

親元に住民票を残したままにすることも多く，このことが選挙への若者の参加を妨げていると指摘されている．もちろん制度的には不在者投票も可能であるが，投票や社会参加の経験値が低い若年層にとってはハードルが高い．

第2に，大学において地方自治や地方制度に関する専門科目を履修するなどして予備知識をえることができるならばともかく，一般に国や地方の財政状況や政策面での役割分担について，多くの若者はその現実や実態構造について十分な知識を有していない．そもそも高校までの教育課程において政治や政策に関いて学ぶ機会は限られている．法学部や政策学部の学生については他の学部の学生よりも有意に政治や政策について関心を有するという結果もみられることがその傍証になろう．もちろん，政治や政策に関する知識は社会経験のなかで積み上げられていくものであるが，ここで論点としているのは若年層の政治的経験と知識の水準である．

第3に，社会保障や教育などの政策領域については，これまでの長期にわたって高い政策的安定性が保たれてきたことを指摘しておきたい．社会保障や教育などの政策領域においては，これまでナショナル・ミニマムの担保が強調されてきた．その結果，諸外国と比較しても高い公共サービスの水準が維持されてきた．ここで留意しておきたいのが，かつての学生運動や諸外国における若者の社会運動の多くについて，これらのサービス水準の切り下げが，若者が政治や政策に関心を向ける契機となってきたということである．日本はいまだそうした状況には向き合わないでいるということなのかもしれない．

ここまでをまとめれば，若者の政治や政策に対する関心の低さは，「しらない」「わからない」「変えようとおもわない」という条件に支えられているのかもしれないということがいえるだろう．

第5節　政策と民主主義

本章では若者と民主主義の関係の希薄さを正面に据えて議論した．本章のまとめは以下の通りである．

第1に，現代の民主主義は「選挙＝政策選択の形骸化」「コロナ禍・デジタル化」「中央政府の空洞化」という三重苦を背負っているということである．

第2に，民主主義の解像度を上げるためには「政策」に注目することができるのではないかということである．本章が主張するのは，「政策」に注目するとき，民主主義は，「国家民主主義」だけではなく，「地域民主主義」や「国際民主主義」にも目を向けることができるのではないかということであった．第3に，若者が主に関心を寄せる政策領域は「地域民主主義」に含まれうるのではないかということである．社会保障や教育などの政策領域は「地域民主主義」が主要な舞台である．ただし，若者と「地域民主主義」の距離はかならずしも近いものではないかもしれない．

　政策論や民主主義の根幹にあるのは功利主義である．市民にとっての政治参加の意義は「最大多数の最大幸福」を実現するための手段価値にある．J.S.ミルがいうように，選挙民主主義における基盤もまた功利主義に求められる．ただし，人口オーナス期の縮小する社会においてその可能性を見出すのは容易なことではない．縮小する社会における民主主義の議論はそもそも難易度が高いものである．

　そうであればなおのこと，こうした時期の民主主義については，十分な意義も価値もあるということになるのではないか．それが困難な課題であること，とくにこのことが若者と民主主義との関係について顕著であることについて向きあう必要がある．

注
1）成田の根幹の主張は「若者が選挙に行って『政治参加』したくらいでは何も変わらない．」［成田 2022：5］というものであった．
2）2024年には地方自治法改正が改正され，国の「補充的指示権」（閣議決定によって個別法の規定がなくとも大臣が自治体の事務（自治事務を含む）に対し指示権を出すことができるとするもの）が創設された．これについてもコロナ禍下の反省があったと説明されていた．
3）デジタル化の特性は汎用化・パターン化にある．汎用化・パターン化により大量の作業を簡略化でき，業務効率化や情報共有が可能となる．他方，デジタル化は汎用化・パターン化できないものや解決困難な問題や対応スキームが確立されていないものについては難しい．政治はこの汎用化・パターン化されていない問題や解決困難な問題に向き合おうとするものだが，例えば少子化問題や人口減少社会問題はその典型であるだろう．
4）NHK 首都圏ナビ「東京都知事選挙 2024 X（旧 Twitter）など SNS での選挙運動は

小池氏・石丸氏・蓮舫氏はどう動いた」（7月8日）（https://www.nhk.or.jp/shutoken /articles/101/008/21/，2024年12月1日閲覧）.

5）まず，選挙戦の前半戦において，既存メディア（テレビ・新聞・雑誌）は小池候補と蓮舫候補の一騎打ちの構図を大きく取り扱っていた．石丸候補がその後のインタビューで明かしたところによれば，「残った道がネット，YouTube しかなかった」（第326回選挙ドットコムチャンネル（YouTube））という．いずれにしろ石丸候補はネット，とくに YouTube の活用にその活路を見いだした．石丸候補の選挙参謀を務めた藤川晋之助によれば，1カ所の演説を20分以内でおさめたこと，対面の演説を240回ほど重ねたこと，党派性や政策ではなく人物・人柄を訴えることとしたという（BS プライムニュース2024年7月12日報道）．また藤川は，従来選挙戦に際しては5割が「地上戦」（対面），4割が「空中戦」「（演説・マスコミ対応等），残りの1割が SNS（ネットメディア）を常識としていたところ，今後はその見直しが必要となることにも言及していた．

6）2013年の公職選挙法の改正により，インターネットを利用した選挙運動（電子メールを利用する方法を除く，HP，ブログ，SNS，動画共有サービス，動画中継サービスなど）が解禁されたが（公職選挙法第142条の3第1項），2024年の東京都知事選挙の結果は，選挙に際してのネットの活用についての可能性を示した．若者と選挙の距離がはからずも可視化されたということである．

7）なお，地方公務員の人数については，1994年にピークを迎え328万2000人であったが，約30年後の2023年には280万2000人となった．総務省によれば減少幅の主な要因は，行政改革による定数削減や採用抑制，団塊の世代の大量退職，平成の市町村合併の影響などであるとされている（総務省 HP）.

参考文献
〈邦文献〉
石橋章市朗・佐野亘・土山希美枝・南島和久［2008］『公共政策学』ミネルヴァ書房.
南島和久［2020］『政策評価の行政学――制度運用の理論と分析』晃洋書房.
成田悠輔［2022］『22世紀の民主主義――選挙はアルゴリズムになり，政治家はネコになる』SB クリエイティブ.
西尾勝［2001］『新版 行政学』有斐閣.
馬場健・南島和久編［2023］『地方自治入門』法律文化社.
廣瀬克哉［1998］「政策手段」，森田朗『行政学の基礎』岩波書店.
松下圭一［1991］『政策型思考と政治』東京大学出版会.
武藤博己監修，南島和久・堀内匠編［2024］『自治体政策学』法律文化社.

〈欧文献〉
Rhodes, R. A. W. ［1994］ "The Hollowing Out of The State : The Changing Nature of the Public Service in Britain," *Political Quarterly*, 65(2)：138-151.
───── ［1997］ *Understanding Governance : Policy Networks, Governance, Reflexibility and Accountability*, Open University Press.

V-Dem Institute［2024］*Democracy Report 2024：Democracy Winning and Losing at the Ballot*（https://v-dem.net/documents/43/v-dem_dr2024_lowres.pdf, 2024年12月1日閲覧）.

（南島和久）

第11章 民主政を支えられない「主権者教育」
——だれも排除しない自由で民主的な政治的空間の破壊

第1節 「主権者教育」の導入と問題

　2016年の18歳選挙権を認めた選挙法改正に至るまで，日本では長年，小・中・高等の学校教育において，政治に関する教育は大きく制約され事実上禁止されてきた．したがって，政治教育に関する研究の蓄積もさほど多いとは言えない．政治に関する教育を研究主題とするとき，分かりやすさのためにあえて単純に分けると，3つの分野がその対象となるであろう．第一に政治について教育の「内容」であり，第二に政治についての教育の「方法」であり，第三に政治教育の「効果」と政治参加への「影響」である．

　第一の教育内容は，何のために何をおしえるべきなのか，に関わっている．何のために政治教育を行う必要性があるのかは「何を」教えるべきなのかに直結している．日本の学校教育おいては政治教育の内容については政治制度の解説などに極めて限定されてきた．高校3年生に相当する18歳選挙権実現によって，現実の政治参加の実践的な力を視野にいれてようやく内容が広がってきている．しかしながら，この論考で問題とするように，自由で民主的な政治的空間に欠かせない，権力を批判する市民的な能力の育成はいまだに大きく内容から欠落している．

　第二に，どう教えるのか，についてである．どう教えるかは何のために何を教えるかに関わっている．近年，主権者としての能力として想定されているのは，政治制度を知っているだけではなく，政治に実践的に参加する主体として，社会的な課題の探求や政策形成のためのアクティブラーニング的な手法を含む多様な教育方法が見られるようになってきている．

第三の教育の効果や影響は，政治教育が実際の政治参加，特に投票行動にどのように影響しているのか，についての研究である．仮に投票行動にプラスの効果がある教育の個別テーマや方法を発見できれば，より実践的な政治教育の内容や方法が発展していく可能性がある．

本章は第一の問題，教育内容についての論点に焦点を当てているが，この三点は，現実には分かちがたく深く連関している．投票制度や政治制度の理解に限定し政治教育を極めて厳しく制限していた時代には，教育方法についても，実際の政治参加を促す政治意識を育てることなど想定されず，教育の効果や政治行動への影響など，まったく視野に入れることさえなかった．政治教育の実践や研究の不毛はここに大きな要因がある．

2016年以降，文科省は，政治教育を大きく制限してきた政策を転換し，総務省とともに「主権者教育」という看板を前面に打ち出し，それ以降，政治教育の実践と研究は急激な展開を見せている．しかし，そのほとんどが教育内容において，政治参加の以前になさなければならない民主政に欠かせない極めて重要な基盤，誰も排除しない自由で民主的な政治的空間の形成についての議論を欠落している．権力は情報の自由に介入し，自由で民主的な政治的空間をゆがめる傾向を強く持つ．等しく開かれているはずの政治参加さえも心もとない．人権と民主政を支える政治的空間はアプリオリ（先験的に）に存在するものではなく，市民が民主的な政治主体として，常に権力を監視しつつ形成していかなければならないものである．

このような教育の不在が，日本の政治教育の最大の問題であるが，それを最も良く表している1つが沖縄の問題を捉える政治的認識と教育内容であり，本章ではそれによって立証するものとする．民主政の基盤の崩壊という危機意識を共有し教育が変わっていくことがなければ，市民的な連帯はさらに遠のき日本の民主政の危機はより深まっていく．

第2節 「市民」を育成する教育の不在

（1）政治教育の形式的な奨励と実質的な禁止

小中学校及び高校における教育の場において，政治に関する教育の分野ほど，

第11章　民主政を支えられない「主権者教育」　*171*

戦後，一貫性がなく大きく揺れた分野は他にないと言っても過言ではない．

　そもそも，日本国憲法は，英米仏等の市民革命の思想や価値の体系，すなわち個々人の平等と自由，尊厳を，人類普遍の価値として現在のそして将来の国民に内在化することを要請している[1]．日本国憲法は，人権に至高の価値を置き，それを守るために人々は社会を作り，そして自らの権利の一部を信託する国家権力を作りだしたとしている．

　権力がその信託に違反した場合は，抵抗し権力の作り直しを実践することができるということがこの憲法を支える抵抗権及び革命権である．そのような憲法的価値の内面化と実現の能力を育てることこそが，戦後憲法の要請であり，憲法とほぼ同時に，憲法と一体のものとして策定された戦後の教育基本法の要請と考えられる．

　教育基本法1条は，教育の目的を明示しており，第一に「人格の完成」であり，第二「平和で民主的な国家及び社会の形成者の育成」である．第一の目的である「人格の完成」を文部省は，「個人の価値と尊厳との認識に基づき，人間の具えるあらゆる能力を，できる限り，しかも調和的に発展せしめること[2]」と示しており，すべての人間の尊厳こそが至高の価値とする現行憲法と一体にとなって解釈できるものであり，第二の目的である「平和で民主的国家及び社会の形成者の育成」とは，すべての人間の尊厳を保障し発展させることこそが平和で民主的な社会であり国家であり，それは「形成される」つまり作られていくものであって，作っていく主体の育成こそが教育の第二の目的であるとされるわけである．

　しかしながら，未だにこのような考え方と教育基本法の目的とする教育が十分に浸透しているとは言える状況にはない．人権保障のための市民によって権力が形成されるという憲法的価値さえも教育の現場において十分に共有されて来なかった．

　文部省は，戦後たびたび中高における教育の場において，政治を取り扱う教育について厳しく制限する通達は出してきた．例えば，昭和44年には，文部省は，通達「高等学校における政治的教養と政治的活動について」及び「学校における政治的活動の禁止に関する通知」を出し，当時の社会情勢を考慮して，授業において現実の具体的な政治的事象を扱う場合は慎重になるよう求めたも

のであった.

その根拠は，教育基本法第14条第2項「法律に定める学校は，特定の政党を支持し，又はこれに反対するための政治教育その他政治的活動をしてはならない」という条文であったが，同条1項は，「良識ある公民として必要な政治的教養は，教育上尊重されなければならない」と規定しており，主権者として参画するために必要な政治的知識や批判力などを教育において尊重することを求めており，本来ならば，学校教育においては，特定の政党や主張を支持・反対するような教育や活動を避けつつも，政治的教養を養うことが求められていると言える.

しかし，文科省においても現場においてもこの第1項は尊重されることなく，第2項に基づく要請が強調され，実質的に政治教育は禁止されるも同然のものとなったのである.

（2）「体制の選択」と教育の脱政治化

その大きな要因の1つは，冷戦のもたらした東西イデオロギーの対立が深刻化し「体制の選択」そのものが，日本の国内政治に持ち込まれ国政の最大の政治争点となり，それが自治体や教育の現場にまで激しい対立として持ち込まれるようになったためである．教育現場ではそれを回避することに腐心し結果として政治教育が後退した[3].

現行憲法は，市民革命によって明確化されてきた人権とそれを守る主体として人民の主権に基づくものであり，誰も排除されない自由な政治空間の存在と議会を主たる舞台とする多元主義的な決定過程を普遍的な政治体制としている．例えば戦後の西ドイツではこの政治体制を戦後ドイツの普遍的な体制として国民の間に深く根差すべきだという価値が共有され，否定する政党は厳格に禁止されてきた.

しかし，戦後の日本では，このような価値を否定する左右の両極の政治勢力が禁止されなかっただけではなく，体制の選択が大きな政治的争点となり，教育や学校現場においても少なからず影響を与えた．1950年以降には，いわゆる「逆コース」がはじまり，体制選択を争点とする政治から脱するという意味での脱政治化の試みが始まる．また，実際に教育の現場において脱政治化は進展

し，現実の日本の政治に対して，現行憲法を支える価値規範に基づく批判的な思考力を育成する場を喪失した．つまり，1940年代には文部省も非常に熱心であった現行憲法の価値の実現を最も重要な教育の目的とし，国民共通の規範として内面化させていくことについて極めて消極的となり，その機会も教育現場から駆逐されてしまったのである［和田 2020：331-333；児玉ほか 2016：34］．

（3）新たな政治教育の導入とその限界

　高校の就学年齢に該当する18歳選挙権の導入により，脱政治化は終焉し，政治教育は再び学校現場において取り組むべき重要な課題として浮かび上がってきた．しかし，教育の脱政治化を，さまざまな方法で強力に推進してきた文科省は，政治教育の内容，効果等に関する調査や議論，実践例の研究についての蓄積がほとんどない状態から始めなければならなかった．

　文科省のサイトには，2016年，文科省・総務省の共著とされる高校生向け主権者教育副読本「私たちが拓く日本の未来[4]」が掲載されたが，それは総務省主導（中央選挙管理委員会及び明るい選挙推進協会等）で作成されたものであって，これもまた多くの問題を抱えている．

　最大の問題は，「政治」が，「政策」と「投票」に極めて狭くされる問題である．とはいえ，投票とは，政治にかかわる人や政党，政策を選択する行為でありようやくここにきて，現実の政策内容について吟味し判断する力を育成する教育が実現する可能性が拓けた．実際の政治参加を促す政治意識を育て政治行動の基盤を作る，という目的が設定され，そのために教育内容において，公的課題の発見力，課題として共有し協働で探求し，協働で解決策を模索する政策形成力などが設定され，そのため教育方法としてアクティラーニング的手法が実践され報告されてきた．以降，政治教育の実践と研究は格段に豊富なものとなってきた．

第3節　主権者教育に不可欠な教育内容の欠如

（1）政治教育に関する教育実践と研究の限界

　さらに，近年の政治学の研究においては，政治意識と参加意識の高さが政治

的影響をもたらしうるという感覚，すなわち「政治的有効感覚」をもたらし，その高さが実際の投票行動との相関関係があると仮定されていることについて，統計的に真偽を解明する研究が増えた（例えば竹下 [2016：11-30]）．このような研究の問題は，政治教育はどのような内容を伴うべきでどのような方法の教育なのかについては主要テーマではなく，また政治参加への影響，投票行動への影響に限定されるため，教育の内容もそこに留まる．かりに政治意識と投票行動には負の相関関係があるとする研究結果の場合には，政治意識の向上を目的とする政治教育は，しない方が投票率の向上には結果として良い，ということになる．それでは，政治教育そのものの否定につながりかねない．

つまり政治教育の効果と影響の研究は，内容と方法の研究の深化にほとんど貢献することがない．さらにこのような研究が問題なのは，日本において情報の自由（言論の自由，報道の自由等）がアプリオリに確保されていて，自由で民主的な政治的空間は何の疑いもなく存在しているかの如く無批判に前提としている点である．それを市民が疑い権力を監視し統制していくことなど，政治教育の中に想定されていない．

新しく導入された政治教育とその研究は「政治参加」に焦点を置く．しかしながら，政治参加の前に，権力から自由でかつ誰も排除されない自由で民主的な政治空間があってはじめて，その中で政治参加の可能性が開かれるのである．

（2）自由で民主的な政治空間の形成

新藤宗幸は，文科省及び総務省による主権者教育副教材に対して，政治的な決定過程に参加する能力の育成，が中心であって，政治参加の前に，主権者としての教育に必要不可欠な点が欠けていると批判した [新藤 2016]．『主権者教育を問う』における新藤の主張を要約すると次のようになる．

①　現代民主制を特徴づけるのは，国家と個人，権力と自由の二項対立．国家，社会はアプリオリ（先験的）に存在するのではない．

②　「権力からの自由」は，個人が自由に行動しうる政治的空間を一定のルールによって外的抑圧から保障される法の支配，この政治空間における個人の市民的自由としての個人自治，政治空間が侵害されたとき

に抵抗する権利「抵抗権」から構成され，それが基本前提で「権力への自由」「参政権」行使の保障がある（市民的自治の憲法保障）．

③ 権力が個人の自由を侵害する法や予算を作るならばそれに抵抗する権利がある．このことを教えずに，制度の教育や模擬投票を行っても有権者であることの意義を学んだことにならない［新藤 2016：13］．

　国家及び社会はアプリオリに存在するものではない，絶えず市民が作り直しをしていくものである，という認識は重要な出発点である．さらに，個人が自由に行動しうる政治空的間を「法の支配」によって確立し，それが権力によって侵害されたときには抵抗する権利を行使できること求められ，絶えず権力の行使や政策についてはその視点から監視していく力が主権者たる市民を育成する教育に不可欠である．

　さらに，民主的な政治的空間の成立に欠かせないなのは，情報の自由が保障されていることと，誰も排除しないという公開性及び包摂性である．斎藤純一は，公開性を公共的空間が成立する重要な要素と指摘し，「国家活動がつねに『公開性』を拒もうとする強い傾向を持つ」［斎藤 2001：x］と述べている．情報へのアクセスが権力の都合の良いように制限され，また特定の人々が排除される場合は，当然ながら民主的な政治空間は成立しない．したがって，上の三つの要件に加え次の2点を自由主義的な民主主義の政治空間の形成に欠かせないものとして加えることができる．

④ 情報の自由が確立していること，特に権力に関する情報が自由かつ十分に提供されることであり，それが権力によりゆがめられるならば市民的自由も個人自治も抵抗の権利も保障されることはない．

⑤ このような空間から誰も排除されないことが民主的で公共的な空間として不可欠である［斎藤 2001：9-10］．

　上記①〜⑤の問題について，権力は常に介入し侵害する可能性がある．少数派の痛みを共有していくことは，連帯して政治的空間を守っていくために極めて重要である．人権侵害は，特定の人々を政治的決定過程から制度的あるいは非制度的に恒常的に排除する政治構造（非決定の権力または権力の二次元的見解）を

作り出すことによって固定化されることもある．民主的に選出された多数派であったとしても，特定の少数派を排除し，個人の自由を侵害する法律や予算を作ることは頻繁に起こりうるのである．それに十分に対抗するため，情報の自由を含めた市民的な権利の保障と，抵抗する権利（抵抗を学ぶ権利を含めて）が保障されない限り，民主政治の主体たりえない．

　人権問題は，主として少数派の問題であり，人種，民族，地域，出自，性別等によって等しい自由と尊厳を認められず，決定から排除される人々がいることに一因がある．人権保障の問題は，多数決に委ねられないそのような問題であり，自由で排除されない政治的空間の成立や法の支配の確立に関する民主政治を構成する土台である．そのような人々の自由と尊厳が保護されないのならば，その痛みを共有し合い回復のために市民として連帯して権力を統制していかなければならない．したがって，次の点が重要となる．

　　⑥　少数派の人権侵害の痛みを共感・共有し，権利と尊厳の回復のための
　　　　広範な市民的連帯が築かれていること[5]．

　情報の自由はそのような人権侵害を明らかにし，連帯を構築する基盤となる自由であり権利である．人権侵害の痛みを多数派の市民も含めて共有し連帯していかなければ，すべての人々への人権保障は実現できず，また，自由で民主的な政治空間の形成も不可能となる．以上の点を民主政を支える主体として内面化し，権力による人権侵害の痛みを共有し，権利を守る当事者として連帯して行動する力の習得が必要となる．

（3）自由で民主的な政治的空間の破壊

　多くの政治教育の実践や研究においては，情報の自由について何ら問うことはない．なんの疑いもなく前提にされているが，果たして日本においてその前提は十分に実現しているといえるのだろうか．らい予防法，優生保護法等の事例では，政府のみならずメディアや研究者さえも近年に至るまで何十年にもわたり適切な情報の提供を怠り放置されてきた．東日本大震災以降は，原発に関する報道統制のひどさが露呈し際立つようになっている．国境なき記者団が毎年発表する報道の自由の国際ランクでは，近年70位前後というひどい有様であ

る．

　国連人権理事会に指名された表現の自由特別報告者は，公式に日本の調査訪問を行い日本政府が情報の自由を大きく損ねている多くの問題点を指摘している[6]．その指摘について自由で民主的な政治的空間が破壊をもたらしていると思われる点に絞って説明したい．

　まず，メディアへの統制とメディアの権力におもねった自主規制，忖度の問題である．安倍政権下においては放送法を根拠にして，政府に批判的な報道番組のメインキャスターが降板させられるケースが相次いだ．特別報告者は，中立性の名目の元に報道への介入が平然と行われたことを厳しく批判している．同時に大手メディア幹部との首相主催の食事会が恒常的に行われている問題，また，各省庁，官邸など，大手報道のみに無償で便益を提供し記者会見を主催させる記者クラブ制度の問題も指摘された．このようなメディアへの直接的な介入と便益供与は，権力への自主規制や忖度に結びつく．

　第二に，教科書検定の問題である．特に社会科の教科書の記述については，たびたび問題化されてきたが，特に安倍政権下において，内閣の意向が直接教科書検定に反映される仕組みが導入され，政治的介入と統制が格段に強化された[7]．現在では，内閣の意向に従わない記述は教科書として認定されない．教科書の記述は，国家権力による少数派の人権侵害や排除の問題をとりあげない，すり替える，正統化する等々，多様な問題を内包している．

　ここでは，誰も排除しない自由で民主的な政治的空間の形成に必要な，上記①〜⑥を腐食し市民的連帯を破壊していく教科書の記述の端的な例として，「沖縄」に関する記述を取り上げる．特に戦後の施政権分離と返還における政治的決定過程からの沖縄の排除の問題はまったく触れることはない．沖縄を排除してきた歴史を隠蔽し日本の一般論を当てはめて同じ条件の元に沖縄が置かれてきたかのように描かれている．それによって，沖縄の人々の人権と尊厳の無視と決定からの排除は，教科書と学校教育によって正統化され続けている．その結果，沖縄への基地の過度の集中が，日本の政治による人権侵害の問題であり民主政の瑕疵の問題であることすら認識できないようにされている（権力の三次元的見解）．こうして国民全体での沖縄の人々の痛みの共有と市民的連帯はいまだに十分に構築されたことはない．

178　第Ⅱ部　民主主義の遠心力と求心力

第4節　問題化されない沖縄の排除[8]

（1）政治的決定からの沖縄の排除

① 憲法制定過程からの沖縄の排除

　憲法学者の古関彰一は，日本国憲法制定過程において沖縄選出の国会議員を排除した国会及び日本政府の決定に対して，憲法の正当性そのものを崩していくような根源的な問題だと指摘している［古関 1996：12-15：2018：37-40］．古関は，1945年12月の帝国議会議事録等から，「政府が沖縄県民の選挙権停止という重大な事態を GHQ の威を借りて事実上無視した」［古関 1996：12］と立証している．古関はさらに，憲法学者も報道も以降，ずっとこの問題をまったくとりあげることなく，沖縄の憲法制定過程からの除外，憲法適用の除外を日本の憲法問題の根幹として取り上げることがなかったと強く批判している．

② サンフランシスコ講和条約の締結における沖縄の排除

　沖縄の施政権の分離を最終的に確定したサンフランシスコ講和条約3条は，その有効性に大きな疑問が残る．憲法制定議会から沖縄の代表を排除し，国政から排除した日本政府と国会が，沖縄の政治的地位に対する条約の締結し批准した問題である．

　憲法95条の地域特別法の規定は，その地域の人々だけに適用される法律によって，人権侵害や不利が押し付けられることがないように拒否権を与えるものとされる．条約は法律に同等とされ，国民に直接的な効力を持つものとされる．ならば，琉球列島等に限定された米国による支配には，琉球列島の住民の憲法95条に基づく住民投票が必要である．そのような住民投票ができないというならば，施政権分離の条約の締結もできるはずがない．このような議論もまた憲法学・政治学においては，近年までほぼ皆無であった［佐藤 2022：23-30］．

③ 沖縄返還協定の合意形成過程からの沖縄の排除

　沖縄返還の条件は，1969年，佐藤栄作総理の特使，若泉敬と，米国防総省外交官，モートン・ハルペリンの間の秘密交渉で確定し，同年末の日米共同宣言に盛り込まれ，71年に締結された返還協定において明文化された．その条件は，

原則として沖縄の施政権返還前と同じ特権を米軍は返還後も保持することであり，具体的には米軍基地の恒久的な存続とその排他的な管理権及び自由使用，さらには民間地上空や海域など広大な訓練域の継続的使用であった[9].

　沖縄の人々の人権侵害に直結する最重要事項であるにもかかわらず，施政権返還の交渉過程及び締結過程において，沖縄の人々の意思は徹底的に排除された．その後，在沖米軍基地の恒久化という協定の条件を実現するために沖縄にしか適用されない多数の法律が制定される．特に「沖縄における公用地等の暫定使用に関する法律（以後，公用地暫定使用法と省略）」は地主から強制接収した軍用地の地主への返還を阻止するものである．このような「沖縄」という固有名詞が付された地域特別法も，憲法95条の住民投票に付すことなく沖縄の人々の意思を排除したまま成立し沖縄だけに適用されていく．

　日本本土において，戦後憲法の導入と見せかけの民主主義を享受する中で，沖縄は，憲法制定過程からも適用からも排除され，沖縄の地位や重要な政治的決定に関する政治過程からも徹底的に排除されてきた．その排除によって沖縄への米軍基地の集中が行われたのであり，軍事的必要性や軍事的合理性では説明できない[10].

④ 沖縄の排除——沖縄に基地が集中する理由

　人権侵害は，軍事的な合理性，必要性あるいは公共性によって正統化されることはない．日本において，人権の制約は「公共の福祉」によってのみ可能であるとされ，権力が強制収用や代執行など，個人の権利を制約する場合は，必ず，それが公共の福祉になぜ該当するのか詳細な立証が必要となる．

　米軍基地に関する強制収用は，何ら具体的な公共性の立証なしに可能と最高裁は判断しており，日本の立憲主義が崩壊している証左である．沖縄でそのような事実があったとしても，日本の立憲主義や民主主義の否定にかかわる根本的な問題ではないとし，軍事的な理由に基づく必然性であり，特殊沖縄に限定された「沖縄問題」という看板を与えて，問題のすり替えを行っている．

　そもそもなぜ，民間人の土地の権利を侵害し軍事基地として公共性の立証なしに強制収用しているのか，それが抜本的な問題であるにも関わらず，日米安保条約に基づく軍事的な必要性であり，地理的に必然性の高い沖縄に集中配置

180   第Ⅱ部　民主主義の遠心力と求心力

されているだけの問題に過ぎないという政府の説明を，多くの教科書も主要メ
ディアもまた研究者もそのまま受け入れている．

（2）高校教科書による沖縄の歴史の隠蔽

　教科書は，その分野に精通した研究者が執筆するものでもあるが，内閣の介
入を強化した法律の制定より教科書検定は，若者の権力に対する批判能力の喪
失を奨励しているようにみえる．ここでは，沖縄で最も使用されている帝国書
院の高校現代社会の教科書における沖縄についての記述を取り上げたい．

　　　「アメリカ軍が日本に基地をおくことを定めたのが，1951年の日米安全
　　保障条約（安保条約，60年改定）である．この同盟を実効性のあるものにす
　　るために，日本全国にアメリカ軍施設や，自衛隊との共同使用施設がある．
　　ところが，日本国内でのアメリカ軍施設の設置には，かたよりがあり，約
　　74％が日本全土に対して0.6％の面積しかない沖縄県に存在する．沖縄県
　　が東南アジアに近く，また朝鮮半島もカバーできる対応距離にある地理的
　　な要衝であることが大きな理由である」[11]．

　沖縄の米軍統治になったことに対する日本の関与，日本の国政から沖縄の排
除がまったく記述されていない．排除されたがゆえに，憲法・安保条約が適用
されず，適用されないがために米軍基地が集中されたにもかかわらず，1951年
の日米安保条約があたかも当時から沖縄に適用されていて，同盟を実効性ある
ものとするという軍事地理的な理由によって，基地が集中せざるをなくなって
いるというように書かれている．

　繰り返すが，沖縄に基地が集中しているのは，日本国憲法も安保条約も沖縄
には適用されなかったからである．だからこそ，憲法や安保条約によって日本
本土には置けなかった1300発の核兵器を沖縄に置き，また本土基地では不可能
であったベトナム戦争の出撃基地として使用できたのである．事実を都合の良
いようにつなぎ合わせて，論理としては沖縄の人権侵害を許容し決定から排除
してきた歴史を隠蔽し，日本の一般論を適用し，沖縄への基地の集中が軍事的
な理由で正当化できるように書かれている．

　さらに続いて教科書では，基地容認の理由として経済的利益の部分を拡大し

て記述し，3000億円の振興資金がまるで沖縄への純増予算かのように書かれている．同じような大手メディアの報道はあまりに多いが，それらと同様の主張を行う内容となっている[12]．

また，海兵隊基地建設のための辺野古沿岸の埋め立て承認ついては，一度沖縄県知事が埋め立て承認したものの，次の知事が突如として承認を取り消し裁判闘争となりいまだ解決に至っていないことが説明されているが，最後に東アジアにおける軍事的緊張の高まりと米軍再編のために慎重に進めていくことが必要であるというまとめになっている．沖縄の明白な反対の意思を尊重せよ，ではないことに重々気を付けなければならない．これが文科省の教科書検定を受けた教科書の記述である．

（3）大学教科書による歴史の隠蔽と基地政策の正統化

大学の政治学教科書には，さらに問題となる記述がある．政治学教科書において最もよく普及しているものとして北山俊哉ほか『はじめて出会う政治学』有斐閣（第三版：2009，有斐閣）がある．その第5章が地方自治の章であり，日本の自治が，多元主義的民主主義的な決定過程の元にあることが主張されている［北山ほか 2009：77–93］．

しかし，沖縄の機関委任事務訴訟については，地元の意思に基づく多元的な民主的決定過程ではなく，政府が一方的な決定を行うことにこそ正統性があるという記述となっている．まず，機関委任事務の知事による拒否が行われた場合，どのような手続が用意されているかをパスポートの発行という機関委任事務で説明する．宮崎県知事が「宮崎をどげんかせんといかん」から県民は外国に行っている場合ではない，という理由でパスポート発行事務を拒否したらどうなるかという話を設定し，国の知事に対する職務執行命令を経て代執行がなされるまで裁判所の介入のもとに慎重な手続によって，日本政府は代執行が可能となるとしている．あたかも政府権力の直接行使の前には適正手続が用意されているかのように説明されているが，肝心なその正統化の理由は「全国的統一性」である．この教科書の受講生のみならず，使用する教員もまた，機関委任事務の拒否は，理由にならないような理由でなされる可能性があり，「全国的統一性」を根拠に慎重な手続を踏めば，政府は指示や代執行を行うことがで

182 第Ⅱ部 民主主義の遠心力と求心力

きるし，それが望ましい，という認識枠組みを刷り込むことになる．

　そして，次に沖縄における米軍基地問題における代理署名手続をとりあげ，沖縄県知事に対する政府の執行命令は，パスポート発行の事例と同じく「全国的統一性」を保障するためだとしている．代理署名拒否は米軍による民間地の強制接収が根源的な問題であり，沖縄の戦後史や権利の闘争史の上にある．にも関わらずその歴史を隠蔽して，沖縄の首長が拒否する理由についてはまったく触れていない．この教科書の機関委任の強制や代執行を正統化する理由の記述を下に示す．

　　　「日本に駐留しているアメリカ軍は，土地所有者と契約した上で，基地
　　　用地の大部分を使用している．しかし，すべての土地について土地所有者
　　　との間で合意が得られているわけではない．そうした土地については特別
　　　な法律に基づいてアメリカ軍は使用してきた」[北山ほか 2009：81]．

　この一般論が，沖縄にも適用されるというわけである[13]．果たしてそうなのか．沖縄の基地建設は日本本土とは全く異なる．日本政府は施政権を米国に委ね，憲法も安保条約も当然日本の法律も適用されない米軍の意のままの支配を容認した．沖縄戦の最中から米軍による事実行為として接収され，1953年以降は米軍の布令である土地収用令を根拠として強制的に接収された．1972年以降，はじめて日本政府が軍用地主との土地の賃貸契約を結び，米軍に提供するという形が作られたが，契約を拒否する地主への対処として「沖縄における公用地等の暫定使用に関する法律」という，沖縄にしか適用されない特別法が制定されそれを根拠に強制収用が継続された．日本が沖縄を排除してきた歴史を忙殺し，日本の歴史一般論に組み入れて議論を組み立てている．

　パスポート発行は旅券法という一般法に基づき，人権の平等，法の下の平等を根拠として全国どこでも誰でも同じ手続，同じ条件で発行されているし，発行されなければならない．このような統一性，平等性こそが人権を実現の担保である．全国民が享受できる制度として人権保障と両立する「公益」または「公共の福祉」でもある．手続の全国民に対する全国統一性が具体的な公益となる．そして政府による執行命令や代執行は「法の支配」による国民の権利の回復となる．

第11章　民主政を支えられない「主権者教育」　*183*

米軍用地強制収用の特別の法律について全国的統一性はない．恒久的な民間
地の強制収用は現在沖縄に限定されており，特定の地域の特定の人々の権利を，
公共性の立証もなく制約できるようにすることこそが目的であり，人権の保障
とまったく両立できない．公共性の立証を求め，人権の実現を求めているのは，
代理署名を拒否する沖縄の自治体首長の方であり，人権と法の支配を守る形に
なっている．パスポート発行の例とは性質がまったく異なる機関委任事務であ
る．また沖縄の人々だけに適用される差別立法である．その差別性を完全に隠
蔽している．

この教科書では民主政治の土台となる情報の自由が保障され，誰も排除され
ない政治的空間が存在していることを何の疑問もなくアプリオリに前提として
いる．そのため，そのような空間を構築するための政治，つまり法の支配や人
権保障に関連する民主政の土台となる領域や政治的空間の形成の問題は取り扱
うことができず，無視してしまうところに最大の問題がある．多元主義的な民
主主義が実現されていない，政府による強権的な支配が顕著である領域につい
て，政府を批判することもできず，逆にその支配を「全国的統一性」という論
理を用いて正当化しようとするのである．構造的暴力を支え，民意を無視した
軍事化を支えている．

研究者と教科書，メディアがその正統化に大きく貢献している．誰も排除し
ない自由で民主的な政治的空間は破壊され続けており，その問題意識すら持て
ないような教育が進展している．そしてそのような教育を受けた多くの人々の
沖縄に関する認識の，もはや根幹をなすものとなっているといっても過言では
ない．

さらには司法も加担し，立証されることのない軍事的公共性と負担軽減をう
たう財政措置の提供によって正統化されてきた．現在進行形の米海兵隊辺野古
新基地建設においても，沖縄の意思を排除し決定する構造が作りこまれている．

第5節　市民的連帯と民主政の破壊

民主主義を支える主権者としての教育にとって最も基盤となるのは，政治参
加のために，政治的有効感覚を育むこと，そのための政治的リテラシーを向上

させること，ではない．かりに，特定の少数派の人権侵害の情報を常に隠蔽し，政治決定から排除していくことが構造的に作り込まれ市民的な連帯が破壊されているならば，いくら多数の政治参加が促進されたとしても，果たして民主政治が発展していると言えるだろうか．政治参加の前に，誰も排除しない自由で民主的な政治的空間を形成し，維持し続けていく問題意識，権力を批判的にとらえ連帯していく市民的な力の育成こそが民主政の基盤である．

　そのような政治的空間から特定の少数者が排除されてきた歴史を隠ぺいし正統化する教科書の事例をとりあげたが，多くの政治学者や憲法学者もこの事実の隠蔽に興味関心がなく気づいていないかあるいは隠蔽に加担している．これは沖縄の問題ではない．日本の政治的空間において，情報の自由が十分確保されておらず少数派の人権侵害を伴う政策の押し付けを正統化するため特定の人々が排除され続けている問題である．民主政治の成立に必要不可欠な少数派の痛みを共有する市民的連帯が破壊され続けている問題である．

　このような状況で政治参加を促す教育を進展させ，若年層の政治参加が促進されたとしても，言説の空間はゆがめられ構造的暴力は蔓延し，ますます誰も排除しない自由で民主的な政治的空間は破壊され続けていくだろう．

注
1）文部省が新憲法の普及に努め社会科教科書として憲法解説書を発行していたことは良く知られている．文部省『新しい憲法のはなし』1947年8月．
2）「教育基本法制定の要旨」昭和22年文部省訓令．
3）本章ではイデオロギー対立を要因とする通説に沿って記述しているが，それに対して別の要因を捉える論文も出てきている［児玉ほか 2016：31-52］．
4）文科省・総務省『私たちが拓く日本の未来——有権者として求められる力を身に着けるために』（https://www.mext.go.jp/a_menu/shotou/new-cs/1394142.htm，2024年7月30日閲覧）．
5）主権国家を形成する主権者の集合体は，国際法上「人民（Peoples）」とされる．その人民の要件として，「共通の苦しみ」があることを阿部藹は紹介している．「国際司法裁判所のカンサード・トリンダージ判事が2010年の『コソボ独立宣言の国際法上の合法性事件』の個別意見の中で新たに提案した『共通の苦しみ（common suffering）』という要素だ．（中略）トリンダージは自己決定の原則は植民地支配だけでなく『制度的抑圧，征服，および圧政という新しい状況にも適用される』と述べ，歴史的・法的・文化的・言語的な独自性に加え，コソボの人々が有している『共通の苦しみ』が生む強いアイデンティティーに着目」した．『琉球新報』2023年6月23日付．

6）デビッド・ケイ「表現の自由」国連特別報告者 訪日報告書（A/HRC/35/22/Add. 1）
〈仮訳〉，外務省サイト URL（https://www.mofa.go.jp/mofaj/files/000318480.pdf，2024
年8月1日閲覧）．

7）『東京新聞』2022年5月14日付け．「安倍内閣当時の2014年の検定基準改正により，
近現代史の分野で閣議決定や最高裁判例がある場合は，政府の統一見解として記述す
ることが義務化された．」

8）本節は，島袋純「日本の『民主主義』と沖縄」（日本地方自治学会年報『地方自治叢
書36号「自治体と民主主義」』2024年12月，17頁～28頁）を大幅に改変加筆修正した
ものとなっている．

9）米国防省の沖縄返還担当者であったモートン・ハルペリンの証言を参考にしている．
核兵器の撤去を条件に秘密裏の交渉で在沖基地の恒久化と自由使用を勝ち取ったこと
について，ハルペリンは米外交上の勝利であったと強調している．沖縄返還交渉の米
側キーパーソンの1人［戦後史証言プロジェクト　日本人は何をめざしてきたのか］
（NHK 戦争証言アーカイブス2013年6月5日収録）（https://www2.nhk.or.jp/archives
/movies/?id=D0001810028_00000，2023年8月30日閲覧）．

10）米海兵隊について，防衛大臣を経験した森本敏及び石破茂は，沖縄に集中しているの
は，軍事的理由ではなく，政治的な理由であると明言している朝日新聞2012年12月26
日付け．『沖縄タイムス』2018年9月13日付．

11）帝国書院『新現代社会』（（高校用）2017年度）から一部抜粋．

12）例えば，『読売新聞』西部朝刊2017年5月16日付．

13）さらにこの記述の問題点は，1972年の施政権返還に際して，駐留軍用地特別措置法が
そのまま適用された事実はなく，沖縄における公用地等の暫定使用に関する法律とい
う特別法を制定，施行して強制使用を合法化し，さらにその77年にその法律の期限が
切れるといわゆる沖縄県地籍明確法を制定して，強制使用を継続したという事実が無
視されていることにある．いずれも沖縄県にしか適用されない沖縄の住民の権利を制
約する地域特別法であり，憲法95条に基づく住民投票が実施されてしかるべきである．
駐留軍用地特別措置法については，日本本土の米軍基地はそのほとんどが旧軍基地又
は国有地であり，同法に基づく民間地の強制収用は極めて，占領軍として性格が色濃
く残る50年代における例外的なものであり1961年以降この法律に基づく強制収用の実
例は皆無である（防衛省「駐留軍用地特措法の施行状況」令和3年4月）．

参考文献

北山俊哉・久米郁男・真淵勝［2009］『はじめて出会う政治学』（第3版）有斐閣．

古関彰一［1996］「沖縄にとっての日本国憲法」『法律時報』68(12)．

小関彰一・豊下楢彦［2018］『沖縄　憲法なき戦後——講和条約三条と日本の安全保障』
三陽社．

児玉重夫・萩原克男・村上雄介［2016］「教育における脱政治化——戦後史における1950
年代の再検討」『年報政治学』2016 I．

斎藤純一［2001］『公共性』岩波書店．

佐藤学［2022］「憲法95条とサンフランシスコ講和条約に関する政治学的一考察」『沖縄法

学』50.

新藤宗幸［2016］『「主権者教育」を問う』岩波書店（岩波ブックレット（No. 953））.

『新現代社会』（高校用）帝国書院，2017年.

［戦後史証言プロジェクト　日本人は何をめざしてきたのか］（NHK 戦争証言アーカイブ
ス2013年6月5日収録）https://www2.nhk.or.jp/archives/movies/?id=D0001810028_
00000（2024年8月1日閲覧）

竹下博之［2016］「意識調査から見た有権者教育の限界──若者の投票率の向上のために」
『年報政治学』2016年Ⅰ.

デビッド・ケイ「表現の自由」国連特別報告者 訪日報告書（A/HRC/35/22/Add. 1）〈仮
訳〉，外務省サイト URL（https://www.mofa.go.jp/mofaj/files/000318480.pdf，2024年
8月3日閲覧）.

文科省・総務省［2016］『私たちが拓日本の未来──有権者として求められる力を身に着
けるために』.

文部省［1947］『新しい憲法のはなし』.

文部省通達［1969］「高等学校における政治的教養と政治的活動について」（昭和44年10月
31日文部省初等中等教育局長通知）（https://www.mext.go.jp/b_menu/shingi/chousa
/shotou/118/shiryo/attach/1363604.htm，2024年8月5日閲覧）

文部省訓令［1947］「教育基本法制定の要旨」（昭和22年8月）.

和田悠［2020］「主権者教育に批判的精神を問い返す──新自由主義と戦後民主主義との
関わりで」『立教大学教育学科研究年報』64.

（島　袋　　純）

187

第12章 学生の活動にみられる特徴的な「公」の出現とその一事例
——「前」政治的位相と「超」政治的位相

第1節　若者の社会貢献意識とその特徴

　本書における中心テーマはまえがきにもあるとおり，「若者の非政治的参加への関心と，政治的参加への無関心の乖離はなぜ生じるのか」というものである．本章においては，「若者の非政治的参加」の1つとして，ボランティア活動を取りあげ，その政治との関連を考察する．それにあたり，若者のボランティア活動の参加動機に着目しつつ，ハンセン病問題を事例に検討する．なお，ハンセン病問題をとおして検討することにより，本書の中心テーマの前提と差異が生じるが，それに関しては後述したい．

　まず，若者の意識を参照してみたい．内閣府の「こども・若者の意識と生活に関する調査（令和5年度）」によると，「あなたは，『社会のために役立つことをしたい』と思いますか．」という問いに対する回答は，15歳から39歳までは，「そう思う」が33.5％，「どちらかといえば，そう思う」は49.4％，それらをあわせると82.9％になる［内閣府 2023：94］．本書では，若者の政治に対する関心や関与の低さを，「民主主義の遠心力」としてとらえるが，反面，若者の社会貢献意欲は高いことがここから分かる．ただ，対象年齢が15歳から39歳までと比較的幅広く，本書が主に想定する大学生の平均的な年齢を考えるとやや高めの設定となっている．またこども家庭庁の「我が国と諸外国のこどもと若者の意識に関する調査（令和5年度）」（対象年齢は，満13歳から満29歳まで）によると，「社会をよりよくするため，私は社会における問題の解決に関わりたい」と回答する若者の割合は，「そう思う」が12.5％，「どちらかといえばそう思う」は30.9％であり，その合計は43.4％である［こども家庭庁 2024：67］．2つの調査の間の

188 第Ⅱ部　民主主義の遠心力と求心力

この差を，どう解釈すべきだろうか．単純に考えれば，若者にとって「社会の
ために役立つこと」と「社会問題の解決への関与」はイコールの関係ではない
ということだろうか．対象年齢も一致していないため，ここで断言することは
むつかしい．

　この点に関して，ボランティア活動等に参加した大学生に対する調査に注目
してみたい[1]．国立青少年教育振興機構青少年教育センターによる『「大学生の
ボランティア活動等に関する調査」報告書』によると，ボランティア活動に参
加した動機として最も多かった回答は，「自分の成長につながると思ったから」
で45.4％，次に多かったのが，「さまざまな人と関わりたかったから」で，28.5％
であった[2]．なお「社会問題の解決に関わりたかったから」は，9.5％であり，「そ
の他」含む20項目中，15位である［国立青少年教育振興機構青少年教育センター2020：
11］．さらに，「活動に参加してよかったこと」に対する回答は，最も多かった
のが，「楽しかった」で41.6％，次に多かったのが，「ものの見方，考え方が広
がった」で40.5％，3番目に多かったのが，「相手から感謝された」で38.9％
であった．なお，「社会問題の解決に関われた」は，9.5％であり，「その他」
含む20項目中，14位である［国立青少年教育振興機構青少年教育センター 2020：12］．
ここに彼らの意識が，社会問題の解決や関与というより，人間関係構築，ない
しは自己実現志向であることをみることができるだろう．この背景には，何が
あるのだろうか．日本財団による「18歳意識調査結果第62回テーマ『国や社会
対する意識（6ヵ国調査）』国の将来や自分の未来に対する夢　日本の若者いず
れも最下位」によると，「自分の行動で，国や社会を変えられると思う」とい
う質問に，「同意」「どちらかといえば同意」と回答する日本の若者の割合は，
45.8％であり，アメリカ（65.6％），イギリス（56.1％），中国（83.7％），韓国（60.8％），
インド（80.6％）に比べて低調である［日本財団 2024］[3]．ここから若者にとって，
社会問題を解決し，社会を変えるという意識自体が希薄であることが背景にあ
ると推察できる．

　さて，筆者は以前，公的課題に取り組む若者の活動を，『「外部／他人事の社
会問題／公的問題」を，「内部／日常的な人間関係／親密圏に取り込む」行為』
と表現した［西尾 2015：30］．これは次のように説明できるだろう．若者にとっ
ては，さまざまな人と関わりたいという関係志向が先にあり，それが公共的性

格を強めるのは事後的なのである[4]．またこのような事態になり得る条件のようなものを筆者は，活動を通した，「ダンバー数の構成メンバー」のメンバーチェンジと説明した［西尾 2022a：28；2022b：62］．ダンバー数とは，「気のおけない人間関係を維持できる（中略）集団サイズ[5]」［ダンバー 2011：250］のことであり，その人数はだいたい150名程度であるとされる．そのメンバーの間では，助け合いが自然と行われる．彼らの活動が独特の公的色彩を強く帯びるのは，この位相である[6]．日常のことばでいえば，ダンバー数に含まれるメンバーは，仲間，友人と呼ばれる人びとと考えてよいだろう．これに関して筆者は，若者にとってボランティア活動が，ダンバー数の構成メンバーのメンバーチェンジの機会となり得ること，またそれにより，構成メンバーが均質なものから多様なものになり得ることを指摘した［西尾 2022b］．このような状況になることで，彼らの活動が，特徴的な公的性格を帯びるようになる．

　本章では，このような若者の関係構築志向の社会貢献意識をふまえた上で，ハンセン病問題をめぐるボランティア活動の事例を検討し，それを政治的な観点から考察する．そこにおいて，新しい社会運動を論じる A. メルッチの「前」政治的位相，「超」政治的位相，政治的位相（新しい公共空間）の概念を手がかりとしたい．政治をこの３つの位相から考えることで，若者の公的活動の特徴を整理し，それを政治的なものへとつなげる方途をさぐることが，本章の目的である．なお，ここでハンセン病問題を取りあげる理由は，① 学生ボランティアがもつ特性のポテンシャルを示しやすい事例であること，② 本書のテーマの前提を明確化させ得るテーマであること，の２つである．

第２節　ハンセン病問題──政治的取り組みと非政治的取り組み

（１）ハンセン病をめぐる問題の所在

　まずハンセン病問題に関して基本事項から確認したい．ハンセン病とは「らい菌」によって引き起こされる慢性の細菌感染症である．1943年に特効薬プロミンの効果が発表され，現在では治療法も確立されている．ハンセン病というと外傷が出るイメージがあるが，現在の治療法を早期に適切に行なえば，外傷を一切残さず完治する．今日の医学水準で考えれば，病気としてことさら取り

あげる意味の薄い病いであるが，ハンセン病に対する差別は，とりわけ激しかった．激しい差別により，家族との絶縁状態が続くケースが圧倒的多数を占めた．

日本に13カ所ある国立ハンセン病療養所に暮らす人びとの数は年々減少を続け，厚生労働省の発表によれば，2024年5月1日の時点で約720名，平均年齢は88歳超である．明治期から始まった世界的にも特異な歴史をもつ日本のハンセン病政策は現在，最終局面を迎えようとしている．ここで問われるべきは，何をもってハンセン病の終局とするのかということであろう．

このようななかで，2019年6月「ハンセン病家族訴訟」において原告勝訴の判決がなされ，ハンセン病回復者のみならず，その家族の被害も認定された．さらにこの判決では，人権啓発を担う法務相，人権教育を担う文部科学相の責任にも踏み込んだ点が注目される．究極的にはハンセン病問題の終局とは，単に「ハンセン病療養所の入所者がいなくなること」ではなく，「ハンセン病に対する制度的，社会的差別がなくなること」に求められるべきである．ここにおいて，制度的差別をなくすためには，政治的取り組みが不可欠である．その一方，社会的差別に対しては，政府による啓発活動のような政治的取り組み以外にも，非政治的な文化レヴェルでの取り組みが要請される．それをふまえると，後者の問題に対しては，ハンセン病問題に対して，いかなる非政治的な人権啓発が必要であるのか，というテーマが浮かびあがる．

（2）ハンセン病をめぐる社会運動，市民運動——親密圏と政治的公共圏

社会運動・市民運動に関し，その役割を端的に表現するならそれは，誰も目を向けない埋もれた社会問題に光をあて，それを広く社会に認知させるとともに，政治的な公共圏の俎上にのせ，問題の解決をはかることにあろう．1990年代以降，日本のハンセン病問題は，1996年のらい予防法廃止，2001年のハンセン病違憲国家賠償訴訟などにみられるように，ほぼこのシナリオどおりに進んできた．しかし2003年に，ハンセン病回復者が温泉ホテルから宿泊を拒否される事件が起き，それにともない多くの批判文書が送られた．着目すべきはその批判文書の宛先の多くはホテル側ではなく，ハンセン病療養所であったことだ．

これを公共圏・親密圏の観点からみるならば，日本では，政治的公共圏においては，ハンセン病者の人権を認めつつも，親密圏に近い次元ではハンセン病

に対する徹底的な拒否反応がある．そしてハンセン病問題の終焉を迎えるにあたって問われているのは，政治的公共圏というよりも，親密圏の次元にあるといってよい．ここに日本におけるハンセン病問題の現状と，本書のテーマの前提のずれをみることができる．「非政治的取り組み」と「政治的取り組み」に二分して考えた場合，日本のハンセン病問題はらい予防法の廃止や違憲国家賠償訴訟など政治的成果が出たのちに，宿泊拒否事件が起きたことに象徴されるように，「政治的取り組み」やその成果が先行している．本章ではこの点に留意しつつ，あえてハンセン病に対する非政治的な人権啓発の1つのあり方を，ワークキャンプの手法に注目しながら考察し，その後に，政治的な見地も踏まえ検討する．

第3節　中国ハンセン病回復村ワークキャンプ[7)]

（1）「意味」の変容――非政治的取り組みとその成果

　ワークキャンプとは，第一次世界大戦の激戦区であったフランスのヴェルダンにおいて，1920年に絶対平和主義者らによって行なわれた労働奉仕活動をルーツとする．この活動はその後，キリスト教フレンズ派（クエーカー）の手によって世界に広がった．日本でも現在，複数の団体がワークキャンプを実施しているが，それぞれのワークキャンプのスタイルは団体によって異なり，その特徴は多様である．ここでは，アメリカフレンズ奉仕団（AFSC）から独立するかたちで結成されたFIWC（フレンズ国際ワークキャンプ）にルーツをもつ中国のハンセン病回復村でのワークキャンプをとりあげたい．2002年から2007年にかけて，日中を始めとする多くの国の若者がこの活動に参加した．

　このワークキャンプでは，その名のとおり，ワーク＝労働奉仕するのみにとどまらず，キャンプ＝共同生活をすることに力点がおかれる［西尾 2014］．そのため，共に働くという共働，共に生活する共生，食事を共にする共食の「3つの共」をその特徴としてあげることができる［西尾 2022b］．この「3つの共」により，ワークキャンプをとおして，疑似家族的な関係性が生じる．この特徴は，本章冒頭でふれた関係構築志向の学生ボランティアに親和的な活動スタイルであるともいえるだろう[8)]．

ここで注目すべきは，このようなスタイルから，「意味への働きかけ」ともいえるようなことが観察されることである．中国のハンセン病回復村で実施されるワークキャンプ参加者にとって当初，活動地はあくまで「ハンセン病回復村」であり，そこに暮らす人は，「ハンセン病回復者」である．しかしながら，生活をともにすることで，ハンセン病回復者にしかみえなかった人は，たんなるおじいさん，おばあさんにしかみえなくなってくると多くの参加者はいう．そして最終的には具体的な名前をもった○○さんという関係に落ち着いていく [西尾 2014]．ここに，参加者にとってのハンセン病の意味の変容をみることができる．つまり「3つの共」により，関係が芽生えることで，意味の変容が起こると表現できるだろう．しかしながら公的活動において，共同性が芽生えることで，本来の目的が看過されるという指摘もある [古市 2010]．これは，「人との関わりやそこから生まれる関係」ができることによって，つまり「共同性」が構築され，仲良く楽しくなることで，活動本来の目的が見失われる，つまり公的課題が看過されてしまう事態を指す．ワークキャンプの例でいえばこれは，ハンセン病回復者というより，1つの名前をもった○○さんではないか，という意味の変容が，ハンセン病問題の深刻さの忘却につながりかねないという指摘である．筆者は，これを乗り越える方策として「『公』と『私』の円環」というモデルを提示した [西尾 2015]．端的にいえばこれは，目の前のハンセン病回復者の○○さんの人生に，多大な影響を与えたハンセン病を記憶しつつ(公的視点)，忘れ去る視点 (私的視点) を円環させることを意味する．

（2）非政治的位相——「前」政治的位相と「超」政治的位相

この活動を政治的な観点から考えると，何がみえてくるだろうか．メルッチは，新しい社会運動と政治の関係に関して，次のように述べている．

> 運動は日常生活の前政治的位相で機能しています．(中略) 集合行為者は新しい意味を想像したり試みたりする実験的な作業に協同で携わっています．しかし同時に運動はメタ政治的な位相も含んでいます．政治的意志決定手段によっては解決できない，複合社会内の基本的なディレンマの存在を彼らは喧伝します [Melucci 1989：邦訳294].

この指摘をもとに，中国ハンセン病回復村ワークキャンプの様子を再度考えてみると，何がみえてくるだろうか．メルッチのいう「集合行為者」とは，このケースでは，活動参加者である．彼らの間における「新しい意味を想像したり試みたりする実験的な作業」とは，「『ハンセン病』という言葉のもつ新しい意味を想像したり試みたりする実験的な作業」である．彼らは，旧来のハンセン病の代表的な意味である「怖い病気」[9]から，新しい意味を実験的に作り出そうとする．その新しい意味とは，「普通の村人」であり，「○○さん」といったものである．また「骨折回復者」という言葉が意味をなさないように，「ハンセン病回復者」という言葉も意味をなさないのではないか，といった意味の変容もあり得る．こういった実験的作業はメルッチのいうとおり，「前」政治的な位相にある．

またすでに述べたとおり，ハンセン病に対する社会的差別は，政治的意思決定手段のみでは解決できない．その意味でこの活動はメルッチの指摘するように，「超」（メタ）政治的であるともいえる．つまり，「らい予防法」廃止，国賠訴訟などで問題となった制度的差別は，政治的意思決定手段によって解決可能であるし，実際にそのような歴史をたどってきた．しかし社会的差別に対しては，政府が啓発活動をいくら行なおうと，それのみでは解決することは不可能である．

あくまで本事例にとどまるものであるという限定つきであるが，本書の大きなテーマである「政治的関心と非政治的実践の乖離」が生じる理由の１つをここにみることができるだろう．彼らの活動は，具体的な関係重視の志向をもつがゆえに，それはメルッチが考察した新しい社会運動と同様に，「前」政治的性格と「超」政治的な性格をもち，そのままストレートには政治的関心につながっていかない．しかしながら新しい社会運動を政治的成果の観点からのみとらえようとする態度を批判し，その文化的側面を強調するメルッチも，新しい社会運動と政治との接続に関して論じている．ハンセン病問題から少し離れ，学生ボランティア一般も視野に入れて，次にそれをみてみたい．

194 第Ⅱ部 民主主義の遠心力と求心力

第4節 政治的位相への接続

(1)「政治参加の二回路モデル」——新しい公共空間

　ここまで,「人との関わりやそこから生まれる関係性」を志向する若者ボランティアの活動における「公」の発生の様態をみてきた. ここにおける「公」の発生を, 本書のテーマである民主主義, 政治に接続させる方途はどのようなものが考えられるだろうか. 本書第1章において石田は, 篠原の「民主主義＝政治参加の二回路モデル」を紹介している. それは, 制度的な意思決定にかかわる回路である選挙と, 非制度的な意思形成に関わる社会運動などの2つの回路を指す. メルッチは, 社会運動と政治をつなげる回路として,「新しい公共空間の創出」を提唱している. これは非制度的な意思形成に関わる社会運動をより明確に政治と接続させようとする概念であるといえよう. そしてそれは, 本章でみた「公」の問題にも援用可能であろう[10].

　まず位置づけとして, メルッチは, 新しい公共空間が,「政治権力と意志決定, 他方での日常生活のネットワークという2つのレヴェルの中間に位置している」という [Melucci 1989：邦訳224-225]. そして, その機能に関して,「公共空間の重要な機能は, 運動が提起する問いを可視的にし, 集合化することである. こうした公共空間のおかげで, 社会運動は制度に組み込まれることを免れている」と指摘する [Melucci 1989：邦訳225]. そしてこの公共空間の充実を唱えるのであるが, その理由に関して次のように述べる.

> 独立した公共空間の充実は, 運動が社会に対して, 彼らが重要だと思う問題やディレンマを言語化し喧伝するのを助けることでしょうし, さらに政治的行為者が運動のメッセージをより明確に受け取ることが可能ともなるでしょう [Melucci 1989：邦訳302].

　またメルッチは,「大学とか文化財団とか研究所のような情報生産諸機構」などにおいて,「公共空間はある程度すでに存在」していると指摘する [Melucci 1989：邦訳302]. 大学生とボランティアに関していえば, ボランティアセンターを設置するなど, 大学のあいだでもその取り組みがかなりみられる. しかし現

状では，学生のボランティア活動の推進などいわば，「実践系の公共性」にとどまるケースがほとんどであり，「言説系の公共性」を実現させる場として新しい公共空間を充実させようとする取り組みは限定的であるといえるだろう．今後大学が，その役割を果たしていくことが期待される．また実際的な観点からみるならば，このような言説系の公共性が，実践系の公共性であるボランティア活動そのものよりも，単位化にも馴染むものだろう．メルッチの著書『現在に生きる遊牧民——新しい公共空間の創出に向けて』の英語版編者による序文では，次のように述べられている．

> この公共空間は，多様な諸個人や集団が自分たちの社会的要求を民主的に交渉し，政党の大権からは独立した社会政策を作るための開放的な空間として機能する．

　この空間の創出が，「人との関わりやそこから生まれる関係性」からもたらされる若者の「公」的活動を政治に接続させる方途として提示できるだろう．

（2）「新しい公共空間」とボランティア

　冒頭で述べたとおり，本書の課題は「若者の非政治的参加への関心と，政治的参加への無関心の乖離はなぜ生じるのか」というものであった．本章は「非政治的参加への関心」の1つとして，ボランティアを取りあげて考察した．その際，切り口としてその動機に着目した．また，事例としてハンセン病問題を取りあげた．それにより，「非政治的参加」と「政治的参加」に関して，同問題の独特の状況を明らかにしようと試みた．それと同時に，学生ボランティアに特徴的な動機から生じる活動のポテンシャルを明示しようとした．

　そこから浮かびあがったのは，次のようなものである．動機を参照すると，学生ボランティアには関係志向という特性がみられる．その反面，社会問題の解決には関心が希薄である．そして，彼らは関係志向であるため，関心が目の前の人間に集中する．この特性により，政治的には解決が難しい差別問題に対して，独特のあり方でアプローチすることが可能となる．ただ留意すべきは，「非政治的」と「政治的」の観点から考えると，あくまで比較上の問題だが，1990年代後半以降の日本のハンセン病問題は，「政治的取り組み」が「非政治的取

り組み」に先行してきた．それゆえ，ここでは，「非政治的取り組み」の検証が重要となる．しかし，他の社会問題を見渡すと，このような状況は独特のものであり，一般的とはいえない．それゆえ，本書のテーマである非政治的関心と政治的関心への接続は，依然として重要であることにかわりはない．同時に，目の前の人間に関心が集中する傾向と社会問題の解決に高い関心をもたない学生ボランティアは，政治的な問題を看過する傾向にある．そのためには，メルッチの提唱する「新しい公共空間」が要請される．大学に目を移すと，ボランティアセンターの設置やボランティア実習をともなう科目の開講など，「実践系の公共性」への取り組みがみられるが，それをもとにした「言説系の公共性」ともいえる「新しい公共空間」の動きはまだ限定的である．そのなかで，この「新しい公共空間」による議論によって，政治的課題に自覚的になる機会が提供される．大学教育の文脈でいえば，「単位認定＝学びの証」と考えるなら，「新しい公共空間」における議論のほうが，単位認定にも親和的といえるだろう．

　本書まえがきにおいて，「地域の課題や問題に深くコミットするならば，例えば法規制とぶつかり，政治にも関心を寄せざるを得ないはず」と指摘されている．地域の課題に取り組む実践のなかではみえてこなかった「政治的問題」がみえてくる機会として，この「新しい公共空間」をとらえることもできるだろう．例えば災害ボランティアに関していえば，災害時に現地で活動するだけでなく，復興後の町のあり方に関して，地方政治家やまちづくりの専門家，地域メディアの記者，そして当事者など多様な人びとによる討議を，活動後に行うことで，より明確に政治的課題がみえてくることになろう．またこのような新しい公共空間における討議は，活動後に行われることが想定されるが，ボランティアの活動期間中も，学生の見解を尊重した民主的な活動スタイルが求められるだろう[11]．

付記
　本章は，これまでハンセン病問題の差別に対する取り組みを考察した西尾[2007；2014；2015；2022b]をもとに，それを政治的な観点からとらえなおすことを目的としている．

注
1）大学生に限っていえば，高い社会貢献意識を，ボランティアというかたちで，実際に

行動に移しているのは，37.5％にとどまる．またこれには，大学の授業やゼミ等の一環で参加したものも含まれる［国立青少年教育振興機構青少年教育センター 2020：5］.

2）学生ボランティアのなかでも，災害ボランティアに限定した調査であるが，渥美は，災害ボランティアに参加する学生の価値観が二極化していることを指摘している［渥美 2014：153］．彼は学生ボランティアが，「ボランティアがひとりひとりの被災者に寄り添うこと」を重視する「関係重視」派と，「ボランティアが効率的に活動を行うこと」を重視する「効率重視」派に二極化しているという．そして，前者が2／3（67％）を占めると渥美は指摘している（後者は28％）．これは，学生ボランティアの参加動機で2番目に多かった「さまざまな人と関わりたかったから」と重なる部分が大きい．ここにも学生がボランティア活動を通して人と関わり，その関係性を重視する志向をみることができる．

3）日本財団［2024］「18歳意識調査結果第62回テーマ『国や社会対する意識（6カ国調査)』国の将来や自分の未来に対する夢　日本の若者いずれも最下位」(https://www.nippon-foundation.or.jp/wp-content/uploads/2024/03/new_pr_20240403_03.pdf，2024年11月8日閲覧).

4）もちろん，すべてのケースがこれに該当するわけではないだろうが，彼らの特徴の1つとしてこれをあげることはできるだろう．

5）真栄隆弘「解説——我らデジタルエイジの石器時代人」［Dunbar 2010：邦訳250].

6）この様子は，東日本大震災に際してボランティア活動に従事した若者と，その後の町づくりのある事例にはっきりみることができる．これに関しては，大友［2019a；2019b；2024］，旦［2019］，山口［2015a；2015b；2016；2019］を参照されたい．またこれらの文献が考察対象とした活動や，それによって育まれた人間関係を描いたドキュメンタリー映画「ただいま，つなかん」からもその様子を詳しく垣間みることができる．詳しくは，映画「ただいまつなかん」公式サイトを参照されたい（https://tuna-kan.com/，2024年11月8日閲覧).

7）本章において取り上げる中国のハンセン病回復村におけるワークキャンプに対する分析は，おもに2002年から2007年ごろまでの活動を対象としている．

8）ここから考えるとこの活動は，ボランティアというよりもむしろ，「関係人口」の構築に近い．関係人口を研究する田中輝美は，関係人口を「特定の地域に継続的に関心を持ち，関わるよそ者」と定義する［田中 2021：73］．そしてそれをボランティアと対比して，次のように述べている．ボランティアは「『自発性』に意義が置かれており，ここに対象への『関心』のあるなしという態度は含まれていない」［田中 2021：72］.「人との関わりやそこから生まれる関係性」は，その人に「関心」をもつことが前提となろう．ここから理屈のみで考えれば，学生ボランティアは，「ボランティア」というより，関係人口の概念に近いといえる．そもそも日本において，ボランティアとは，自発性，非営利性，公共性の3つの特性をもつ活動とされる．それをふまえて，次のような例を考えると，このワークキャンプをボランティアとしてとらえることの限界が明確になる．「自発的に活動に参加しました．お金はもらってません．身内のためにやっているのではなく，まったくみず知らずのハンセン病村の人のためにやっ

てます．でも，ハンセン病回復村にも，そこに暮らす人にも，まったく関心はありま
せん．でも，ワークだけはしっかりします」．このようなケースは，定義上，ボラン
ティアと分類せざるを得ないが，ハンセン病に対する差別問題を考えるなら，問題の
解決に何ら寄与するものではないだろう．相手や問題への関心なしに差別問題に取り
組むことは不可能だからだ．もっとも，関係人口の論者は，関係人口を構築する活動
として，本文で述べたようなワークキャンプを想定しているわけではないだろう．

9）もちろんこれは誤った認識であり，本文中でも述べたとおり，ハンセン病の治療法は
確立されている．ただし当然のことながら，怖い病気だからといって差別してよいと
いうことにもならない．

10）筆者は以前，ハンセン病問題をベースとして，不可視の権力の可視化の観点から，メ
ルッチの新しい公共空間論を論じた［西尾 2014］．メルッチは，現代における権力が
不可視化している中で，社会運動が引き起こされることで，不可視の権力が可視化さ
れ，交渉可能となるところに新しい社会運動の意義を見出している［Melucci 1989］．
本章では，これをふまえつつ，ボランティアと政治をつなぐ概念として新しい公共空
間を検討する．

11）学生や若者によって行われた民主的な活動事例に関する研究としては，山口［2015a；
2015b；2016；2019］などを参照．これとは対照的に，とくに災害ボランティアにお
ける管理化の進行に対する懸念を表明する文献として，渥美［2014］，村井［2011］，
新［2011］などを参照．

参考文献
〈邦文献〉
渥美公秀［2014］『災害ボランティア――新しい社会のグループ・ダイナミックス』弘文
堂．
大友和佳子［2019a］「東日本大震災後の移住者活躍の要因と効果に関する一考察――宮城
県気仙沼市唐桑町の事例から」『地域活性学会研究大会論文集』11.
―――［2019b］「若年層の『移住者』の活躍から見える『次世代の豊かさ』――宮城県
気仙沼市唐桑町からのレポート」『共済総研レポート』163.
―――［2024］「過疎地域（農山漁村）における移住政策の方向性と移住者が求めるも
のへの一考察――岡山県西粟倉村における移住と起業の流れから」『共済総合研究』
88.
国立青少年教育振興機構青少年教育センター［2020］『「大学生のボランティア活動等に関
する調査」報告書』国立青少年教育振興機構青少年教育センター．
こども家庭庁［2024］「我が国と諸外国のこどもと若者の意識に関する調査（令和5年度）」
（https://www.cfa.go.jp/assets/contents/node/basic_page/field_ref_resources/d0d674
d3-bf0a-4552-847c-e9af2c596d4e/3b48b9f7/20240620_policies_kodomo-research_02.pdf,
2024年11月6日閲覧）．
篠原一［2004］『市民の政治学――討議デモクラシーとは何か』岩波書店（岩波新書）．
田中輝美［2021］『関係人口の社会学――人口減少時代の地域再生』大阪大学出版会．
旦まゆみ［2019］「移住した震災ボランティアと地元住民がタグを組んで実践するまちづ

くり」サントリ文化財団 HP（https://www.suntory.co.jp/sfnd/research/detail/2019_204.html，2024年8月3日閲覧）．

内閣府［2023］「こども・若者の意識と生活に関する調査報告書」（https://warp.da.ndl.go.jp/info：ndljp/pid/12927443/www8.cao.go.jp/youth/kenkyu/ishiki/r04/pdf-index.html，2024年11月6日閲覧）．

西尾雄志［2002］「ボランティアと新しい公共性──『私』からはじまる公共性」『経済社会学会年報』ⅩⅩⅣ．

─────［2007］「ボランティアとアイデンティティ構築の両義性」『日本ボランティア学習協会研究紀要　ボランティア学習研究』8．

─────［2014］『ハンセン病の「脱」神話化──自己実現型ボランティアの可能性と陥穽』皓星社．

─────［2015］「公と私の円環運動──親密圏が秘める公共性」，西尾雄志・日下渉・山口健一『承認欲望の社会変革──ワークキャンプにみる若者の連帯技法』京都大学学術出版会．

─────［2022a］「ワークキャンプのパラドクス」『日本ボランティア学習協会研究紀要 ボランティア学習研究』23．

─────［2022b］「ハンセン病問題プロジェクト」，早稲田大学平山郁夫記念ボランティアセンター編『学生の心に火を灯す──早稲田大学平山郁夫記念ボランティアセンター20年の挑戦』成文堂．

古市憲寿［2010］『希望難民ご一行様──ピースボートと「承認の共同体」幻想』光文社（光文社新書）．

村井雅清［2011］『災害ボランティアの心構え』SB クリエイティブ（ソフトバンク新書）．

新雅史［2011］「災害ボランティアの『成熟』とは何か」，遠藤薫編著『大震災後の社会学』講談社（講談社現代新書）．

山口健一［2015a］「〈つながり〉の現地変革としてのワークキャンプ」，西尾雄志・日下渉・山口健一『承認欲望の社会変革──ワークキャンプにみる若者の連帯技法』京都大学学術出版会．

─────［2015b］「ワークキャンプにおける〈公共的な親密圏〉生成──唐桑キャンプにみる若者ボランティア活動の意義と危険性」，西尾雄志・日下渉・山口健一『承認欲望の社会変革──ワークキャンプにみる若者の連帯技法』京都大学学術出版会．

─────［2016］「社会理論と事例研究の間で『生の技法を分析する』──「ボランティア」とワークキャンプ」『都市経営』19．

─────［2019］「災害ワークキャンプが作ったもの──住民から見た『唐桑キャンプ』」『都市経営』12．

〈欧文献〉

Dunbar, R.［2010］*How Many Friends Does One Person Need? : Dunbar's Number and Other Evolutionary Quirks*, Harvard University Press（藤井留美訳『友だちの数は何人？──ダンバー数とつながりの進化心理学』インターシフト，2011年）．

Melucci, A.［1989］*Nomads of the Present : Social Movements and Individual Needs in*

200 第Ⅱ部 民主主義の遠心力と求心力

Contemporary Society, Temple University Press（山之内靖・貴堂嘉之・宮崎かすみ訳『現在に生きる遊牧民——新しい公共空間の創出に向けて』岩波書店，1997年）.

（西 尾 雄 志）

201

第13章　地方自治は民主主義を前進させるか

第1節　選挙と民主主義

　2024年は，メガ選挙イヤーであった．EU議会，米国大統領選挙と先進国の選挙にとどまらず，グローバルサウスのインド，南アフリカなどでも選挙が行われる．70カ国以上，30億人が投票をする史上最大の選挙イヤーと日経は2024年の展望記事で報じていた[1]．その後，EU議会選挙における極右政党の伸長をみて，フランスのマクロン大統領は，国民議会（下院に相当）を解散し，選挙を行った．第1回投票では移民排斥を主張する極右の「国民連合」が優勢であったが，第2回目の決選投票の結果，左派連合「新人民戦線」が第一勢力となり，マクロン大統領の与党連合は第2勢力となる大きな変動があった．

　日本でも岸田首相が2024年9月末の自民党総裁任期の満了をもって，総裁を降りると表明し，自民党総裁選挙がなされて，石破茂が自民党総裁に選出された．石破首相は首相就任8日後に衆議院を解散，第42回衆議院選挙が行われ，自公与党が過半数を割るも少数与党で政権を維持する形となった．

　2024年11月に行われた米国大統領選挙では，トランプ元大統領が返り咲きを果たした．事前の予想では大接戦との報道であったが，投票結果の選挙人ではトランプ氏の圧勝となった．トランプ氏の勝利については，今後さまざまな議論がなされるであろう．佐藤武嗣［2024］は，『日曜に想う　米国　二つの「民主主義の崩壊」』と題した興味深い記事を書いている．トランプ氏の言動こそが民主主義の脅威であると考えるリベラル派，エリート層が利権をむさぼり，市民をないがしろにして，米国の民主主義を蝕んでいると信じているトランプ氏支持者と米国内での2つの「民主主義の崩壊」が起きていると．「米国は今，

内戦状態にある」「米国における民主主義の危機」は深刻であると力説したイアン・ブレマーの話しも紹介している。更に、「民主主義の管理者である我々が、民主主義を台無しにし、国民に自信を失わせた」とのエマニュエル駐日大使の言葉も紹介している。民主主義のハンドリングを誤ると民主主義は傷つき、民主主義への国民の信任を失う。日本の総選挙の与党過半数割れという結果に対して、佐藤武嗣は、企業は内部留保をため込みながらも、実質賃金は上がらず、国民は物価高に苦しみ、裏金問題に象徴される政治資金の問題も十分解明されず、国民の憤りの結果であろうとしている。筆者は、総選挙を機会に裏金問題や旧統一教会とのつながりなどの問題を民主主義の正常化の文脈でしっかりと捉えることができなかったことは残念であり、総選挙後の新しい勢力図のなかで政策論争が「合理的経済人の求める手取りの上昇」に矮小化されたことなどをみると、日本の民主主義も危機的な状況にあると考えている。民主主義のハンドリングを誤ると、国民的政策論争の論点設定を誤ると民主主義への遠心力をもたらしうるのである。このように民主主義を論じるにあたって、選挙は重要な要素である。

　次に、日本における選挙と参政権についてみておきたい。2025年は、日本にとっては男子普通選挙の制度化がなされてから百周年、男女平等の普通選挙の制度化80周年の年である。日本において、女性が初めて参政権を行使したのは、1946年4月10日第22回衆議院議員総選挙であった。2026年には、女性の参政権行使80周年を迎える。2016年4月、女性の参政権行使70周年に際して、当時の加藤勝信大臣（内閣府特命担当大臣）は、「女性参政権行使70年」のメッセージを出している。そのメッセージの中でも、「政治に多様な民意を反映させるという観点からも、政治分野における女性の参画の拡大が図られるように、政府としても引き続き働きかけ」ていくとの意思表明がなされている。女性参政権の現実をみておこう。初めての女性参政権行使には、約1380万人の女性が初めて投票し、39名の女性国会議員が誕生した。当時の衆議院議員定数が466名（当選は464名）だったので、女性議員の割合は8.37％であった。70年目の節目では、衆議院に限ると45名9.5％、2024年5月13日現在で女性議員51名10.97％である。女性参政権行使から80年が経とうとしているのだが、衆議院議員の女性議員比率は高まっていない。もっとも、参政権付与については、GHQからの指示（幣

原内閣に対する5大改革）の前から日本政府は動き始めていた．その理由として，「左右両極に走らぬ婦人の漸進的進歩性に期待した」ものとされている［神田 1983：76］．ともかくも女性の参政権付与から80年であるが，我が国の男女平等の現状はどうであろうか．世界経済フォーラムが公表した2024年版の「ジェンダーギャップ指数」では，日本は118位（146ヵ国）であり，依然としてG7の中では最下位である．前年の125位から少し順位を上げているが，男女平等実現にはほど遠い状況である．

　女性参政権付与から70年目の節目の2015年には，18歳に選挙権が引き下げられ，240万人近い有権者が増える公職選挙法改正がなされ，翌年2016年女性参政権行使から70周年の年に18歳選挙権が行使される国政選挙（参議院選挙）が実施された．しかしながら選挙権拡大の国民的な盛り上がりに欠ける選挙であった．

　本章を選挙話ではじめた．民意を問う選挙が民主主義にとって重要なことは論を待たない．しかし，本章が力点を置くのは，選挙を中心とする現代民主主義を相補う「補完的な仕組み」について考察を試みたい．この補完的な仕組みへのまなざしは，宇野重規の民主主義論の見方を援用するものである．ここで，宇野重規を手懸かりに，民主主義の捉え方を整理しておこう．宇野重規は，民主主義について次のように述べている［宇野 2020］．

　　「民主主義は多数決の原理だが，少数者を保護することでもある」
　　「民主主義とは選挙のことだが，選挙だけではない」
　　「民主主義は具体的な制度だが，終わることのない理念である」
　　民主主義を語るとき，どうしても「～ではあるが，それだけではない」という語り方がつきまといます．

　宇野重規の言うところの「～ではあるが，それだけではない」という語り方，とりわけ「それだけではない」の部分に着目しているのが本共同研究である．少数者が保護される民主主義，……若者が民主主義に関わるのは選挙だけではないとするならば，親密圏での関係の構築に民主主義の未来を見いだし，民主主義を制度としてのみ捉えずに，終わることのない理念と捉えるのであるならば，選挙や具体的な民主主義制度にとどまらない，市民性の涵養など民主主義を総体として捉え，直面する課題と再生の可能性を探ることとしたい．本章で

204　第Ⅱ部　民主主義の遠心力と求心力

は，日常生活のなかでの政治から議論を始め，公共的な課題に市民がどう向き合うのか，向きあっているのか，市民協働と地方自治，補完性の原理，財政民主主義に触れていきたい．そして，守山市におけるミニ・パブリックスの取り組みである市民懇談会の事例をもとにその可能性を検討していく．民主主義が直面する課題と再生の可能性に迫り，民主主義の求心力と遠心力の一端を明らかにしたい．

第2節　日常生活のなかの政治

　私たちの日常生活には，政治にあふれている．例えば，マンション管理組合の理事会に寄せられる意見はさまざまであり，全てを実現することは難しい．筆者の暮らすマンション管理組合の事例で言えば，ペット飼育問題，管理費問題，一斉清掃のあり方など枚挙に遑が無い．建築後40年を超えるマンション団地なのだが，建設当初からペットの飼育は禁止されている．一方で，こっそり小型犬などを飼育する人もいて，じわじわとその数が増えてくるとペット・トラブルも増加している．ペットが増えている実態に合わせて，ペット飼育を解禁すべきとの意見もあれば，本来の共同生活の協定どおりペット禁止であるべきで，重要事項説明に同意して入居しているのだから従うべきであるとの主張もなされる．更には，協定違反を追認するのでは無く，ペットの犬の鳴き声などが迷惑なので，ペット飼育者は直ちに止めるべきとの強硬論も吹き出す．両者の強硬論がぶつかり，議論は紛糾したままとなっている．また別の問題もある．管理費問題と一斉清掃問題は別々の議論として出されるのだが，両方を聞き入れることはできない．高齢世帯から「年金暮らしで，マンション管理費の負担が重いので，軽くして欲しい」との意見が出されることもある．別の人からは，「住民による一斉清掃（芝刈りや草取り，低木の剪定，マンホールの木の根の除去など）の作業日数を年2回から1回に減らして欲しい．もしも可能なら作業なしにして欲しい」との意見も出されることもある．「マンションの管理水準の低下は免れないが良いか」と問えば，「それは駄目だ」という．マンションは，敷地が広い団地になっているので，一斉清掃分の芝刈り等を業者委託すると百万単位の支出増になる．住民からの意見を聞いて，管理費負担抑えて，住

民の共同作業の負担を抑え，管理水準を維持するための支出増を行うことは可能かと言われるとそれは不可能である．そして，一斉清掃の参加人数は徐々に減っていき，作業をやる人・できる人の負担が高まってくる．「地域活動の担い手不足で今の担い手の負担が過重になっている」との声をよく聞くが人類の法則のようにどこでも起きている．さて，このような事態に直面して，管理組合の理事会は困り果ててしまう．毎年の繰越金がある場合は，「今期理事会としては，住民に言われたことを全て実現する．その場合，単年度の赤字は許されるだろう」との判断で最初から赤字予算を組む場合もあるだろう．さて，長期的に住民はマンションで安心して暮らせるだろうか．問題を先送りしただけではないか．共同生活のルールの決定・遵守することなど管理組合によるマンション管理の中には，共同生活の自治に関わる課題にあふれている．これらは日常生活のなかの政治と言えよう．こうした問題は，管理組合理事会，総会といった場における決定だけではなく，住民説明会などの場をつくり，住民自身の議論によって，住民自身の理解を深め，より良い解を導くことができるかもしれない．しかし現実は，このような議論に直面した市民は，「面倒なことに巻き込まれた」と考えたり，何とかやり過ごそうとしたり，威圧的に大きな声を出したりするのである．日常生活における共同生活，住民自治の中での気まずい出来事は，住民自治にマイナスであろう．共同生活への負のイメージは，公共的なことへの遠心力となろう．こうしたことを守山市 [2014] では，まちづくりにおける「負のスパイラル」と捉え，地域や組織における日常的な場において，良い話し合いが欠如していることこそが問題であるとし，良い話し合いを組織や団体でも行えるように奨める提言がなされている．この視野及び戦略は，市民のまちへの関心を高めるために新たな制度を構築するのでは無く，「今ある社会のなかの話し合いの場を変えることで，まちへの関心を高める戦略」をとっている．良い話し合いを広め，市民のまちへの関心を高めるために市民社会に働きかける戦略である．遠心力となっている出来事を減らし，良い話し合いによる求心力の復活を目指すのである．つまり，熟議によるより良い解を求める気風をまちのなかに広げようという戦略である．市民の日常に熟議によってより良い解を求める気風を育んだならば，市民参加が増え，まちづくりの担い手が増えてくれることを期待する戦略である．

先の「負担は軽く」の要求に加えて,「公共サービスは充実して欲しい」との矛盾した要求を持ち込まれるのは,マンションに管理組合に限ったことではない.全く同じ構造の問題に市町村,都道府県,国も直面している.通底しているのは,自らも参画している自治組織をサービス提供の一企業であるかのように思念し,消費者のような行動をとっている構造である.本章では,こうした公共的な課題への市民の向き合い方を地方自治の現場における財政民主主義,市民協働,補完性の原理の切り口から考察を加えたい.

次節から若者と民主主義に関する研究の手懸かりとして,「地方自治体は民主主義の学校にたり得ているだろうか?」という問いから地方自治が民主主義の求心力を果たしているのか,遠心力をもたらしているのかを議論する.そして,滋賀県守山市における「市民懇談会」,「もりやま未来ミーティング」,「もりやまわがまちミーティング」の取組から市民参画のブースターとしてのミニ・パブリックスの可能性と課題を論じる.

本共同研究では,民主主義への求心力と遠心力という表現で,市民が政治に関心を持ち,参画していく傾向を強める力を求心力と呼び,政治に無関心な市民を増やす傾向を強める力を遠心力と呼んでいる.次節では,地方自治が民主主義を前進させる求心力となる可能性について論じたい.

第3節 地方自治における政治の一断面

(1) 地方自治の現場の遠心力

日本において地方自治が民主主義を前進させる求心力となるのか.この問いに答えるために,財政民主主義,市民協働,補完性の原理について議論していく.議論の手懸かりのために,筆者がこれまでに採集した3つの言葉を紹介したい.これらは,地方自治,民主主義の世界から市民の政治生活の様子を切り取った一場面の言葉であり,一面的な事例かもしれないが,考察のための標本として取り上げたい.

(標本① 税金と市民の関係 消費者化する市民)
税金を払っているのだから役所の方でやって欲しい.地域の方でやってく

れとかいわないで欲しい.

　(標本②　税金と市民の関係　民主主義の遠心力)

税金はみんなのために使うものであって, あなたたちのために使うものではない.

　(標本③　投票に行かなかった学生が述べた理由　判断に困る若者)

誰に投票したら良いか判らないので投票に行かなかった. 間違った選択をしたら責任をとれない.

　これらの言葉を皆さんはどのように受け止めたであろうか. この言葉だけであれば, 共感する方も多いだろう. さて, これらの言葉をどのようなシチュエーションでなされた言葉であるのかを紹介したい. ①の言葉は, 滋賀県 A 市の市会議員の方々との懇談の場で, 市議会議長経験のベテラン議員から紹介された言葉である. ベテラン議員曰く,「最近, 住民の方と話していると税金を払っているのだから役所の方でやって欲しい, 地域の方でやってくれとかいわないで欲しいといった感じで良く言われる」と. 税金払っているのだから全部自治体をはじめとする公共部門で問題を解決して欲しい, そして, 地域での解決など求めないで欲しいという感じの住民が増えてきていると感じると言うのである. ベテラン議員の感想ではあるが, 財政学・地方財政論を専門とする筆者には, 現代の地方自治の重要な問題を孕んでいるように思われる. それは, 現代国家における市民の消費者化の問題である. 後で詳細に述べるが, 地域課題が激増するなかで, 住民 (市民) 主体の解決, いわゆる市民協働の可能性を追求することは望ましいことでもあり, 避けられないのであるが, それが難しいのも現実問題としてある. 21世紀の地方政治は, 地域の課題解決力を高める政策が必要である. 坪郷實によると EU における「ヨーロッパのための活動的市民」,「ヨーロッパにおける活発な市民社会」プログラム, ドイツでは,「市民自治体」構想として, イギリスのブレア政権下の市民社会の強化戦略などの取り組みはその好事例であり, 日本においても市民協働を進める取り組みは広がっている.
[坪郷 2007]

　②の言葉は, 2007年彦根市立病院が産婦人科の医師不足を理由に分娩停止を発表し, 滋賀県湖東地域でお産ができなくなることを危惧した若いお母さんた

ちが立ち上がり，彦根市に分娩停止の撤回を求める運動を始め，そのお母さん達のグループが市議会議員に分娩停止撤回の陳情に行ったときに，ある市議会議員から言われた言葉である．実は，この言葉の後に，その市会議員は，「市が決めたことに市民がとやかく言うべきではない」と発言したとも聞いている．17年前の話であり，議員控え室で陳情を受けた際の一市会議員の発言とは言え，当時衝撃的な感じを持った言葉であった．地方において民主主義はワークしているのかと疑問に思った瞬間でもあった．そして，この②の言葉であるが，講演ネタで公務員向けの講義等で出してみると「強く共感します」との声が出る言葉でもある．そして，その「共感します」との発言の後に，この言葉のシチュエーションを話し，最後にはいた言葉を重ねると共感した人たちも「それはちょっと違うかな」と立ち止まるようである．だが，最初の印象は「共感する」のだそうだ．②の言葉は，税金はみんなのものであり，誰かの私的な目的に使うべきではないという意味では，建前としては矛盾無く問題なかろう．しかし，市会議員のいう「あなたたちのため」の指すものが，地域の若いお母さんたちの願いであり，その中身は同世代の出産を市立病院が支えて欲しいという願いであることは明らかであり，これに「みんなのものである税金」を投入しなくて何に税金を使うというのかと言うくらいに公共性が高いことは明らかである．市議会議員の対応の作法に関わる個人的な資質の問題に帰す部分もあるだろうが，何歩譲ろうが，地方自治，民主主義の担い手として問題があると言わざるを得ない．市民が立ち上がり，行政にもの申すことを諫めるような政治家の振るまいは地方自治を強化し，民主主義を前進させる政治にはならない．自分の選挙の票にはならないと考えていたのか．まとまった票とお金が政治を動かすのだろうか．ともかくも，この事例では市民の願いに耳を傾けることなく，地方自治に取り組んでいるようにみえてしまう．これは地方自治の現場における民主主義の遠心力の典型事例と言えよう．

　次に，③の言葉は，本研究会が学生ヒアリングを行った際に学生が漏らした言葉である．一方で，この言葉の背景には，政府をはじめとする「選挙に行こう！」の呼びかけキャンペーンの影響もあり，「行かなきゃいけない」という義務感もにじみながらも，行かない理由を正当化する自分自身を納得させる論理のようにも聞こえなくもなかった．ただ，はっきりしているのは，政治に関

して判断し投票行動を決める確たる軸のようなものを持ち合わせず，判断に自信の無い若者の姿である．政治に関する判断力を養う学びと経験が必要である．しかし，これも若者に限ったことでは無い．広く市民の政治的・社会的問題への判断力を鍛え，養うことが求められるというのではなかろうか．市民の政治的な無関心の広がりは，日本だけの問題ではない．マイケル・サンデルは，「自己統治の喪失および共同体の浸食」という時代の不安に触れている．そして，「共同体と自己統治を強調する共和主義的伝統は，衰弱した私たちの公民的生活への矯正策を提出してくれるかもしれない」としている［サンデル 2010］．

　こうしたコミュニタリアンの視点は，地方自治の現場における民主主義の再生のヒントを与えてくれると確信している．筆者は，守山市［2013］の提言の議論に加わっていたのであるが，サンデルの「共和主義的考え方は，リベラルな考え方とは異なり，人格形成的政治を要求する．その政治とは，自己統治のために必要となる人格的な特性を市民の中に涵養するものである」［サンデル 2010］といった考え方，市民性・公民性の涵養といった考え方を提言の下地になる考えとして採用している．

（2）市民意識の日本的特質

　日本において，誰が社会課題を解決するのかと考えられているのだろうか．経済社会システム総合研究所（IESS）の調査結果である日米独3カ国調査データを手懸かりに考察をしてみたい．

　政府の信頼度をみると「政府（国）を信頼できるか」について，日本では「大変信頼できる」1.4％，「ある程度信頼できる」16.7％となっているが，米国の「大変信頼できる」7.1％，「ある程度信頼できる」24.4％，ドイツの「大変信頼できる」6.3％，「ある程度信頼できる」28.8％に比べると日本では政府への信頼度が低い．ところが，「望ましい社会をつくるために役割を果たすべき主体」を聞くと，日本では国・地方自治体が67.5％と最も高く，企業も49.9％であり，米独と比べても高い割合である．他方で，「国民一人ひとり」とする回答は，日本では45.2％で，米の62.9％独63.3％に比べて低い．課題を解決する主体として日本では，国民一人ひとりの役割よりも政府や企業にお任せの「観客社会」の様相を呈している．米独に比べて政府を信頼していないのに，課題

210　第Ⅱ部　民主主義の遠心力と求心力

解決の主体としては政府が役割を果たすべきだと考え，自分たちがやるのだと言う意識を持った人が米独よりも18ポイントも低いのは，日本は米独とは異質な社会であると言えるだろう．

第4節　市民協働と補完性の原理

（1）政府はなぜ存在するのか

　市民協働と補完性の原理を考えるにあたって，財政学は政府をどのように捉えているのかを整理しておきたい．財政学において政府の存在根拠を説明する方法として，主流派経済学である新古典派の立場からの説明と財政社会学の立場からの説明と2つの立場がある．

　主流派経済学である新古典派経済学の立場から政府の存在根拠を説明するロジックは，「市場の失敗」である．新古典派経済学は，市場が競争的であれば，均衡が達成され，競争的市場における均衡状態は，パレート効率的であるとしている．パレート効率的であることが望ましい状態であり，そうした望ましい状態にならない条件として，次の6つをあげている．① 独占，寡占などの競争の失敗，② 公共財，③ 外部性，④ 不完備市場，⑤ 情報の失敗，⑥ 失業及び他のマクロ経済的攪乱の6つである．これらの6つの場合は，市場が競争的に働かないのでパレート効率的ではなく，政府が介入して，パレート効率的になるように政策介入することが正当化されると考えている．更に，市場の失敗が無くても，政府の介入するべきこととしては，所得再分配と価値財（メリット財）については介入すべきであると考える［スティグリッツ／ローゼンガード 2022：73-91］．次に新古典派経済学の立場に基づく，中央政府と地方政府の事務配分の考え方，役割分担論として，連邦財政主義がある．連邦財政主義は，連邦制の米国における役割分担論であるが，端的に言うと中央政府が，全国民への影響する公共財の供給，所得再分配，経済の安定化に第一義の責任を持ち，地方政府はこれらの活動を補完し，その行政区域住民にのみ第一義的利益のある公共財サービスの供給を行うとまとめている．この構造では，中央政府の活動を地方政府が補完する構造となる［神野・小西 2020：15］．

　次に，財政社会学の立場から政府の存在根拠を説明するロジックは，「共同

体の失敗」である．財政社会学は，共同体の限界を克服するために，政府が生まれ，コミュニティの共同作業や相互扶助が地方政府に吸収されたと考える．財政社会学の立場からは，共同体業務を吸収した仕事は金儲けの対象では無く，民営化や金儲けの対象とすることに批判的となる．財政社会学の立場は，中央（国）と地方の事務配分は，ヨーロッパをはじめ広く受け入れられている補完性の原理と親和的である．補完性の原理とは，神野直彦・小西砂千夫の整理によると「補完性の原理は，基礎自治体の基盤に，地域での生活機能が営まれるコミュニティが存在することを前提にしている．つまり，人間の生活機能が営まれる「生活細胞」ともいうべきコミュニティがあり，同じような「生活細胞」が集まって「生活器官」ともいうべき地域社会が形成されていると想定している．こうした「生活細胞」を基盤に基礎自治体が，「生活器官」を基礎に広域自治体が形成されていると考えられている．細胞が集まり「器官」が形成されるように，基礎自治体が集まり，広域自治体が形成され，広域自治体が集まり国家が形成されるという認識である」としている［神野・小西 2020：15-16］．

　坪郷實によると，「補完性の原理」とは，リベラルな政治思想やカトリックの社会学説に由来するという．そして，この原理は政府の「積極的な援助の原則」であり，政府は市民あるいは社会的サブシステムに対し福祉国家的な援助義務をもつが，そのことによって社会の最小単位である社会集団を侵害したり妨げたり損なうことがあってはならず，あくまでも社会集団の自己発展を促進するのに有益で無ければならない．「補完性の原理」とは公的な生活保障に対する補完的修正原理であり，政府に積極的な活動を促す側面と，政府を過剰な要求から逃れさせる消極的な側面と併せ持つという［坪郷 2007］．

（2）シャウプ勧告と地方自治

　日本の事務配分の考え方を少しみておくと，シャウプ勧告においては，事務配分の三原則として，① 行政責任明確化の原則，② 能率の原則，③ 市町村優先の原則が勧告されていた．③ 市町村優先の原則は，補完性の原理と背後理念を同じくしているとされている［神野・小西 2020：15］．実は，日本はシャウプ勧告事務配分の三原則の① 行政責任明確化の原則が実現できていない．戦前からの利害関係基準に基づいて，国庫補助負担金制度が運用されてい

るし，国・都道府県・市町村の共同責任を果たす形になって事務が成り立っている．小学校を例にみると，小学校の設置は市町村，教職員は都道府県，教科書の無償化などは国が責任を持つというように三層の政府が共同責任を果たす形になっている．このような政府間の共同責任のために，神野直彦は日本は財政民主主義を有効に発揮することが困難な財政制度であると指摘している［神野 2024］．この点について，シャウプ勧告では，戦前からの利害関係基準を止め，「行政責任明確化の原則」を実現するように勧告していた．シャウプ勧告では，「現在の事務配分の複雑性のために，国民がその行政機関，特に，自分の納付する税金が如何にして有益で，かつ，しかも貴重な行政の形で自分に還元されているのかを理解することは不可能である」としている［シャウプ勧告 1949］．シャウプ勧告では，次のように述べている．

- ・地方政府は，民主的生活様式に潜在的に貢献するものであるから強化されなければならない．
- ・地方政府は，国民を教育し，民主主義の技術の指導者を養成するのに有効な手段を備えている．
- ・地方政府の運営方法は，国民が容易に監視し，また理解することが出来る．国民は自分が地方行政から受ける利益と，それに要する費用との関係を明らかに判断することができる．
- ・地方の段階において発達した習慣と態度とは，国の段階において政府の行動に影響を及ぼすと期待して良い．

　シャウプ勧告は，事務配分を明確化し，民主化を推し進めるためにも地方自治を強化する必要があると考えていた．財政民主主義が働きやすい財政制度への改革を勧告していたのだが，神野の評価にあるように日本は財政民主主義を有効に発揮することが困難な財政制度である．このことは，シャウプ勧告の改革が完全に実施されていたならば，潜在的には地方自治を強化し，民主主義を前進させる求心力となる可能性があったのだ．逆に，財政民主主義が上手く働かないことによって地方自治も上手くワークせず，民主主義がなかなか発達しない遠心力となる可能性が高い．こうした事情から神野・金子［1999］，神野［2024］では，財政社会学の立場から中央政府，地方政府，社会保障基金政府の

3つの政府構想を展開している。この構想は，財政民主主義を機能させる「三つの政府体系」として提案されている。神野は，民主主義を有効に機能させるためには，「三つの政府体系」に生命の息吹を吹き込み，現実に動く操作像として機能させるためには，社会の構成員が信頼の絆を形成し，民主主義に対する信頼を培う不断の努力が求められると続けている。しかし，神野がいう民主主義の信頼を培い，民主主義に生命の息吹を吹き込む，「三つの政府体系」の提案が結実するのには，未だ道のりが遠いのが現実である。そう考えると財政民主主義が機能するのは，遠い道のりのようにも見えるが，地方自治体の市民協働の取組の中にも，民主主義を培い，財政民主主義が機能する地方自治の取組も見出せる。それは，地方自治の現場におけるミニ・パブリックスの取組の1つである市民討議会である。次節では，市民討議会の事例として，滋賀県守山市の事例を取り上げたい。

第5節　市民討議会の可能性――滋賀県守山市の市民懇談会を事例に

　滋賀県守山市では，市民懇談会と呼ばれる無作為抽出による市民討議会が行われている。**表13-1** は，守山市において2012年から2024年11月10日までの間に開かれた市民懇談会の参加人数等を示した表である。12年間の間に34回の市

表13-1　市民懇談会の実施状況

市民懇談会　参加人数　　　　　　　　　　　　　　　　　　　　　　　　　　　2024年9月6日現在

No.	年度	開催日	参加者	ファシリテーター	傍聴者	合計	テーマ
1		8月5日	36人			36人	
2	2012	12月1日	29人			29人	
3		1月19日	18人	7人		25人	
4	2013	11月30日	27人	10人	13人	50人	① わたしたちのまちに関心をもつには？ ② わたしたちから進んでまちづくりに参加するには？
5	2014	8月30日	35人	10人	13人	58人	男女がともにいきいき輝くまちになるためには？
6		2月22日	46人			46人	守山らしい「環境都市」のあり方について
7		6月7日	45人	15人	6人	66人	「みんなで取り組む健康づくり」 ～わたしたち・地域・行政ができること～
8	2015	7月12日	53人	15人	8人	76人	「守山を，幸せが実感できるまちにするには」 ～住みやすさ日本一を目指して～
9		8月23日	43人	9人	3人	55人	「誰もが住み慣れた地域で安心して暮らせる福祉のまちづくり」～一人ひとりの出番があるまちづくり～
10		1月31日	21人	5人		26人	みんなでつなごう，まちづくりの「わ」

No	年度	開催日					テーマ
11	2016	7月31日	38人	6人	3人	47人	「みんなで取り組む守山の交通安全」 〜交通事故0を目指して〜
12	2017	1月27日	38人	8人		46人	みんながワクワクできるまちを自分たちで作るために
13		6月30日	30人	12人		42人	「市民が求める庁舎とは？」「みんなに優しい庁舎とは？」 〜未来につなぐふるさと守山の顔づくり〜
14	2018	8月5日	15人	6人		21人	「市民が求める庁舎とは？」「みんなに優しい庁舎とは？」 〜未来につなぐふるさと守山の顔づくり〜
15		1月19日	41人	14人		55人	守山の緑について考えよう！ 〜守山の"緑"と私たちの"暮らし"〜
16		3月17日	18人	8人		26人	みんながワクワクできる「未来の守山市」ってどんなまち？
17		6月22日	35人	23人	2人	60人	これからの守山の公共交通について話し合おう
18	2019	9月28日	25人	18人		43人	多様性を認め合い、誰もが住みやすいまちにするためには
19		10月19日	26人	14人	1人	41人	誰もがスポーツや運動に親しむためには
20		12月8日	27人	13人	2人	42人	あなたのできる自転車生活を考えよう
21		9月12日	57人	8人		65人	住みづづけたいまちについて考えよう！
22	2021	11月3日	34人	25人	1人	60人	未来につなぐ守山の環境について考えよう
23		2月20日	37人	16人		53人	若者イチ推しのまちづくりって何？
24		7月23日	12人	12人		24人	まちは誰のもの？ 〜パブリックハック 私から始まるまちづくり〜
25	2022	12月18日	7人	6人		13人	国民スポーツ大会を守山市で盛り上げる 『おもてなし』を考えてみよう
26		2月4日	31人	15人		46人	守山を住みやすさ日本一のまちにするために
27		2月4日	17人	9人		26人	2050年の守山の未来像 守山の環境について夢を語ろう
28		3月4日	21人	8人		29人	これからの守山の公共交通について話し合おう
29	2023	1月13日	24人	12人		36人	あなたの一票が未来を創る 〜行こうよ選挙，語ろう未来！〜
30		2月25日	34人	12人		46人	あなたが描く理想の将来像を実現するために今できること 〜やりたいことをあきらめないために〜
31		6月29日	36人	15人		51人	守山の子どもたちの読書について考えよう
32	2024	9月29日				人	予定
33		10月6日				人	予定
34		11月10日				人	予定
	合計		956人	331人	52人	1339人	

わがまちミーティング　参加人数

No.	年度	開催日	参加者	ファシリテーター	傍聴者	合計	テーマ
1	2014	2月28日	38人	－	13人	51人	私たちの自治会は，これで良い！？ 〜自治会に人が参加しないのはなぜ？〜
2	2015	3月27日	18人	5人		23人	私たちがくらしやすいまちとは？
3	2017	12月10日	31人	12人		43人	「住み続けたいまちとは？」 〜子どもたちの将来のために私たちが今からできること〜
4	2018	2月16日	27人	11人		38人	「住み続けたいまちとは？」 〜みんなでつくり，守る地域のつながり〜
5	2019	2月11日	24人	14人	1人	39人	「住み続けたいまちをつくるためには？」 〜地域のつながり（関わり）の中で私たちにできること〜
6	2022	2月11日	39人	12人		51人	いま，求められる地域のつながりってなんだろう？ 〜一人一人が幸せに暮らすために地域で必要なこと〜
7	2023	2月11日	27人	9人	2人	38人	いま，求められる地域のつながりってなんだろう？ 〜一人一人が地域で幸せに暮らすために必要なこと〜
	合計		204人	63人	16人	283人	

（出所）守山市市民協働課作成資料から転載.

民懇談会を開催し，集計された6月29日までの開催分で延べの参加者は956人，守山わがまちミーティングという守山学区単位での市民懇談会が7回，延べ204人の参加者による話し合いがなされている．人口8万5000人あまりの自治体なので，90人に1人の割合で参加した計算になる．この市民懇談会は，ドイツ発祥のプラーヌングスツェレ（計画細胞）の日本版である市民討議会の手法を取り入れて，実施されているものである．市民討議会との違いは，参加者に謝礼を支払わない点と最後に投票をしない点が違うのだが，守山市仕様の市民討議会であると解釈してもらいたい．

市民懇談会は，導入検討段階の2012年に試行実施された．守山市市民参加と協働のまちづくり推進会議（以下，推進会議と表記）のメンバーは試行実施の様子を観察し，本格的な導入に向けた検討を重ねていた．推進会議メンバーの中には，無作為抽出で参加した住民に議論してもらって意味がある議論ができるのだろうかと懐疑的な委員もいたが，実際に参加してみて市民の議論の水準の高さに感心した．そうした試行実施の結果を踏まえた検討結果を，推進会議は提言書［守山市 2013］にまとめた．この推進会議提言に基づき，市民参加の手法として市民懇談会を加える「市民参加と協働のまちづくり推進条例」の改正を守山市は行った．

図13-1は，推進会議が市民参画手法における市民懇談会の位置づけを示したものである．市民参画の手法を「話し合いによる熟議と個人的理解」の軸と「幅広い市民参画と限られた市民参画」の軸の2軸，求められる専門性を加えて検討し，専門性を円の大きさで表し，2軸に整理し直したところ，「話し合いによる熟議」と「幅広い市民参画」の右上の部分が抜けていることが判ったのである．推進会議は，話し合いによる熟議と個人的理解」の軸と「幅広い市民参画と限られた市民参画」の軸の二軸で整理することで，市民参画の手法として市民懇談会を導入する意義を明確に見いだしたのである．

筆者は，推進会議の委員長として守山市市民討議会を12年にわたって監修役を務めてきた．市民懇談会は，守山市にローカライズされた市民討議会であり，正統的市民討議会では無いかもしれないが，12年にわたる取組は市役所内に重要な計画作りに際しては，市民参画の手法として市民懇談会を採用するのが一般化してきている．地域における声の大きな高齢男性が集う会では無く，若者

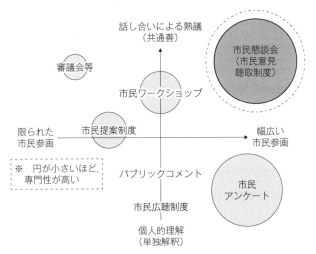

図13-1 市民参画手法における市民懇談会の位置づけ

(注) 図13-1は，推進会議における住民委員と市職員の議論の中で整理されたものである．同様の整理を行ったものとして，フィッシュキン[2011：141]の「表5 参加と意見」における「熟議的世論と生の世論」の縦軸と「選出グループと大衆」の横軸で整理された4象限の表がある．
(出所) 守山市市民協働課作成の市民懇談会説明資料から転載．

や女性の参加者が目立つという事実だけでも市民懇談会は市民の声を政策の形にしていく上で有意義であり，市民参画手法として有効なのではなかろうか．守山市では，無作為抽出で参加要請を送り，参加してくれる住民の年齢等の世代別の返信率を勘案して，最終的な参加者が守山市の人口構成比に近づけるためにどうしたら良いのか工夫しているという．そうした工夫の結果，若者と女性の参加比率が高まってきていると考えられる．市民の行動特性を考えながら市民の声の聞き方を工夫する必要があるのだ．どうすれば市民の声を聞けるのかと心を砕く，こうした工夫は，ささやかながら市民討議会を通じた民主主義への求心力を高めるだろう．そして地方自治を前進させる取り組みとして高く評価できよう．

第6節　結びにかえて

　ピエール・ロザンヴァロンはインタビューの中で「熟議できない議会　代表制民主主義に松葉杖が必要だ」として，民主主義が機能するためには多様化しなければならないと述べている．人々が声を表明できる新たな方法が必要で，それがカウンター・デモクラシーであるという．代表制とカウンター・デモクラシーは相互に補完するものであり，「信頼の表明」と『不信』感を通して，制度に一種の試験をすることになると．民主主義は，信頼と不信の二本の足で立ち，信頼を代議制が，不信をカウンター・デモクラシーが引き受けるのだという［ロザンヴァロン 2015］．

　守山市市民懇談会は，ドイツのプラーヌングスツェレの日本版市民討議会の類似的なミニ・パブリックスの取り組みである．ドイツのプラーヌングスツェレは，ドイツにおける「市民自治体」の理念を実現する取り組みの１つであるとされている．ドイツにおいて「市民自治体」の理念の広がりの背景に，英米のニュー・パブリックマネジメント (NMP) のドイツ的変種の「新制御システム (NSM)」に代わるものとして提唱された自治体改革の理念だとされる［山口 2016］．先進各国における公共部門改革をめぐり，市場重視・民営化の方向で改革していくのか，市民活動や市民参加・市民協働で改革していくのかの民営化と協働化の鬩ぎ合いがおきていると言えよう．言うまでもなく民営化路線は，民主主義への遠心力として働き，協働化は民主主義への求心力として働くものと予想される．公共部門改革が，民主主義への遠心力となったり，求心力となったりする可能性があることを確認しておきたい．

　本章では，十分に解明できなかったが，市民社会強化戦略や市民協働の取り組みが民主主義の求心力となるため条件の更なる解明など残された課題に今後も取り組んでいきたい．

注
1)「〈展望2024〉民主主義　史上最大の選挙イヤートランプ劇場，再来の危機」(https://www.nikkei.com/article/DGKKZO77298970X21C23A2MM8000/, 2024年8月29日閲覧).

218　第Ⅱ部　民主主義の遠心力と求心力

2）https://iess.or.jp/pdf/rep_ishiki/20231122.pdf（2024年9月29日閲覧）.

参考文献

宇野重規［2013］『民主主義のつくり方』筑摩書房.

─────［2020］『民主主義とは何か』講談社（講談社現代新書）.

宇野重規著，聞き手 若林恵［2023］『実験の民主主義』中央公論新社（中公新書）.

神田史人［1983］『昭和の歴史8　占領と民主主義』小学館.

佐藤武嗣［2024］「日曜に想う　米国　二つの「民主主義の崩壊」」『朝日新聞』2024年11月10日朝刊3面.

サンデル，M.［2010］『民主政の不満──公共哲学を求めるアメリカ（上）（下）』（千葉大学人文社会科学研究科公共哲学センター訳），勁草書房.

シャウプ使節団［1949］『日本税制報告書』，監修福田幸広（1985）『シャウプの税制勧告』霞出版社.

新川敏光［2017］「ヨーロッパ社会モデルと民主主義の行方」『連合総研レポート』5月号No. 326（https://www.rengo-soken.or.jp/dio/dio326.pdf，2025年1月9日閲覧）.

神野直彦［2024］『財政と民主主義』岩波書店（岩波新書）.

神野直彦・金子勝［1999］『「福祉政府」への提言──社会保障の新体系を構想する』岩波書店.

神野直彦・小西砂千夫［2020］『日本の地方財政　第2版』有斐閣.

スティグリッツ，J. E.／ローゼンガード，J. K.［2022］『スティグリッツ公共経済学［第3版］公共部門・公共支出　（上）』（藪下史郎訳），東洋経済新報社.

高橋進・石田徹編［2016］『「再国民化」に揺らぐヨーロッパ』法律文化社.

坪郷實［2007］『ドイツの市民自治体──市民社会を強くする方法』生活社.

内閣府男女共同参画局「GGI　ジェンダー・ギャップ指数」（https://www.gender.go.jp/international/int_syogaikoku/int_shihyo/index.html，2024年9月29日閲覧）.

フィッシュキン，J. S.［2011］『人々の声が響き合うとき──熟議空間と民主主義』（岩木貴子訳），早川書房.

守山市［2013］『「話し合い」「学び合い」「支え合い」が育む！　新しいまちづくりの仕組み～住みやすさ日本一を実感できる守山へ～』平成24年度守山市市民参加と協働のまちづくり推進会議提言書.

─────［2014］『身近な話し合いから，守山が変わる！！～「つながる」「高まる」「広がる」創造の場』平成25年度守山市市民参加と協働のまちづくり推進会議提言書.

山口和人［2016］「人口減少社会ドイツにおける市民活動活性化の意義」『レファレンス』平成28年3月号，国立国会図書館調査及び立法考査局.

ロザンヴァロン，P.［2015］「インタビュー　政治に思いを届けるには」『朝日新聞』4月1日.

─────［2017］『カウンター・デモクラシー──不信の時代の政治』（嶋崎正樹訳），岩波書店.

　　　　　　　　　　　　　　　　　　　　　　　　（只 友 景 士）

第
14
章

若者の政治・社会参加の新潮流

第1節　龍谷大学学生気候会議

（1）気候変動対策と民主主義

　人間社会が現在直面している社会課題の中で，特に民主主義の議論が求められるテーマの1つが，気候変動対策である．なぜなら気候問題は，特に産業革命以後の急速な経済発展を要因としており，その解決にはこれまでの経済至上主義的価値観や選択を再検討することが求められる，つまりは，我々の日々の生活に直結する社会課題だからである．

　「気候問題にいかに市民の意思を反映させるか」という命題に対して，近年国際的に実践が広がっているのが，「気候会議（climate assemblies）」である．アイルランドやフランス，英国など国レベルでの実施が広がったのち，現在では，地方自治体レベルでも取り組みが進んでいる［Wells et al. 2021］．また，日本でも国内初の取り組みとされる「気候市民会議さっぽろ」や，オンラインで開催された「日本版気候若者会議」など，次第に注目を集めている［三上 2022］．

　気候会議の開催方法は国や自治体によりさまざまであるが，共通点としては，無作為抽出された市民グループによる議論，気候問題に関する専門家からの講義形式のインプット，最終意見をまとめる際の投票，といった要素がある．そこでの議論が，国や自治体政策の意思決定に与える影響については，事例により大きな隔たりがあるが，フランスでは，議論された内容の多くが国会で検討され，実際の政策に反映されたものも多数あった．

（2）龍谷大学学生気候会議

　このような社会背景を踏まえて，龍谷大学では，2021年度より毎年「龍谷大学学生気候会議」(以後，本会議) を開催している［斎藤ほか 2022］．例年12月の週末の（1週あいだを空けた）2日間，終日をかけて実施している．第2回以降は，全学部（短期大学部除く）の全学生の20％を無作為に抽出し，案内メールを送信しているほか，キャンパス内のポスター掲示や全教員へのチラシ配布により，複数の手段で学生たちへのアクセスを試みており，例年30名ほどの参加者がある．

　開催目的は，各回で少しずつ変化しているものの，大きな要素としては次の3点が挙げられる：

- ・　気候変動問題についての，参加学生の理解の深化や主体性の涵養
- ・　「2039年までのゼロ・カーボン・ユニバーシティの実現」を宣言した，本学の気候変動対策に対する提言
- ・　地域の研究・教育機関として，地域の脱炭素化に本学が果たしうる具体的な役割に向けた提言

　教育機関が実施する会議として，通常の気候会議の手法を参考にしつつも，いくつか特徴的な取り組みも進めている．

　まず，教育的な要素を重視した内容がある．特に第1回は，学生の気候問題に関する知識やコミュニケーション・スキルなどを高めるキャパシティ・ビルディングの要素を重視していた．回を追うごとに，より本来の気候会議の特徴である「気候ガバナンスへの市民（ここでは学生）の参画」も意識しているが，それでも，学生の知識不足やグループワークでの経験不足を補うために，アイスブレイクを兼ねた「カードゲーム2050カーボンニュートラル」や，議論内容を即座に図としてまとめる「ファシリテーション・グラフィック」を導入し，わかりやすさ，とっつきやすさを意識して実施している．

　次に，日々の生活に直接関係する情報の提供に努めている点である．学内の取り組みについては，学長・副学長からの話題提供や，キャンパスのカーボン・フットプリントの情報提示を行い，大学の脱炭素化を日々のキャンパスライフと繋げることで，自分ごととして考えてもらうように工夫している．学外の取

り組みに関するテーマについても，京都市の担当部局や本会議で取り上げた地域開発事業を実施するコンサルタントをゲストに招き，実際の気候変動政策や事業内容を踏まえたプラクティカルな議論を行ってきた．

また，通常の気候会議が実施する投票による参加者意思の収集に加えて，グループワークによる提言作成を行っていることも特徴的である．チームとして意見をまとめる経験と難しさを体験してもらうことで，参加型気候ガバナンスのトレーニングとしても機能させている．

最後に，これは気候会議の重要要素の1つでもあるが，無作為抽出による参加者募集にこだわっている点が挙げられる．無作為抽出の要点は，多様な世代や性別，異なる価値観や関心を有する参加者の確保にある．本会議では特に，気候問題にさして関心がない学生へのアクセスを重視し，謝金（2日間の参加で5000円）を設定することで，アルバイト感覚で参加してくれる学生の確保にも取り組んでいる（実際にこの謝金目当てに参加してくれる学生も毎年複数存在する）．

本会議の主なアウトプットは，①グループワークからの提言，②参加者個人の投票（意思表示）の集計，である．①については，時間的制約もあり，データや文献など根拠にもとづいた提言は少ないものの，学食での地産地消／ミートフリーメニューの提供や，学舎間バスの EV 化など，学生生活に根ざした提言が多数なされている．②は，会議終了後に参加者に実施する気候問題に関する質問への投票を集計したものだが，例えば「二酸化炭素排出量を出来るだけ削減するために，再生可能エネルギー由来の電力を使用する」や「全ての学部において，脱炭素化を学ぶことができる科目やカリキュラムを増強する」などの質問は，ほぼ全員が「とくに重視すべき／できれば重視すべき」と回答するなど，総じて，脱炭素化に賛同する参加者が多い結果となっている．なお，これらのアウトプットは最終的に提言書として取りまとめて，学長に毎年提出している．

（3）成果と課題

学生気候会議は，当初は本学の地域公共人材・政策開発リサーチセンター（LORC）の研究の一環として，LORC 研究費により実施していたが，その全学的な意義が認められ，第3回からは大学予算で実施されるようになっている．

また，グループワークで提起された「ペットボトル削減を目的としたウォーターサーバーのキャンパス内の設置」「学内に気候問題に対応する専門部局の設置」など一部の提言は実際に実現している．特に後者は，部局横断型の「サステナビリティ推進室」として結実し，現在ここが設置する新たな委員会への学生の参画も検討されている．大学の気候ガバナンスへの学生の参画が，少しずつではあるが実現しつつある．

　また，本会議の最も大きな成果の1つが，第1回の会議の参加者の有志がこの経験を機に，気候問題に取り組む新たな学生組織を自主的に立ち上げたことである．第2回以降は，この組織がグループワークのコーディネーターなど運営側として参画してくれている．

　今後の課題としては，脱炭素化に対するより公平な情報のインプットや無作為抽出作業の精緻化，提言を実現するための予算措置，継続的な大学のコミットメント，などが挙げられる．気候会議の要点は，その結果をいかに気候ガバナンスに反映させるかにある．もちろん，参加者の民主的正当性の議論は残されているものの，教育機関として，知識の涵養やグループワークの経験，そして提言が実現するという成功体験を学生に提供できることの意義は少なくないと感じている．そのような成功体験が，地域ガバナンスへの新たな参画へのモチベーションにもつながる．これらの要素をいかに高次元かつ継続的に学生に提供していくか，実施する大学側の本気度も問われている．

第2節　地方議会の危機と山形県遊佐町の少年議会

（1）地方議会の危機

　全国市議会議長会がまとめた「令和6年度　市議会の活動に関する実態調査」(2023年1月1日〜12月31日現在)[1]には258件に及ぶ「小・中・高を対象とした主権者教育の取組状況」が取りまとめられている．この資料を俯瞰すれば，子ども議会・高校生議会・模擬疑議会に取り組んでいる市は回答自治体の約3割（約75件）[2]に及ぶようである．「ようである」と曖昧な書き方をしているのは，類似の取組や判別が難しい隣接取組が他にもあるためである．こうした取組まで拾い上げればこの割合はもっと多くなる．

また，三議長会（全国都道府県議会議長会，全国市議会議長会，全国町村議会議長会）は連名で，『地方議会が進める主権者教育事例集』（2024年6月28日）を取りまとめている．同事例集には，地方議会が進める主権者教育について，都道府県の10事例，市の8事例，町村の5事例のあわせて23事例が紹介されている．これらの事例の中には模擬議会・高校生議会の取組が紹介されている．岩手県議会（模擬議会：2016年度〜），岡山県議会（岡山県高校生議会：2019年度〜），山口県議会（やまぐち高校生議会2015年〜），岩手県山田町議会（ふるさと探求高校生議会：2019年度〜），愛媛県鬼北町議会（中学生の模擬議会見学会：2022年）などがそれである．ただし，若者の意見を聴取しようとする取組ということでいえば，出前講座（出前市議会）や政策提案，懇談会や意見交換会などの広がりがみられる．

これらの資料にみられるように子ども議会・高校生議会・模擬議会の取組は全国的な広がりをみせつつある．その契機としてここでは以下の3点を指摘しておきたい．

第1に，2015年6月の公職選挙法改正で実現した，いわゆる「選挙権年齢の18歳以上への引き下げ」である．選挙権の拡大は，1945年に女性参政権（かつては「婦人参政権」とも呼ばれていたが，現在は「女性参政権」と称される）の実現から約70年ぶりという歴史的な意義をもつとともに，若者の政治参加を拡大しその声を政策に反映することを目的とするものであった．同法改正により，英米独仏といった先進諸国に足並みを揃えた形での投票権の拡大が図られた[3]．

第2に，2023年度の統一地方選挙で顕在化した危機感である．総務省の資料によれば，2023年4月に行われた統一地方選中道府県議会選挙において，939選挙区中348選挙区が無投票地区（37.1%）となり，2260定数中565人が無投票当選（25%）となった（総務省「道府県議会議員選挙及び指定都市市議会義委員選挙　無投票の状況」）．また，町村議会については，373団体中123団体が無投票団体（33.0%）となり，4126定数中1272人が無投票当選（30.8%）となった．この問題の背景には「議員のなり手不足」や「地方議会への関心低下」が指摘されている．

第3に，2023年4月の議会の役割を明記した地方自治法の改正である（5月8日施行）．改正対象となった条文は地方自治法第89条であった．改正前の条文は「普通地方公共団体に議会を置く．」とされていたが，改正後は**表14-1**のように条文が改正された．同法改正は三議長会の要望等を踏まえつつ行われたも

224 　第Ⅱ部　民主主義の遠心力と求心力

表14-1　改正地方自治法（抄）（2023年4月26日改正）

> 第八十九条　普通地方公共団体に，その議事機関として，当該普通地方公共団体の住民が選挙した議員をもつて組織される議会を置く．
> ②　普通地方公共団体の議会は，この法律の定めるところにより当該普通地方公共団体の重要な意思決定に関する事件を議決し，並びにこの法律に定める検査及び調査その他の権限を行使する．
> ③　前項に規定する議会の権限の適切な行使に資するため，普通地方公共団体の議会の議員は，住民の負託を受け，誠実にその職務を行わなければならない．

のであり，先の『地方議会が進める主権者教育事例集』は同法改正を受けつつ作成されている（**表14-1**）．

（2）山形県遊佐町の少年議会

　あらためて子ども議会・高校生議会・模擬議会の取組について簡単な整理を付しておきたい．事例を踏まえていえば，この種の取組には，「議会の取組」「選挙管理委員会の取組」「首長部局の取組」「教育委員会の取組」の4系統がある．ここでは山形県遊佐町の取組を紹介するが，これはこれらのうちの「教育委員会の取組」に該当する．

　山形県遊佐町の取組は「少年議会」と称されている．その主管は教育委員会社会教育係である．教育委員会が所管するということはこの事業が教育の一環（生涯学習）として位置づけられるということを意味する．その歴史は長く，2024年現在で第21期を数えており，2003年の事業開始以降20年以上の歴史を刻む．

　遊佐町の少年議会は，遊佐町在住の中高生全員による選挙で選ばれた少年町長と少年議員によって運営されており，大きな特徴として立候補の際にマニフェストを用意する（選挙広報が配られる）ということ，年2回の政策提案を行うことなどが挙げられる．また，中高の教育課程の中ではなく，中高生の社会活動として主体的な参加がみられる点も注目される点である．2023年に少年議会の取材を試みた際には，その教育効果として，地元の問題に関心が向くようになったこと，20歳未満の投票率が他の自治体と比較して高い傾向があること（投票の経験値があること），長年にわたって事業を行っている結果として地元の経験者の層が形成されており（初期にかかわった住民は30代後半となっている），地域社会における認知度が高いことなどが挙げられていた．

また，遊佐町の少年議会を支える行政側の体制については，教育委員会が主体となり，首長部局の総務課，選挙管理委員会が協力する形となっているということ，少年議会にかかる予算はほぼ事業費であり，毎年45万円が予算に計上されているとのことであった．なお，当初は首長発案で企画担当が事業を所掌していたが，途中で教育委員会に事業移管されたとのことであった．

以下，若干の考察を交えておきたい．子ども議会・高校生議会・模擬議会の所管部局をどこに設定するのかという点は意外と重要な論点であるのではないだろうか．

「議会の取組」の場合，議員の積極的な関与を求めやすい点がメリットになるだろう．なお，関心の焦点は当該議会議員選挙の投票率低下や関心低下の対策に求められるのではないだろうか．すなわち，こうした問題状況への危機感を契機として事業が進められる傾向があるのではないだろうか．

「選挙管理委員会の取組」の場合，党派的な中立性に優れ，財団法人・明るい選挙推進協会（明推協）の協力が得やすい点を挙げることができるだろう．なお，関心の焦点は多くの住民の選挙への参加に求められるが，その反面，政策問題へのコミットメントや政策提言には慎重姿勢に傾くおそれがあるのではないだろうか．

「首長部局の取組」の場合，首長のリーダーシップによって事業化しやすい点を挙げることができるだろう．なお，関心の焦点は首長の思いに関係することともあり，首長の交代が事業継続のリスクとなるのではないだろうか．

最後に「教育委員会の取組」の場合であるが，これは独立した執行機関としての教育委員会の事業とすることで，政治的中立性の確保（政治から距離を置く点）やこれによる継続性の確保，公民科系の主権者教育との連結などにメリットがあるといえるだろう．なお，関心の焦点は教育（生涯学習を含む）に置かれることになるので，投票率低下や関心低下の対策としての意味は希薄化するかもしれない．

遊佐町の取組は，「首長部局の取組」としてスタートし，「教育委員会の取組」として継続性を獲得した事例，ということができるのかもしれない．

226　第Ⅱ部　民主主義の遠心力と求心力

第3節　地域活動が政治へと目を開かせる可能性——Ryu-SEI GAP

（1）Ryu-SEI GAP の試み

　龍谷大学政策学部には，「龍谷大学政策学部 Glocal Action Program（以下，Ryu-SEI GAP）」という特色ある地域課題解決実践型プログラムが，学部開設の2011年から存在する．単位の認定される正規の授業科目ではない．地域の「ほっとけない」問題を学生たちが主体的に発見し，それを仲間と解決しようとチームをつくり，チームごとに調査をし，議論をし，行動することで学生の成長を促すとともに地域の変化も生み出すというプログラムである．それぞれのチームには，相談相手（メンター）として政策学部の教員が1人ずつ付くとともに，地域活動を専門としている「京都市伏見いきいき市民活動センター」のアドバイスとサポートを受けながら活動している．

　これまでの主なチームの活動目的を列挙すると，「こだわりの野菜をつくる農家さんを応援」，「環境による子どもの学習格差の解消」，「シニアの生きがいと健康づくり」，「殺処分ゼロを目指して」，「団地の孤独をほっとかないコミュニティづくり」，「食品ロスや廃棄ゼロを目指して」，「子どもの居場所づくり活動」，「LGBTQ の生きづらさを感じないキャンパスづくり」，「きょうだい児のコミュニティづくり」といったものがある．

（2）Smile↑↑↑（すまいるあっぷ）の取り組み

　筆者がメンターを務めている，2022年7月に活動を開始した Smile↑↑↑の活動について紹介したい．Smile↑↑↑は，子どもたち（小学生）が大学生と気軽にお喋りができる場をつくり，子どもたちがちょっとした悩みを打ち明けることで，不安を少しでも軽くすることを目標にしている．2024年9月時点で，政策学部3年生5人と1年生3人が活動している．具体的には，月に1度のペースで屋台の駄菓子屋を公園で開店し，駄菓子を販売（スマイルポイントなるポイントを発行し，それと駄菓子を交換）し，駄菓子屋に併設したスペースでお菓子を食べ，トランプなどのゲームをすることで子どもたちと交流をはかる．また，8月にはお化け屋敷，12月にはクリスマスイベントを開催して，子どもたちとの

交流を深めている。1回の駄菓子屋には，20人から25人の子どもたちが参加し，「常連客」も多いという。

月に1度の活動とはいえ，駄菓子屋を開店する場所の確保や駄菓子の調達に始まり，開店案内といった準備，駄菓子屋開店日を終えると，子どもたちに関する情報や反省点を共有する会議など，学生たちは相当なる時間とエネルギーを割いて取り組んでいる。

では，この活動を通じて学生たちは子どもたちと話ができているのだろうか。子どもたちは悩みを打ち明けているのだろうか。学生たちに話を聞くと，子どもたちからは，「友だちがいない」，「家にいたくない」，「家でご飯を食べていない」といった話がぽつぽつと打ち明けられている，という。もちろん，学生たちに対応できる問題ばかりではない。しかし，学生たちが子どもたちから信頼される関係を築きつつあることはたしかである。やはり，大事な活動だと思われる。

（3）参加している学生たちの思い

学生たちの思いは，出会いと体験の中で形成されていくものだとつくづく思う。2024年9月24日にSmile↑↑↑に参加している学生8人に話を聞いた。まず「なぜ，Ryu-SEI GAPの活動に参加しようと思ったのか」を問うたところ，大きく2つに分かれた。高校時代の授業や体験から「地域課題の解決に関心があり，だからこそ政策学部に進学した」，「Ryu-SEI GAPの活動をしようと思って龍谷大学政策学部を選んだ」と，すでに地域課題という公的問題に対する問題意識を高校時代からもっている学生がいるのである。他方で，大学の授業で，先輩がRyu-SEI GAPの活動を紹介するのを聞き，「先輩のように堂々と話せるようになりたい」，「学生時代に何かをしたいと思っていたときにこれだと思った」，「地域のために自分のできることをしたい」と，自身の成長やある種の「承認欲求」もあって参加した学生もいる。

「Ryu-SEI GAPに参加する前，政治について関心はあったのか」と問うてみたところ，多くは「なかった」と応えた。「あった」という2人は，ともに「家族が政治のことも話題にしたし，ニュースもよく見た。新聞を読みそれを話題にする家族だった」という。大学に入って一人暮らしを始めたそのうちの1人

は,「新聞はとってないし,スマホでニュースはチェックするが関心のあるものだけで,以前に比べて政治への関心はなくなった」と応えた.

では,「Ryu-SEI GAP の活動をはじめて政治のことを意識するようになったか」と問うと,興味深い応答が2つ見られた.1つは,「自分たちは頑張っているけど,数人の子どもたちの話を聞くだけで,本当に困っている多くの子どもたちの助けにはなっていない.やはり,苦しんでいる子どもたちに制度として対応するのは政治の役割だと思う.だけど,その政治家たちは裏金問題など自分の保身ばかりに走っていて,正直失望してしまう」.もう1つは,「Ryu-SEI GAP の活動だけからは政治を意識することはない.だけど,教育学の授業を受けていていま何が子どもたちに必要なのかを考えたとき,政治の役割は大きいと実感した」というものである.

(4) 自身の活動の延長に政治を見る

公的問題への関心もあって Ryu-SEI GAP の活動に参加したが,活動をしていくにつれて対応する子どもや仲間と親密な関係が築かれ活動が私的なものへとなっていく.学生たちにとって,当面の課題をクリアすることが専らのターゲットとなるならば,視線が公的問題に移ることは難しい.やはり外部から一定の刺激と指摘を受ける必要があるだろう.

一定の刺激と指摘として,2つのことを記しておきたい.1つは,学生たちの活動目的の社会的意義を問い続ける,別の言い方をすると自分たちの活動を社会のなかに位置づけることである.Smile↑↑↑の活動に即していえば,悩みを打ち明ける人がいない子どもたちの現在の環境をその背景を含め,把握しようとすることである.経済状況を含む家庭の状況や学校の状況,子どもを取り巻くメディア環境等を理解することは重要であろう.そして,それらに問題があるなら,その問題に政治や専門家はどう対応しようとしているのかも調べる必要があるであろう.もう1つは,授業に限らず政治の話が多様になされるよう促すことである.地域活動に熱心に取り組んでいる学生は,自身の活動に関連する問題に敏感になっているだけに,その問題に反応して政治に目を向けることもあるはずである.

筆者は,本書の第8章にて,若者のなかには「選挙や政治に対するネガティ

ブな印象から政治を忌避し，政党や政党の違いについて分かろうともしない層も存在するように思われる」と述べた．主要政党を「オワコン」と称するなど，政治を揶揄するのが１つのトレンドとしてあり，それが政治への忌避感を高めているようにも思われる．しかし，民主主義の活性化を求める者は，このトレンド自体と対峙しなければならないはずである．政治について正面から語り，ときに真摯に批判する，そのような試みを大人が進めていくことが大切なように思われる．

注

1) https://www.si-gichokai.jp/research/jittai/__icsFiles/afieldfile/2024/07/18/202407_zittai27.pdf（2025年１月９日閲覧）.
2) なお，早稲田大学の卯月盛夫研究室・NPO法人わかもののまちが行った2019年の調査（『子ども議会・若者議会　自治体調査　報告書』）によれば，子ども議会・若者議会（類似する事業を含む）に，現在「取り組んでいる」と回答した自治体が回答総数（1196／1741自治体）の34.2％（409自治体）を占め，「過去に取り組んでいた」と回答した自治体が回答総数の23.6％（282自治体）を占めたとされている．それ以降の時間的な経過を含め，「約２～３割」という数字は挙げておくことができそうである．
3) なお，その背景にあったのは，2007年に公布された憲法改正国民投票法（日本国憲法の改正手続きに関する法律）第３条において投票権者が18歳以上とされたことであった．

参考文献

〈邦文献〉

斎藤文彦・的場信敬・村田和代・山崎暢子・川井千敬・江 欣樺［2022］「龍谷大学学生気候会議――対話を通した脱炭素社会の形成」，村田和代・阿部大輔編『「対話」を通したレジリエントな地域社会のデザイン』日本評論社.

三上直之［2022］『気候民主主義――次世代の政治の動かし方』岩波書店.

〈欧文献〉

Wells, R., Howarth, C. and Brand-Correa, L. I.［2021］"Are citizen juries and assemblies on climate change driving democratic climate policymaking? An exploration of two case studies in the UK," *Climatic Change*, 168（5）（https://doi.org/10.1007/s10584-021-03218-6，2025年１月９日閲覧）.

（的場信敬・南島和久・奥野恒久）

あ と が き

　2022年 4 月 1 日より18歳に成人年齢が引き下げられた．この成人年齢の引き下げに先立ち，2014年憲法改正国民投票法が改正され，改正法施行 4 年後の2018年 6 月21日以降18歳以上に憲法改正国民投票の投票権が付与された．改正時点では，選挙権年齢・成人年齢問題を先送りされた状態であった．その後，2015年 6 月に公職選挙法の改正がなされ，男女平等の普通選挙以来70年ぶりの投票権者の拡大であった．2016年 7 月の第24回参議院選挙が18歳選挙権付与の最初の選挙となった．このとき，18歳と19歳の240万人近い有権者があらたに投票することとなった，10代の投票率は46.78％であった．同選挙における20代の投票率が35.6％であったことを考えると20代よりも初めての10代の方が意欲的に投票したと言える．しかし，その時の全体の投票率が54.7％であったことを考えると若者の投票率はやはり低い．第24回参議院選挙の60代の投票率70.07％，70代以上60.98％と比べると若者の政治参加の度合いは低い．こうした高齢者の投票率が高い状況や国がとる施策に高齢者の意向が反映されやすいといったことから「シルバー民主主義」といった言葉もマスコミで良く使われている．こうした言葉をつかうことで，若者に対して投票に行くなど政治に参加したほうが良いというメッセージを送りたいのかもしれないが，場合によると若者の政治参加を促すよりも世代間対立を煽り，若者に対して政治への諦めを促しているかもしれない．

　本書は，そうした若者と民主主義の今を捉え，民主主義再生の可能性を探ろうとした龍谷大学社会科学研究所共同研究プロジェクト「若者と民主主義に関する総合社会科学的研究〜非政治的参加と政治的不参加の「乖離」の解明〜（2021年度〜2023年度）」の研究成果をもとに編集された．当該プロジェクトは，「若者と民主主義に関する総合社会科学的研究〜親密圏における承認と公共圏における「参加」の架橋に関わる理論と実践〜（2024年度〜2026年度）」に引き継がれ，研究が継続されている．

　2021年の研究着手当初は，「非政治的参加と政治的不参加の「乖離」の解明」

に関心があり，その解明に努めてきたことは，「まえがき」に書いたとおりである．この「乖離」の解明は不十分であるが，研究を進めるなかで，若者を政治に引きつけるもの，若者を政治から遠ざけるものがあるのではないかと共通の認識を持つにいたった．本共同研究では，民主主義への求心力と遠心力という表現で，市民が政治に関心を持ち，参画していく傾向を強める力を求心力と呼び，政治に無関心な市民を増やす傾向を強める力を遠心力と呼んでいる．先に挙げた「シルバー民主主義」という言葉も使いようによっては，世代間対立を煽りながらも若者に政治参加を促す「民主主義への求心力」をもつ言葉となるが，社会の高齢化率の現実をみると高齢者施策が優先されることを仕方が無いこととして，若者には公共サービスの恩恵は得られないと諦めを促す「民主主義への遠心力」ともなるだろう．18歳選挙権の付与にしても，総務省は「18歳になって進学・就職で保護者のもとを離れて引っ越しをすると住民票を移しましょう」と呼びかけるのであるが，大学生が住民票を移さない理由のなかで，二十歳の集いなど20歳成人時代からの地方自治体での行事に同級生と出席したいといった思いもあるという．こうした郷土の仲間との紐帯（親密圏）を維持したい気持ちと選挙権の問題（公共圏）とのせめぎあいのなかに放り込まれた若者は困惑するであろう．そして，昔からの友達との紐帯を優先するであろう．それでは，不在者投票ができるから住民票を保護者のところに置いておいてもいいだろうと言えるかというと，かつて市町村選挙管理員会の対応を調べた学生団体の話しによると，市町村選挙管理委員会の間で不在者投票への対応の熱の入れ具合は大いに違いがあるのが現実であるという．市町村選挙管理委員会側がどれだけ若者のことを考えた選挙事務を行っているのかが問われよう．進学・就職のために18歳で郷里を離れる若者が多い一方で，地域に大学・専門学校等が無くて入ってくる若者が少ない市町村選挙管理委員会が，郷里で育った若者に選挙権を行使してもらいながら，郷里の同世代との紐帯を大切にしながら生きてもらうことが自分たちのまちやむらにとってどれほどに重要なことかを自覚した事務がなされているのかが問われるのである．若者の状況が地域ごとに多様であるなかで，全国共通で付与されている18歳以上の投票権が市町村選挙管理委員会の選挙事務のあり方によって，付与された権利の行使の可能性の幅を変えているのである．法定受託事務ゆえに画一的な事務と考えられる制

度でも事務運用のあり方によって，権利の行使の度合いは変わりうる．それを個別的な問題と捉えるのか，若者の参政権をしっかりと保障するために心を砕くのか，そうした制度運用の中にも民主主義への求心力と遠心力が働きうるのである．

　今後の若者と民主主義研究プロジェクトの研究課題を備忘録的にまとめておきたい．現在取り組んでいるプロジェクトは，民主主義への求心力と遠心力の動態のさらなる解明を進めるとともに，親密圏における「承認」と公共圏における「参加」をいかに架橋するのかを解明することを課題としている．この研究課題は，コロナ後の若者の気質の変化とりわけ「コスト・パフォーマンス（コスパ）」「タイム・パフォーマンス（タイパ）」を重視したライフスタイルが広がっている現状も踏まえて解明せねばならない．若者がコスパ・タイパを重視するのであれば，その志向は他者や公共的課題などへの関心を低下させる可能性が高いと推測される．コスパ・タイパ時代の若者，主権者は，選挙における投票など政治に参画していくことが自己にとっての有意なものであり，公共的な価値があると捉えることが可能なのかなど未だ解明すべき課題は多い．また，本書をまとめた2024年は，日本においても衆議院総選挙があったが，米国のトランプ元大統領の再選，東京都知事選挙における石丸現象，知事失職に伴う兵庫県知事選挙などSNSが選挙に大きな役割を果たすことが明らかとなった．SNSと民主主義は民主主義論研究の大きな課題として浮上してきている．とりわけ，都知事選挙の石丸現象や兵庫県知事選挙の状況は，若者と民主主義研究にとっても重要な研究課題となってきた．その様相は，本書の民主主義の求心力の役目を果たすようにも見えるし，一種の「推し活」のようでもある．こうした状況をどのようにみるのか，SNSと民主主義の問題を選挙だけに限定すれば，世論を動かす選挙マーケティングの手法として矮小化されかねない．一方で，宇野重規（2023）は，『実験の民主主義』中央公論社において，ファンダムから「消費者的な市民像」のなかに，現代民主主義における新たな市民像を描くことの可能性を見いだしている．消費者的存在からの主体性獲得の可能性として注目したい．今後はこれら残された課題の総合社会科学的な解明を進めていきたい．

　本書の執筆にあたっては，龍谷大学社会科学研究所共同研究プロジェクト「若

者と民主主義に関する総合社会科学的研究〜非政治的参加と政治的不参加の「乖離」の解明〜（2021年度〜2023年度）」の研究助成を，また，刊行にあたっては上記研究所の出版助成を受けた．最後に，本書の出版に当たってはお世話になった晃洋書房の丸井清泰氏，福地成文氏に感謝申し上げたい．

只 友 景 士

索　引

〈ア　行〉

アクティブラーニング　169
あさま山荘事件　102
アジア通貨危機　70
圧縮的近代（compressed modernity）　91
圧縮的高学歴化　91
apathy（しらけ）　10
antipathy（反感）　10
イシュー・ファイティング　80
イデオロギーの対立　172
イリベラル・デモクラシー（illiberal democracy）
　　3
失われた30年　161
右翼　101
AI　109
エゴサーチ　104
SNS　104
NGO/NPO　39
OECD 加盟国　142
沖縄における公用地等の暫定使用に関する法律
　　179
沖縄問題　179

〈カ　行〉

閣議決定　129
格差　47
　——問題　29, 32
革新的なライフコース変化　92
学生運動　40, 100, 101
学生メディア　101
学費値上げ　102
革命権　171
過激派　102
家族主義　84, 89
　——志向　84
ガバナンス　159
壁と卵　108
環境　101
　——意識　53, 60
　——配慮行動　53

　——問題　29, 32
韓国社会　143
韓国と日本の若者　84
監視社会　115
管理社会　115
機関委任事務訴訟　181
気候会議　219
気候ガバナンス　220
気候変動対策　219
客観的　104
キャパシティ・ビルディング　220
キャンパスハラスメント　102
教育の脱政治化　172
教科書検定　177
行政改革　121
行政国家　153
競争的権威主義（competitive authoritarianism）
　　10
京大知伝　108
共同体の失敗　210
京都大学新聞　100, 101
近代社会　39
軍部　101
権威主義（authoritarianism）　8, 55, 63, 156
検挙　101
現在志向　54, 57, 61
原発　101
憲法95条の地域特別法　178
原理研究会　102
権力　100
『権力にアカンベエ』　108
権力の三次元的見解　177
言論統制　100
公害　101
抗議署名　112
公共圏　31, 44, 51, 121, 190, 191
公共サービス改革　159
公共的関心　37, 45, 46, 48, 51
公共的精神　124
公正中立　104
構造的暴力　183

公的問題　227
功利主義　166
合理的経済人　202
高齢者　147
国際卓越研究大学　102
国民年金　143
国家　39
国家権力　100
国権の最高機関　129
コミュニタリアン　209
コミュニティ　112
　　——新聞　116
　　——メディア　101
雇用延長　137
御用新聞　101
コロナ禍　156

〈サ 行〉

最大多数の最大幸福　166
再分配　80
参政権　202
3000億円の振興資金　181
サンフランシスコ講和条約3条　178
ジェネレーション・レフト　8
ジェンダー　102, 106, 113
　　——関係の変化　83
自己承認欲求　41
自己統治　209
自己認識　83-85, 87
支持政党　108
市場の失敗　210
事前審査制度　125
自治　112
自治会　105
自治体改革　217
市民自治体　217
市民社会　39
社会運動　103
　　新しい——　13, 192, 193
社会的意義　228
社会認識　83-85
ジャーナリズム　102, 103, 114, 116
　　コミュニティ——　103
住居権　76

熟議民主主義論　124
受験産業　111
主権者教育　170
少子化　83
小選挙区制　126
承認　80
女性教育水準の爆発的上昇　92
人権　101
新自由主義　6
親密圏　40, 51, 59, 61, 62, 121, 188, 190, 191,
　　203
親密圏／公共圏　37, 39, 48
スマホ　106
生活維持志向　55, 57, 61, 62
政治改革　121, 125
政治観　33
政治参加　153
　　——の二重構造　14
政治的関心　19
政治的熟議　121
政治の排除　33
政治の無関心　19, 37
政治の有効感覚　174
政治認識　33
成人への移行（transition to adulthood）　83
成人への移行経路　83
政党助成制度　126
青年　150
　　——基本条例　72, 77
　　——ユニオン　73
政府政策　153
セクト　115
世代対立　138
選挙　153
　　——権威主義（electoral authoritarianism）
　　9
　　——至上主義　121, 128, 129, 131
選挙法改正　169

〈タ 行〉

大学新聞　99
大正デモクラシー　100
代表制論　125
代理署名手続　182

索　引　*237*

滝川事件　101
多数決の原理　203
多数派　107
脱商品化　69
脱炭素化　222
立て看板（タテカン）　114
治安維持法　99
地域活動　37, 41, 226
小さなメディア　103
地方自治　209
中央政府　158
　　──の空洞化　159
徴兵延期　101
賃金ピーク制　138
抵抗　114
抵抗権　171
定年制　137
デジタル化　157
転換期　84, 92
同一労働同一賃金　68
闘争　114
同調圧力　55, 58, 61, 62, 107
党派性　112, 114, 115
投票行動　20, 23, 27, 32
独裁　101
独立法人化　102
土地収用令　182
特高警察　101
富の再分配　161

〈ナ　行〉

内閣法制局　130
ナショナル・ミニマム　161
７カ国の若者　83, 85
　　──の意識　84
731部隊　107
二回路モデル　194
二重構造　69
日本国憲法制定過程　178
ニュー・パブリックマネジメント（NPM）
　　159, 217
認識的誤謬　123
ネットメディア　158
ノンセクトラジカル　102

〈ハ　行〉

発禁処分　101
ハラスメント　115
バリケード　101
反戦　101
反応性　146
反（万）博　101
反ベトナム戦争　101
非決定の権力または権力の二次元的見解
　　175
貧困　47
　　──問題　29, 32
ファシスタ党　101
不安　94
不安定な家父長制　93
不安な日本　87
フェミニズム　102
福祉排外主義（welfare chauvinism）　6
不信感　50
物質主義的価値観　55
不満　94
不満な韓国　87
プラーヌングスツェレ　217
分権改革　160
平和　101
法の支配　174
補完性の原理　210
ポスト・デモクラシー（post-democracy）　3
BOX　115
ポピュリズム　5
　　右翼──　7
　　左翼──　7
ボランティア活動　19, 25, 41, 42

〈マ　行〉

マイノリティ　106
マスキュリン　113
ミニ・パブリックス　121, 204
三里塚闘争　102
民主主義　104, 109, 114, 116
　　国際──　163
　　欠陥のある──（flawed democracy）　10
　　国家──　163

自由―― 4
選挙――（electoral democracy） 10
地域―― 163
二回路制―― 79
――国家 153
――の遠心力 3, 14, 187, 204
――の危機 202
――の求心力 7, 15, 204
――の後退（democratic recession） 4
――の脱定着 （democratic deconsolidation）
 4
――の崩壊 201
民主的正当性 222

無作為抽出 221
室戸台風 101
モラトリアム 112

〈ヤ・ラ・ワ行〉

矢野事件 102, 115
有権者 108
リベラル 100
龍谷大学学生気候会議 220
連合赤軍事件 101
労使政委員会 143
ローカルメディア 103
60歳定年制 137

《執筆者紹介》（執筆順，＊は編著者）

＊奥 野 恒 久（おくの　つねひさ）［まえがき，第8章，第14章第3節］
　奥付参照．

　石 田　　徹（いしだ　とおる）［第1章］
　　大阪市立大学大学院法律研究科博士後期課程修了，博士（法学）．龍谷大学名誉教授．
　主要業績
　　『自由民主主義体制分析』法律文化社，1992年．『「18歳選挙権」時代のシティズンシップ教育——
　　日本と諸外国の経験と模索——』（共編著），法律文化社，2019年．『ポピュリズム，ナショナリ
　　ズムと現代政治——デモクラシーをめぐる攻防を読み解く——』（共著），ナカニシヤ出版，2023
　　年．

　妻 木 進 吾（つまき　しんご）［第2章］
　　大阪市立大学大学院文学研究科後期博士課程単位取得退学．現在，龍谷大学経営学部准教授．
　主要業績
　　「学生アルバイトの実態と労働者としての権利——2018年龍谷大学生アルバイト調査から——」
　　『龍谷大学経営学会論集』61（2），2022年．『現代の部落問題（講座　近現代日本の部落問題
　　3）』（共著），解放出版社，2022年．『岩波講座社会学（労働・貧困）』（共著），岩波書店，2024
　　年．

　清 水 万由子（しみず　まゆこ）［第3章］
　　京都大学大学院地球環境学舎博士課程修了．博士（地球環境学）．現在，龍谷大学政策学部教授．
　主要業績
　　「龍谷大学政策学部「政策実践・探究演習（国内）」の科目開発過程」（共著），『龍谷大学政策学
　　論集』10（2），2021年．『公害の経験を未来につなぐ——教育・フォーラム・アーカイブズを通
　　した公害資料館の挑戦——』（共編），ナカニシヤ出版，2023年．『「公害地域再生」とは何か——
　　大阪・西淀川「あおぞら財団」の軌跡と未来——』藤原書店，（近刊）．

　王　　子 常（おう　しじょう）［第4章］
　　龍谷大学大学院政策学研究科修士課程修了，修士（政策学）．現在，龍谷大学大学院政策学研究
　　科博士後期課程在籍．
　主要業績
　　「滋賀県環境保全政策における環境ガバナンスの形成と発展の研究——官民産学のパートナー
　　シップ関係の形成プロセスを通して——」『龍谷大学大学院政策学研究』10，2021年．「若者にみ
　　る政治的関心と非政治的実践の乖離——「若者と民主主義に関するアンケート」調査から——」
　　（共著），『龍谷政策学論集』12，2023年．「日本における若年層の環境意識の実態とその影響要因
　　に関する文献レビュー」（共著），『社会科学研究年報』53，2023年．

　安　　周 永（あん　じゅよん）［第5章，第9章］
　　京都大学大学院法学研究科博士後期課程修了．博士（法学）．現在，龍谷大学政策学部教授．
　主要業績
　　『日韓企業主義的雇用政策の分岐—権力資源動員論からみた労働組合の戦略』ミネルヴァ書房，
　　2013年．『ポピュリズム，ナショナリズムと現代政治——デモクラシーをめぐる攻防を読み解
　　く——』（共著），ナカニシヤ出版，2023年．『転換期の労働政治—多様化する就労形態と日韓労
　　働組合の戦略』ナカニシヤ出版，2025年．

笹野　美佐恵（ささの　みさえ）[第6章]
ソウル大学校社会科学大学院社会学科博士課程修了，社会学博士．現在，茨城大学人文社会科学部専任講師．
主要業績
『転換期にある若者の未来』（共著，韓国語），国会未来研究院，2022年．「韓国社会におけるジェンダー革命と少子化──世界最低出生率の背後で何が起こっているのか──」『人口問題研究』79（2），2023年．「韓国の少子化とジェンダー革命──日韓比較を通してみる韓国女性のライフコース革新──」（韓国語），ソウル大学校法科大学院公募論文（「第9回　鶴峰賞」奨励賞受賞），2024年．

李　　相直（りー　さんじく）[第6章]
ソウル大学校社会科学大学院社会学科博士課程修了，社会学博士．現在，慶北大学校社会学科助教授．
主要業績
「変わったものと変わらないもの──男女大卒者の労働履歴から見る危機前後の韓国青年労働市場の構造変化──」（共著，韓国語），『経済と社会』118，2018年．「韓国青年の成人期役割構造の変化，1998-2018──ジェンダーと階層の違い──」（韓国語）『韓国人口学』45（1），2022年．「発展主義人口レジームの拡散と限界──世界出生率推移分析，1950-2020年──」（共著，韓国語），『韓国社会学』57（4），2023年．

松浦　さと子（まつうら　さとこ）[第7章]
名古屋大学大学院人間情報学研究科博士後期課程修了．博士(学術)．現在，龍谷大学政策学部教授．
主要業績
『コミュニティメディアの未来──新しい声を伝える経路──』（共編著），晃洋書房，2009年．『英国コミュニティメディアの現在──「複占」に抗う第三の声──』書肆クラルテ，2012年．『日本のコミュニティ放送──理想と現実の間（はざま）で──』（編著），晃洋書房　2017年．

鄭　　惠允（ちょん　へゆん）[第9章]
韓国外国語大学教政治外交学科博士後期課程修了．政治学博士．現在，国会未来研究院副研究委員．
主要業績
「日本の遺法改正過程を通じて見た労働政策過程の変化──非政治的審議会による政策決定から党派的政治への変化──」『平和研究』26（1），2018年（韓国語）．「日本民主党と連合の連携形成と継続の政治過程』『国際政治論叢』58（2），2018年（韓国語）．「日本社会党のための弁明──冷戦と社会党の形成，そしてその遺産──」『国際政治論叢』61（1），2021年（韓国語）．

南島　和久（なじま　かずひさ）[第10章，第14章第2節]
法政大学大学院社会科学研究科博士後期課程修了．博士（政治学）．現在，龍谷大学政策学部教授．
主要業績
『政策評価の行政学』晃洋書房，2020年．『地方自治入門』（共編著），法律文化社，2023年．『自治体政策学』（共編著），法律文化社，2024年．

島袋　　純（しまぶくろ　じゅん）[第11章]
早稲田大学大学院政治学研究科博士後期課程単位取得満期退学．博士（政治学）．現在，琉球大学教育学部教授．
主要業績
『「沖縄振興体制」を問う──壊された自治とその再生に向けて──』法律文化社，2014年．『沖縄が問う日本の安全保障』（共編著），岩波書店，2015年．『沖縄平和論のアジェンダ──怒りを力にする視座と方法──』（共編著），法律文化社，2018年．

西 尾 雄 志（にしお たけし）[第12章]

早稲田大学大学院社会科学研究科博士課程満期退学，博士（学術）．現在，近畿大学総合社会学部教授．

主要業績

『ハンセン病の「脱」神話化――自己実現型ボランティアの可能性と陥穽――』皓星社，2014年．『承認欲望の社会変革――ワークキャンプにみる若者の連帯技法――』（共編著），京都大学学術出版会，2015年．『学生の心に火を灯す――早稲田大学平山郁夫記念ボランティアセンター20年の挑戦――』（共著），成文堂，2022年．

＊只 友 景 士（ただとも けいし）[第13章，あとがき]

奥付参照．

的 場 信 敬（まとば のぶたか）[第14章第1節]

Ph. D. in Urban and Regional Studies, University of Birmingham, the UK. 現在，龍谷大学政策学部教授．

主要業績

Depopulation, *Deindustrialisation and Disasters : Building Sustainable Communities in Japan*（共著），London : Palgrave Macmillan, 2019.『エネルギー自立と持続可能な地域づくり――環境先進国オーストリアに学ぶ――』（共編），昭和堂，2021年．「英国の「グリーン産業革命」によるグリーン・リカバリーへの挑戦」『公共政策研究』21，2021年．

《編著者紹介》

只 友 景 士（ただとも けいし）

京都大学大学院経済学研究科修士課程修了．現在，龍谷大学政策学部教授．

主要業績

『沖縄21世紀への挑戦』（共著），岩波書店，2000年．「宮古島水道物語序論」『水資源・環境研究』28（1），2015年．「公共政策の課題から財政学は何を学ぶか？──財政民主主義・熟議・市民協働のゆくえ──」『彦根論叢』（滋賀大学経済学会）415，2018年．「公共政策はどのように論じられるべきか？」『経済科学』67（3），2020年．

奥 野 恒 久（おくの つねひさ）

龍谷大学大学院法学研究科博士後期課程単位取得退学．現在，龍谷大学政策学部教授．

主要業績

『アイヌ民族の復権──先住民族と築く新たな社会──』（共編著），法律文化社，2011年．『改訂版 はじめての憲法』（共著），晃洋書房，2018年．『人権論入門──日本国憲法から考える──』法律文化社，2019年．

若者と民主主義の今
──その遠心力と求心力──

龍谷大学社会科学研究所叢書第149巻

2025年3月10日　初版第1刷発行	＊定価はカバーに表示してあります

編著者	只　友　景　士 Ⓒ
	奥　野　恒　久
発行者	萩　原　淳　平
印刷者	藤　森　英　夫

発行所 株式会社 晃 洋 書 房

〒615-0026 京都市右京区西院北矢掛町7番地
電話 075(312)0788番(代)
振替口座 01040-6-32280

装丁 ㈱クオリアデザイン事務所　　印刷・製本 亜細亜印刷㈱

ISBN978-4-7710-3945-2

JCOPY 〈㈳出版者著作権管理機構 委託出版物〉

本書の無断複写は著作権法上での例外を除き禁じられています．
複写される場合は，そのつど事前に，㈳出版者著作権管理機構
（電話 03-5244-5088, FAX 03-5244-5089, e-mail : info@jcopy.or.jp）
の許諾を得てください．